新文科 · 新广告
高等学校广告专业系列教材

广告创意与表现

◎ 王树良 主 编
◎ 谢 军 张玉花 副主编

中国教育出版传媒集团
高等教育出版社 · 北京

内容简介

本书包含“创意”与“表现”两大部分，兼顾理论涵养、实践技巧与前沿视野。全书共分为十二章，前七章以“创意”为主，分析了广告创意的概念流变，介绍了新的媒介环境下仍有其适用价值的创意基本原则与创意理论，探讨了创意思维的形成过程与激发创意的方法，归纳了新媒体广告创意的思路与要点，并对广告的文化环境以及创意伦理法规等相关问题进行了总结。后五章侧重于“表现”，涉及创意设计的基础知识，广告文案、平面广告、视听广告的创意表现方法，以及生成式人工智能、虚拟现实、增强现实、元宇宙、户外装置等新技术应用的创意形式和表现技巧。

本书可供广告学、传播学、市场营销学、设计学、数字媒体艺术等专业教学使用，也可供广告创意从业者、爱好者学习参考。

图书在版编目（CIP）数据

广告创意与表现 / 王树良主编. -- 北京 : 高等教育出版社，2025. 1. -- ISBN 978-7-04-062998-9

Ⅰ. F713.80

中国国家版本馆CIP数据核字第20245NB743号

GUANGGAO CHUANGYI YU BIAOXIAN

策划编辑 洪世英　　责任编辑 洪世英　　封面设计 王 琰　　版式设计 马 云
责任绘图 于 博　　责任校对 张 薇　　责任印制 刘思涵

出版发行 高等教育出版社
社　　址 北京市西城区德外大街4号
邮政编码 100120
印　　刷 高教社（天津）印务有限公司
开　　本 787 mm×1092 mm 1/16
印　　张 19.75
字　　数 420 千字
购书热线 010-58581118
咨询电话 400-810-0598

网　　址 http://www.hep.edu.cn
　　　　 http://www.hep.com.cn
网上订购 http://www.hepmall.com.cn
　　　　 http://www.hepmall.com
　　　　 http://www.hepmall.cn

版　　次 2025 年 1 月第 1 版
印　　次 2025 年 1 月第 1 次印刷
定　　价 41.60 元

物 料 号 62998-00

前　言

本教材以立德树人为基本目标，强调中国特色、本地知识、价值引领，将思政要素有机融入教学体系之中，结合大量本土创意案例和理论思考以不断提升学生思政素养。在内容安排上，教材融入对中华优秀传统文化基因的深入解读，结合汉字、非遗等传统创意元素提升学生文化自信，并基于对家国之爱的价值导向、真诚平等的广告伦理，以及大量公益广告案例的分析，培养学生向上向善和社会效益优先的创意理念。同时，本书着力提升中国本土广告创意的影响力，以超过 90% 的本土优秀作品激发学生的创意自信，重视广告创意领域中国自主知识体系的建设及专业人才培养。

从教学实践出发，“广告创意与表现”这门课程具有较强的学科交叉性和实践性。一方面，广告创意的相关理论与市场营销学、传播学、文化学等学科关联甚密。另一方面，创意的最终呈现又离不开艺术学、设计学等学科专业知识的支持。然而，大多相关教材往往侧重其中的一面，或重理论原则，或重设计方法，无法兼顾“创意”与“表现”。同时，传统的“理论学习 + 案例分析”的教学模式也实难将纸面知识转化为动手能力，导致学生难以满足创意行业的人才需求，更无法适应瞬息万变的媒介技术和传播环境。

本教材从培养学生的创意实践能力出发，将“创意”和“表现”充分结合。本书的前七章侧重创意理论，分别从广告与广告创意的概念，广告创意的基本原则，广告创意的基本理论，创意思维的类型、过程和方法，新媒体对广告创意的影响，广告创意与中国文化，广告创意伦理与法规等内容展开，基本涵盖了必需的创意理论知识。后五章着重设计表现，在创意表现的基础知识之后安排了文案、平面、视听以及新技术等具体章节，总结了不同媒介模态的创意方法与技巧。除此之外，每章提供了相关的拓展阅读，可供读者拓宽视野、加深理解。

针对广告创意与表现的实践性、跨学科性、跨媒介性，本书在写作中体现了以下特点：

第一，理论精简，方法具体。本教材汇编重要广告创意理论，去芜存菁，提炼出对于广告创意实践有直接助益的操作原则和理论要点。同时，在创意表现的部分，本书针对不同广告媒介形式提供了具体的表现方法和技巧。读者可以参考或直接使用，能够大大提高创意实践的有效性和成功率。

第二，案例前沿，产学兼顾。广告创意的学习离不开对真实创意案例的参考。本书从中国国际广告节长城奖、上海国际广告节、时报金像奖、龙玺创意奖、4A 创意奖等业界创意赛事以及全国大学生广告艺术大赛、中国大学生广告艺术节学院奖、时报金犊奖等青年学生竞赛中精选了近些年的获奖作品作为案例参考，同时辅以部分国外的经典创意案例，力图建构产学兼顾、立足中国、放眼世界的知识格局。

第三，跨媒介性，前瞻视角。广告的形态正随着媒介技术环境的发展而不断变化，表现出越来越强的灵活性和跨媒介性。本书除了从传统的广告文案、平面广告、视听广告展开，还观察并总结了计算广告、生成式人工智能、虚拟现实、元宇宙、户外装置、行为艺术等新兴的广告创意概念、形式、方法、案例，帮助读者进一步拓宽创意视野，建构一个全面、前沿、生动、发展的创意行业全景。

本书适用于“广告创意与表现”“广告创意”“广告设计”“视觉传达设计”“数字媒体艺术”等相关课程的教学与拓展，对于理解广告创意、培养创意能力、训练设计思维、提高设计水平等均有一定的指导意义和参考价值。

目　录

第一章　广告创意的概念　1

第一节　理解广告　/ 2
第二节　理解广告创意　/ 4
本章思考题　/ 10

第二章　广告创意的基本原则　11

第一节　目标性原则　/ 12
第二节　承诺性原则　/ 14
第三节　针对性原则　/ 16
第四节　整合性原则　/ 19
第五节　简明性原则　/ 24
第六节　通俗性原则　/ 25
本章思考题　/ 26

第三章　广告创意的基本理论　27

第一节　USP 理论　/ 28
第二节　BI 理论　/ 29
第三节　BC 理论　/ 34
第四节　定位理论　/ 36
第五节　ROI 理论　/ 42
第六节　CI 理论　/ 43
第七节　共鸣理论　/ 47

第八节 IMC 理论 / 48
第九节 AISAS 模型理论 / 50
第十节 创意传播管理理论 / 54
第十一节 品牌叙事理论 / 57
本章思考题 / 62

第四章 广告创意思维 63

第一节 认识思维 / 64
第二节 创意思维的类型 / 66
第三节 创意的形成过程 / 77
第四节 激发创意的方法 / 80
本章思考题 / 85

第五章 新媒体与广告创意 87

第一节 新媒体的概念和特征 / 88
第二节 新媒体广告的特征 / 89
第三节 新媒体营销的主要思路 / 90
第四节 新媒体广告创意的要点 / 96
本章思考题 / 98

第六章 广告创意与中国文化 99

第一节 理解文化 / 100
第二节 中国文化心理与广告创意 / 104
本章思考题 / 111

第七章 广告创意伦理与法规 113

第一节 广告创意伦理 / 114

第二节　法律法规对广告创意的规范 /121
本章思考题 /124

第八章　广告创意表现基础 125

第一节　创意表现的基本原则 /126
第二节　创意表现中的图形 /131
第三节　创意表现中的色彩 /139
第四节　创意表现中的文字 /142
本章思考题 /156

第九章　广告文案创意 157

第一节　认识广告文案 /158
第二节　好文案的三个关键 /160
第三节　短文案写作方法 /167
第四节　长文案写作方法 /176
第五节　文案的修改方法 /178
第六节　文案翻译的方法 /180
本章思考题 /183

第十章　平面广告创意 185

第一节　认识平面广告 /186
第二节　平面广告的创意模板 /193
第三节　平面广告的构图方式 /204
第四节　品牌标志设计基础 /208
第五节　包装设计基础 /216
本章思考题 /224

第十一章　视听广告创意 225

第一节　认识视听广告 / 226
第二节　视听语言基础 / 229
第三节　视听广告的剧本创作 / 238
第四节　视听广告的创意方法 / 244
第五节　短视频广告创意 / 254
第六节　播客与音频广告创意 / 258
本章思考题 / 260

第十二章　新技术与广告创意 261

第一节　计算广告与程序化广告创意 / 262
第二节　生成式人工智能与广告创意 / 265
第三节　虚拟现实、增强现实与广告创意 / 272
第四节　元宇宙与广告创意 / 281
第五节　户外装置、行为艺术及新趋势 / 290
本章思考题 / 298

参考文献 299

后记 303

第一章

广告创意的概念

学习目标

1. 认识广告的定义及其发展变化。
2. 理解广告活动的多重含义。
3. 掌握广告创意的策略性、限制性、艺术性、求新、求异等特质。

第一节

理解广告

一、广告的定义

“广告”一词，从汉字的字面简单理解，就是“广而告之”的意思。

从词源上来看，“广告”由英语“advertise”翻译而来。这个英语单词源于拉丁语“advertere”，有“注意”“诱导”的意思，后引申为引起他人注意，并诱导至某一特定方向所使用的一种手段。在我国，“advertise”一词最初被译为“告白”“招贴”等。

随着媒介技术环境和广告实践活动的发展，广告的定义也处于一个动态变化的过程之中。现代广告的诞生是与工业社会的发展紧密相连的。在工业社会的整体框架下，广告随着大众媒体和大众市场的发展而调整和确认自身的价值和边界。1948 年，美国营销协会定义委员会将广告定义为：广告是由可确认的广告主，为其观念、商品或服务所作的任何方式的付款的非人员式陈述与推广（如图 1-1-1）。

图 1-1-1　第 14 届大广赛平面类一等奖

进入数字媒体时代，新媒体时空一体、即时互动、精准匹配、群体传播等特质使广告和广告业的形态特征与大众媒体时代相比发生了翻天覆地的变化，并且仍在快速更迭变换。传统的广告定义已经不足以描述和解释当下的广告现象。2016 年我国学者陈刚、潘洪亮提出了数字传播时代的广告定义：广告是由一个可确定的来源，通过生产和发布有沟通力的内容，与生活者进行交流互动，意图使生活者发生认知、情感和行为改变的传播活动。[①] 与传统定义相比，新时代的广告定义凸显了广告活动中信息收受双方的平等性、信息流动过程的双向性，并且对消费者的个体价值和生活境遇表现出了尊重和关怀（如图 1-1-2）。

① 陈刚、潘洪亮：《重新定义广告——数字传播时代的广告定义研究》，《新闻与写作》2016 年第 4 期。

图 1-1-2　第 14 届大广赛平面类一等奖

当然，下定义只是帮助人脑认识事物的一种手段，不可能将事物的丰富样貌和动态变化完全概括进来。因此，广告的定义仍在随着广告创意活动的发展而不断变化。广告创意人员也需要在现实的广告创意实践中认识广告、理解广告，真实世界的色彩和思维的想象力不应被经典或当下的定义限制。

二、如何理解广告

（1）广告是一种信息传播活动。

（2）由于大部分商业广告活动的终极目的是达成销售。因此，相关产品的信息接受者就必须是事先预定的、对某种产品有需求并且有购买能力的消费群体。

（3）广告既可以帮助广告主销售有形的商品，又可以帮助广告主宣传金融、通信、旅游、教育等无形的服务，还可以被用来倡导和推行各种各样的观点（如图 1-1-3）。

（4）广告通过媒介向目标受众传递有关产品或服务的信息。在广告活动中，媒介是现代广告赖以生存和发展的首要因素，更是广告信息得以表述的载体。因此，媒介空间和时间的策划、整合对于广告的传播效果有着非常重要的意义。

图 1-1-3　第 12 届大广赛平面类一等奖

（5）广告是一项综合的、有组织的行为。这种综合既包括广告活动在内容上的综合，如广告调查、广告策划、广告创意、广告文案创作、广告设计、广告媒介的整合与互动、广告效果评估等，也包括各种学科知识的相互综合，如经济学、市场营销学、传播学、社会学、文化学、消费者行为学、心理学、文学、美学、艺术学等。

（6）广告是一种动态的过程。具体而言，广告活动是广告专业人员在对市场、产品或服务自身以及目标消费者进行充分调查分析的基础上，根据广告的既定目标进行的全面的、科学的、富有创见性的规划与执行的过程。

第二节 理解广告创意

一、何谓创意

从词源上来看，《现代汉语词典》对“创意”的解释是：（1）有创造性的想法、构思等；（2）提出有创造性的想法、构思等。英语中使用最多的表示“创意”的词是“idea”，意为思想、概念、主意、念头、计划、打算等。

创意既是一个静止的概念，又是一个动态的过程。静态的“创意”是指创造性的意念、巧妙的构思，即我们常说的“好点子”“好主意”（如图 1–2–1）。动态的“创意”是指创造性的思维和实践活动，是“从无到有”的生产创造的过程。

二、何谓广告创意

广告创意是广告创意人员基于对市场、产品和目标消费者的调查分析，依据广告客户的营销目标，以广告策略为指导，赋予抽象的产品诉求以具象化艺术表现的创造性思维活动。具体来说，广告创意的含义如下：

（1）广告创意有狭义和广义之分。狭义的广告创意单纯指广告内容的创造性表现。广义的广告创意则指向广告活动中所有创新创造性问题。

（2）广告创意是广告活动的灵魂。广告创意引领着广告活动的大方向，决定着广告传播的质量和效果（如图 1–2–2）。

（3）广告创意具体表现在三个层面：① 创意思想，如新的观念、主意、点子等。② 创意方法，如隐喻、逆向思考、以小见大等（如图 1–2–3）。③ 创意表现，如塑造新形象、营造新意境等（如图 1–2–4）。

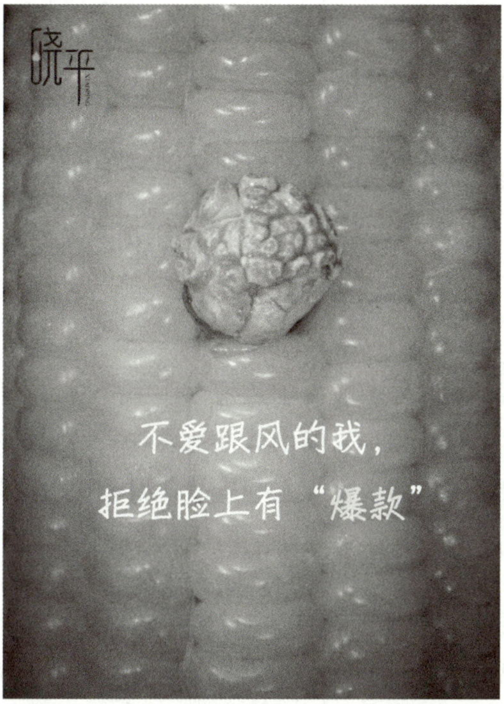

图 1-2-1　学院奖 2023 秋季征集大赛平面类金奖

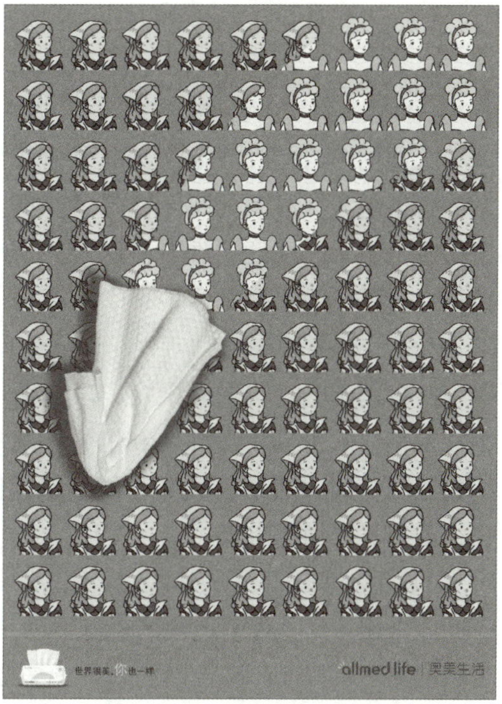

图 1-2-2　第 13 届大广赛平面类一等奖

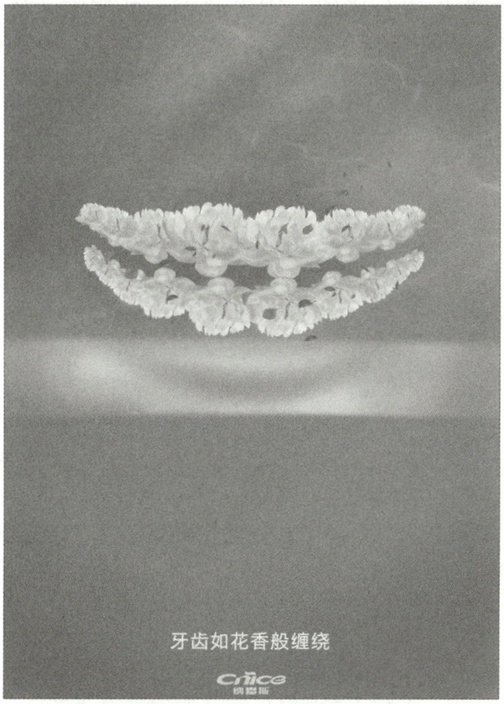

图 1-2-3　第 14 届大广赛平面类一等奖

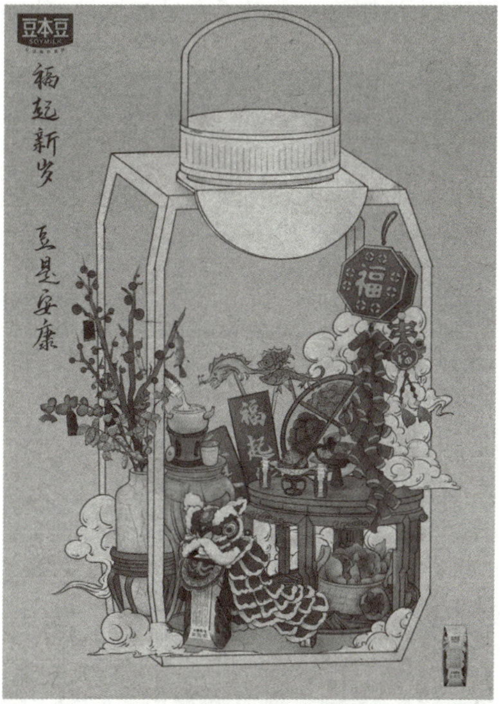

图 1-2-4　学院奖 2023 秋季征集大赛平面类金奖

三、如何理解广告创意

1. 广告创意与策略的关系

广告创意与品牌战略、策略紧密相关。创意有大小，策略有对错。策略正确，创意的增量越大，品牌的跳跃能量就越高。策略错误，创意的增量越大，品牌受到的伤害相应也越大。因此，唯有使创意和策略处于良好的互动状态中，依据正确的广告策略进行合理创意（如图 1–2–5），才有可能最大限度地收获良好的广告效果。

2. 广告创意是广告活动的一部分

广告创意受广告主题限定。广告活动中的创意与一般文学艺术创作中的创意有根本性差别。它受到市场环境和广告策略方案等的制约，只能创造性地表现某一限定的广告主题，而不能像一般文艺创作那样任凭作家、艺术家个人的生活体验和审美趣味去决定和表现创意内容。

3. 广告创意的本质

广告创意是一种创造性的思维活动。不同于常规的广告计划或宣传，创新创造是广告创意的本质特征。广告创意人员总是力求做出与众不同的新鲜创意，在限定的条件范围之内创造性地构思表达广告主题的最佳、最具代表性的艺术形象（如图 1–2–6）。创意来自创意人员对生活的观察与思考，以及更多的阅读、更广的视野、更深的人文素养、更多的生活体验。积累了充足的素材，思维才能产生充分碰撞，迸发好创意的概率才能

图 1-2-5　学院奖 2023 秋季征集大赛平面类金奖

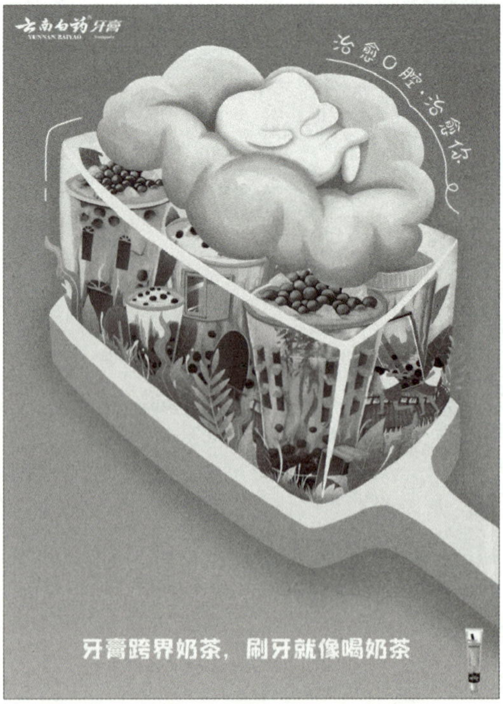

图 1-2-6　第 13 届大广赛平面类一等奖

提高。同时，广告创意也需要基于对消费者的深刻洞察，挖掘、预知和满足他们不同层次的需求。

广告创意要满足受众求新、求异的心理。千篇一律的诉求方式和表现手法难以引起受众的关注和兴趣。通过一系列与众不同的广告创意赋予产品和品牌新颖而鲜明的形象和个性，是广告创意的重要任务（如图 1–2–7）。

图 1–2–7　第 14 届大广赛平面类一等奖

广告创意的创新性与求异性体现在不同维度。比如，广告诉求创意。广告创意可以基于理性思维或感性思维挖掘自己的诉求点，每个具体的产品或服务都应当基于对自身、市场、目标消费者的深刻洞察，着力寻找具有新意的具体诉求点。

广告概念创意。这里的概念主要是指广告对主要诉求点的具体说辞。一个创造性的概念往往能为产品开辟一个全新的市场空间。例如，饮料品牌元气森林的广告提出了“0 糖 0 脂 0 卡”的概念（如图 1–2–8），将饮料市场一举划分为“含糖饮料”和“无糖饮料”两个领域。这一极具创新性的概念，为产品赢得了巨大的生存空间。

图 1–2–8　元气森林气泡水“0 糖 0 脂 0 卡”

广告表现创意。广告创意人员组合运用色彩、画面、构图、声音、交互元素，能够产生独具个性的广告表现和审美体验。

4. 广告创意的作用

优秀的广告创意能够使广告作品更加生动、形象，具有更强的吸引力和说服力（如图 1-2-9）。广告创意不仅能够快速吸引受众关注，激发他们的参与兴趣，更能够帮助产品或服务在目标消费者心中占据独一无二的位置，从而战胜竞争对手，提升品牌价值。

更为关键的是，好的广告创意在创造经济效益的同时能够兼顾社会效益，引导受众思考，引领社会思潮，促进社会和谐发展。

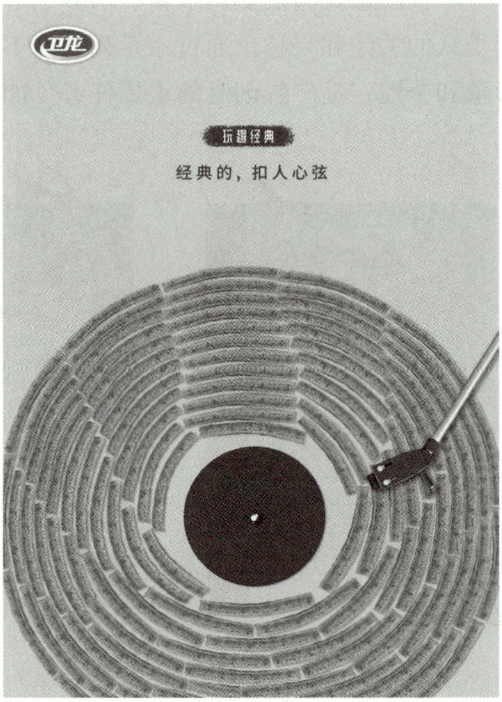

图 1-2-9　学院奖 2023 秋季征集大赛平面类金奖

四、广告创意的特征

1. 思维的转换性

思维的转换能力，就是指从抽象的逻辑思维转换到具象的形象思维的能力。事实上，广告创意的价值就在于从看不见、摸不着的概念到看得到、听得到、感受得到的形象、声音、体验、感受的转换。培养思维的转换能力需要创意人员以丰富的想象力锻炼思维的跳跃性，及时捕捉、发现、建立生活中各种看似风马牛不相及的事物间的内在联系。

典型案例

2. 策略的指导性

策略的指导性就是指广告创意必须始终围绕一个明确的传播策略进行。广告创意不是纯主观的艺术创作，不能随心所欲、信马由缰，它必须在广告策略的指导下，在事先确定好的主题概念的规范下进行。

3. 表现的艺术性

广告创意的根本目的是将一个产品的有关讯息以艺术化的方式予以表现。

广告作品的创意不同于新闻报道，虽然二者的真实性要求和所附载的媒体是大同小异的，但在表现的艺术性这一点上二者有着巨大的差异。新闻报道的创作一般是不允许有艺术加工的，而广告作品则必须要借助于各种各样的修辞和艺术表现形式来达到理想的审美效果（如图 1-2-10）。

广告创意的艺术性需要兼顾合理性，艺术化的夸张和放大不能以丢失真实为代价。

4. 创意的限制性

从总体上说，任何创意思维活动都十分忌讳条条框框的限制，但广告创意却偏偏就有许多限制，因此有人曾说过广告创意就像是“戴着镣铐跳舞”。

（1）广告主的限制。一般而言，所有的广告主都会对广告创意活动提出这样或那样的限制性要求，只是程度不同而已。有的广告主对于广告创意可能会宽容一些，给广告创意人员更多的创意空间，而有的广告主则可能会对广告创意有着更为具体而明确的要求。广告创意人员必须在广告主的要求下开展广告创意活动，比如有的广告主要求广告中有产品露出（如图 1-2-11），有的则对风格和诉求方式有要求。

图 1-2-10　第 14 届大广赛平面类一等奖

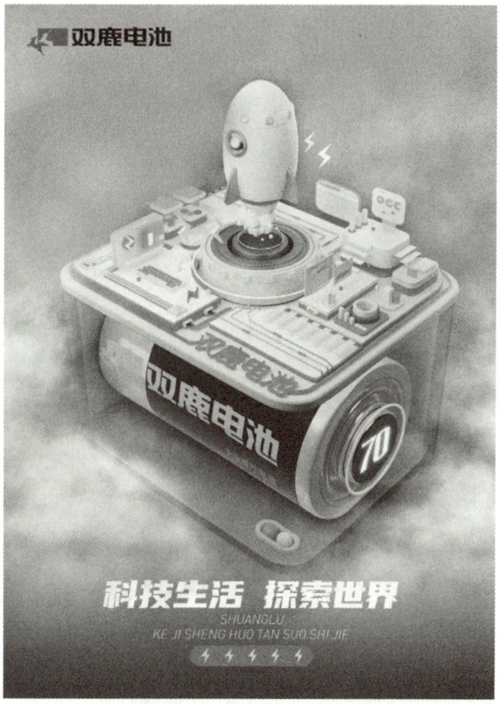

图 1-2-11　学院奖 2023 秋季征集大赛平面类金奖

（2）广告媒介的限制。不同广告媒介有着各自不同的特性，这种特性决定了广告创意必须根据广告媒介的特征进行有针对性的创新和创造。

（3）广告信息本身的限制。不同的广告信息内容本身也限定了广告创意的构思方向。如诉诸感性的商品的广告创意会更多考虑以诗情画意、以情动人的方式去进行构思表现，诉诸理性的商品的广告创意则多以沉稳实在、以理服人的方式去构思表现。

本章思考题

1. 观察身边新奇的广告现象，思考广告的本质和其流动的边界。
2. 广告与创意的关系是什么？为什么说“无创意不传播”？
3. 你如何理解广告创意的限制性？广告创意可以完全天马行空吗？

拓展阅读

第二章

广告创意的基本原则

学习目标

1. 理解广告创意的目标性原则、承诺性原则、针对性原则、整合性原则。
2. 掌握广告创意的简明性原则、通俗性原则，并运用到作品分析和创意实践中。

第一节

目标性原则

每一个广告在发起之前都必须先确定一个目标，且目标应该明确而简单。广告目标可以分为营销目标和传播目标两种，也被称为销售型目标和企业形象型目标。前者着重于向消费者传达产品信息，推销产品和加速产品流通；后者着重于传播品牌名称，树立企业形象或品牌形象，促使消费者或业务合作者对该企业、该品牌形成长期的信赖感。企业形象广告涉及具体的产品特性较少，以企业理念、企业文化、品牌特征等元素作为广告的主要内容。

一、广告的营销目标

广告必须为企业营销目标服务，创意策略需围绕这个目标。

企业的营销目标有增加单次使用量、加大使用频率、巩固老用户、拓展新用户、推广延伸产品线的产品、配合促销活动、提醒消费者购买、配合渠道建设，等等（如图 2–1–1）。

广告创意人员必须考虑企业的营销目标。与品牌的销售目标毫无关联的广告创意内容无法为企业带来实际的经济效益，不仅不算成功的广告创意，还会在一定程度上损害广告代理公司与品牌的合作关系，不利于彼此的合作和发展。

图 2–1–1　第 14 届大广赛平面类一等奖

二、广告的传播目标

广告的传播目标主要有以下几个层面。

1. 接触目标

接触目标指消费者对广告有多少（看到过或听说过）接触，包括广告的覆盖率、收视率、收听率、点击率、停留时长等，主要体现为媒介层面的目标。

2. 认知目标

认知目标指消费者对品牌、产品或服务的认知度，如消费者对广告告知的品牌或产品的内容知晓或记住了什么，记忆增加了多少，了解加深了多少。图 2–1–2 为喜临门床垫广告，该作品用巧妙的方式让消费者加深了品牌记忆。

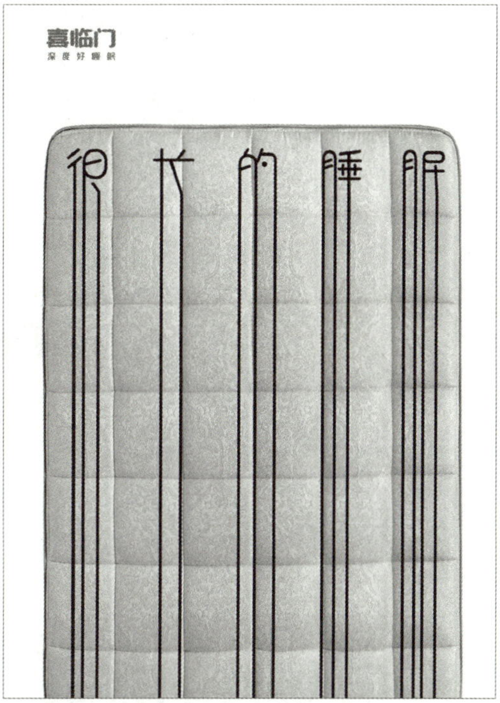

图 2–1–2　第 14 届大广赛平面类一等奖

3. 态度目标

态度目标指消费者对品牌、产品或服务的接受态度，如广告创意是否提高了消费者对品牌或产品的满意度，是否增加了消费者的认同，是否加强了消费者消费决策的倾向性等。图 2–1–3 是自然堂粉底液的广告，用“美颜相机”作比拟，以期增加消费者的好感。

4. 行为目标

行为目标指消费者因为广告而产生购买或实际体验等行为，如广告播出后实际的销售量增加或减少了多少，在线直播产生了多少交易额等。

图 2–1–3　第 12 届大广赛平面类一等奖

达到传播目标是广告的首要任务，是制定创意策略的第一原则。但广告创意的终点是营销目标。在广告主劝服潜在消费者购买之前，必须向他们进行有关企业、产品、服务或问题的宣传、提醒（如图 2–1–4）。在确立广告创意的目标时，需牢记这条简单的格言“营销是卖，广告是讲”。

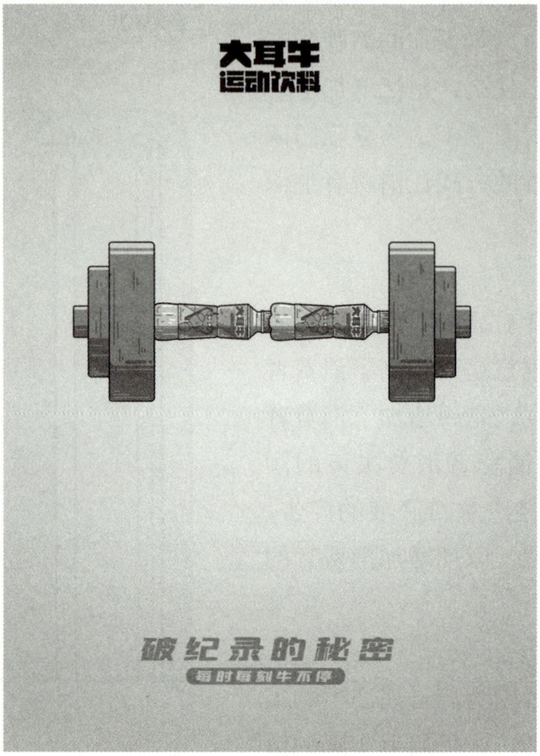

图 2-1-4　学院奖 2023 春季征集大赛平面类金奖

第二节
承诺性原则

有效的承诺是广告最为关键的内容。广告创意必须具体、明确地提出承诺的利益。无论是理性的功能利益还是感性的精神利益，广告创意中的承诺都应当直接、明确。含糊不清、空洞、模棱两可、花言巧语式的承诺，很可能导致受众的不信任，引发其反感情绪。

一、承诺的利益必须明确

广告创意承诺的利益必须明确、清楚、具体，应尽量减少受众阅听后产生的误解。同时，创意人员在创意过程中，应尽量将产品或服务的功能特性转化为利益点。如电脑功率更大、速度更快是具有竞争力的性能，其带给消费者的利益点是工作更有效率、更轻松、更愉快。如图 2–2–1 所示的广告将平面设计平台的相关利益点转化为“口袋里的设计师”。

图 2–2–1　第 15 届大广赛平面类一等奖

二、承诺的利益必须独特

广告创意提出的利益必须是差异化的，没有差异化的利益承诺等于没有承诺。差异化的承诺可以是对手不具备的，也可以是竞争对手同样具备但从未主动表现过的，广告创意应当用形象化的手法将独特的利益突出表达出来。图 2–2–2 是针对云南白药奶茶味牙膏设计的广告。

三、承诺的利益必须有意义

明确的、差异化的承诺还必须是有意义的，这是创意成功的又一关键。承诺的利益必须能够满足消费者的某种需求，帮助其解决实际遇到的问题，如此，这种承诺才是有意义的。如果承诺与市场需求并不匹配，仅靠广告创意的单向鼓吹很难有实际成效。例如，和其正“莉茶”就满足了消费者降火的需求，见图 2–2–3。

图 2–2–2　第 13 届大广赛平面类一等奖

图 2–2–3　学院奖 2022 秋季征集大赛平面类金奖

四、承诺的利益必须真实

广告创意中承诺的利益必须真实且能够实现，真实性就是广告的生命。广告创意可以作适当夸张，但不能过分夸大产品或服务的功效。一旦夸张过度，不仅会丧失消费者的信任，甚至有可能被认定为虚假广告，受到相关法律的制裁。

五、利益承诺要防止冲突

广告创意中的承诺不能与其他相关者产生冲突。（1）承诺的利益不能与消费者的其他利益发生冲突，尤其是不能无视消费者的尊严，甚至引发歧视行为。如某款经济型汽车承诺的利益是价格便宜，但广告却以买不起中高档汽车的人可以买这种车作为创意，这就伤害了消费者。（2）承诺的利益不能以贬低其他经营者、竞争对手为前提。对比是一种常见的广告创意手法，但是如果在承诺利益的表达中贬低其他竞争者，不仅会被消费者反感，还会违反法律。

第三节
针对性原则

一、针对不同的消费者

1. 消费者细分是针对性策略的前提

广告创意必须符合细分市场的要求。市场细分要求广告创意人员与某一群特定的消费者群体对话，深入了解他们的生活，从而比竞争者更能满足他们的需求，为产品或服务提出独到的创意。

市场细分策略（market segmentation）这一名词是20世纪50年代后期才出现的，它在营销、广告的理论与实践中产生了巨大的影响。市场上没有任何两个消费者的需求是完全相同的。集中了解目标消费者的需求，寻找目标消费者群体所追求的利益，才能使广告创意更有针对性、更有效率。图2–3–1即针对有专业运动洗护需求的消费者而设计的广告。

2. 如何进行消费者的市场细分

市场细分的五大基础要素有地理要素、生理要素、社会要素、心理要素、消费行为要素。

很多时候还需要对消费者进行二次细分（次级市场细分）。这需要在第一次市场细分的基础上，进行更深入详尽的分析，把大的细分市场再次细分为若干个次级细分市场。当下，市场营销已经从“大众营销”走向“群体营销”“微观营销”，马赛克状的市场要求极具针对性的细分策略和广告创意。

3. 广告创意的用户针对性策略

广告创意需要对目标消费者的地理、生理、社会要素、心理要素、行为要素进行深入的调查分析。广告创意人员需要充分融入目标消费者的生活，理解他们的生活习惯、观念信仰和价值追求，使用他们的语言，以符合他们价值观的方式，创造性地解决他们遇到的问题。图 2–3–2 所示的爱华仕箱包广告针对年轻消费者的旅行需求使用了“景区打卡”的创意。

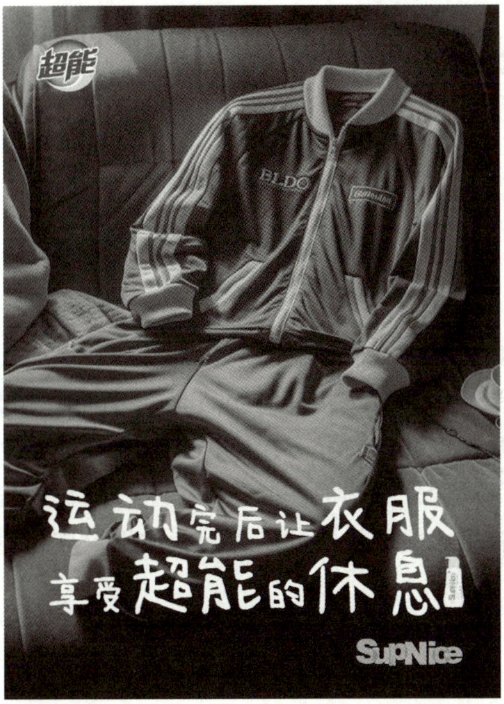

图 2-3-1　学院奖 2023 春季征集大赛平面类金奖

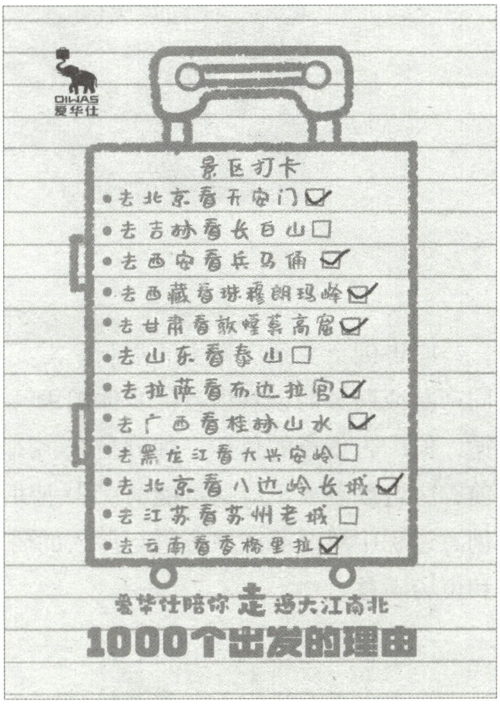

图 2-3-2　第 15 届大广赛平面类一等奖

二、针对不同的产品（服务）特征

1. 针对不同的行业

广告创意需要针对不同行业的属性进行有针对性的思考和表现。不同的行业对新鲜创意的接受度不同，不仅有感性或者理性诉求的偏好之分，也有文风、色彩、音乐等具体表现层面的习惯差异。如数码、科技等产品的广告相对更倾向于以具体的数据和配置来进行理性说服，食品、美妆等产品则更倾向于通过情绪渲染、氛围营造来实现感性引导（如图 2–3–3）。又如，我国政府机关偏好红色、黄色，互联网行业更喜欢蓝色、绿色、橙色等。了解和遵循不同行业对广告创意的偏好能够有效提高创意工作效率。当然，这并不是要求广告创意一定要遵循这些套式，有时那些出人意料的好创意往往来自突破这些习惯的创新。

图 2-3-3　第 13 届大广赛平面类一等奖

2. 针对不同的创意诉求

广告创意受到广告主的限制，需要有针对性地满足广告主对广告创意的需求。不同产品或服务的创意项目的具体需求往往千差万别，虽然相似的产品有一定的规律可循，但广告创意的目标、细分受众、风格、调性等都有差异。在广告创意项目开始之前，广告创意人员应尽可能与广告主进行详尽沟通，明确他们的具体需求，并在广告创意过程中对产品或服务进行深入的研究体验，才能使最终的广告创意成果令广告主和市场满意。

三、针对不同的竞争者

广告创意要充分了解目前市场环境中竞争对手的产品和他们广告创意的策略，在需要的情况下，针对竞争者展开广告创意活动。此时，广告创意需要针对竞争对手的某一个具体方面展开，并要考虑创意发布之后会不会被对手后续的创意打败，如何才能更吸引消费者等。

四、针对不同的媒体

1. 针对不同的媒体特性

不同的媒体表现创意的方式是不一样的，如杂志广告与路牌广告对创意的要求就大相径庭，电视广告与社交媒体广告在创意表达上亦有很大的区别。巧妙地利用不同的媒体，结合不同媒体的特点，扬长避短，因地制宜才能发挥最大效果。

2. 针对不同的媒体定位

同一类型的媒体，其定位和调性也是不一样的，不同的行业进行广告投放时要选择不同定位的媒介。如同样是报纸广告，财经类报纸与生活休闲类报纸就有明显不同，杂志也有家庭类、财经类、时尚类、汽车类、航空类之分，甚至微信和微博都在媒介风格调性上存在差异。因此，在主题、总体风格一致的前提下，广告创意在不同定位的媒体上的表现也应该有针对性，需要吻合媒体的特征。

第四节 整合性原则

一、广告创意活动是一个整体

一个广告创意项目本身是一个系统，其中的每个部分都是系统的一个有机要素，而不是“各自为政”。广告创意策略就是使广告诸多要素联结在一起的纽带。它将众多的创意作品锁定在广告目标上，统领整个广告创作的全过程，也指挥着广告创作中的每个人员。

1. 广告创意应信息统一

在整合性的广告运作中，所有媒体传播出去的信息必须是一致的，至少是相似的。这样受众才可以产生统一、完整、和谐的印象，得出一个明确、清晰的结论。如果在一个传播阶段内一个品牌传达的信息是互相矛盾的，消费者就会云里雾里，无法形成准确的记忆。

2. 广告创意应格调一致

整合传播不仅要使所有的广告要素在广告主题信息上一致，还要使广告创意表现的格调彼此协调。在同一传播主题下，所有形式的广告创意应在风格上保持统一性，营造整体、和谐的审美感受（如图 2-4-1）。

3. 广告创意应媒体协力

广告创意应在不同媒体上开展一体化诉求。电视广告、报纸广告、杂志广告、广播广告、户外广告、新媒体广告等不同媒体上的广告要形成合力，共同支撑同一个广告策略主题，实现整合传播。尤其是在新媒体技术环境下，跨屏互动、多屏切换已经成为消费者的生活常态，广告创意活动更应该利用互联网和移动互联网技术实现跨媒体的整合传播。

图 2-4-1　学院奖 2023 春季征集大赛平面类金奖

4. 广告创意应与其他营销要素相配合

除广告活动自身的整合性之外，广告创意还必须与产品样式、包装、价格、渠道、服务等营销要素相配合，发挥协同作战的效果。营销传播组合包括 5 种主要的传播工具：（1）广告；（2）促销，短期刺激的促销活动；（3）公共关系活动；（4）人员推销，即面对面的接触媒介；（5）直接营销，包括电话、邮件、直播等非人员物理接触的沟通营销。

二、广告创意具有延展性

1. 围绕主题纵深发展

广告创意项目也和产品自身一样，在传播的市场上有生长期、发育期、发展期、延续期。广告创意不仅可以从多个角度横向延展为系列的创意，还应当在完成了一个创意目标之后考虑与下一个目标的衔接，并不断向纵深演绎，随着时间的延续而不断推进。

广告创意的中心主题应该为当下和以后的广告创意提供足够大的容量，保留纵深发展与横向拓展的表现空间。延展是整合的必要条件，如果一个核心创意难以展开，没有可持续发展的空间，就不可能支撑一个广告运动，广告的累积效应就无法实现。如 2019 年中国银联推出的以“让山里的才华被看见”为主题的“诗歌 POS 机”公益营销活动，将山区留守儿童创作的诗歌用银联 POS 机的形式在一线城市的地铁站展出（如图 2-4-2）。乘客只要用银联的手机应用程序支付 1 元就可以阅读诗歌。该活动筹集的善款则被用于支持留守儿童艺术教育。2020 年，中国银联在湖南张家界开展“诗歌长河”活动（如图 2-4-3），推出《万物有诗》主题动画。2022 年，中国银联又在福建打造了“诗歌长城”（如图 2-4-4）。2023 年，中国银联还在广州白云机场立起了一座“诗歌长亭”（如图 2-4-5）。从“诗歌 POS 机”到“诗歌长河”“诗歌长城”“诗歌长亭”，中国银联诗歌 POS 机已经自成一个公益 IP，不断提升和深化银联的品牌形象和内涵。

图 2-4-2　中国银联“诗歌 POS 机”活动

图 2-4-3　中国银联“诗歌长河”活动

（图中“瀑布”为诗歌长卷）

图 2-4-4　中国银联“诗歌长城”活动

图 2-4-5　中国银联“诗歌长亭”活动

2. 将创意进行到底

成功的品牌都是靠一个大创意及其指导下持续延展的广告活动来不断发展的。如喜茶每个店面的创意装修，与不同领域品牌的创意联名，以及自身不断创新的品牌视觉传达风格，都在不断延续、拓展和诠释着“灵感之茶”的意义（如图 2-4-6、图 2-4-7）。又如，Keep 所有的广告创意活动都围绕着“自律给我自由”这一创意展开，无论何时何地，在哪个媒介渠道中与 Keep 相遇，受众都能始终如一地感受到 Keep 所传达的“自律”“坚持”“热爱”的价值观和品牌理念。

图 2-4-6　喜茶 × 人民文学出版社“假如作家们喝喜茶”（2023）

图 2-4-7　喜茶 × 原神“心有所喜 约有所期”（2023）

第五节
简明性原则

创意的第一要义就是必须简洁、单纯、明确、清晰，而不是把简单问题复杂化，只有简洁的创意才能把信息强有力地表现出来。简明性原则要求广告创意人员将信息进行收缩、聚焦、提纯，使消费者能够在极短的时间内，明确了解甚至记住广告所要传达的内容。

一、广告创意受到渠道容量的限制

渠道容量不是指一个媒介渠道能传送的符号和信息的数量，而是指这个渠道传达信息的能力。所有的媒介传播渠道都有承载能力上限，信息过多就会发生堵塞，从而大大影响传播效果。不要指望一个创意能够表达多个内容，也不要在单个广告中表现多个创意主题，否则关键创意信息会在传播渠道之中损失甚至消失。

二、广告创意受到受众接受量的限制

广告受众对信息的接受量是非常有限的。不管是户外广告、平面广告、电视广告，还是新媒体广告，用户接触的时间不过几秒钟，最多数十秒，而且可能受到包括其他广告在内的所处环境的干扰。因此，广告必须在最短的时间内，让消费者注意并记住广告中的关键信息。只有诉求单一、简洁的广告创意才最有可能做到这一点，如图 2–5–1 所示的广告就用完美的弧线传达了手绘屏准确控制的优势。

三、简明才能突出第一信息

对一个广告创意来说，首先要确定什么是最重要的，即主信息或第一信息。成功的广告创意策略往往单一地传达这个第一信息。把第一信息通过简洁单纯、明白无误的创意表达出来是广告最核心的沟通任务（如图 2–5–2）。

在一些广告主看来，什么信息都是重要的。他们经常期待用一次广告投入就把品牌、产品、服务等所有相关信息都传播出去，但多个信息必定相互干扰，最终的结果就是雁过无痕，什么都留不下。

图 2-5-1　第 14 届大广赛平面类一等奖

图 2-5-2　第 14 届大广赛平面类一等奖

第六节
通俗性原则

一、通俗易懂有利于沟通

广告创意是为了更好地实现信息的沟通。因此，广告创意必须最大程度降低信息解码的成本，用通俗易懂的符码构成和表现方式来进行沟通传播（如图 2-6-1）。同时，通俗易懂也可以拉近广告与目标受众的心理距离，增加亲近感，进一步提升信息传播的效率。

广告创意的通俗性没有绝对的衡量标准，始终是相对于目标受众而言的。接近目标受众的文化语境，便于其准确理解的创意就是通俗的创意。

图 2-6-1　第 25 届时报金犊奖平面类金犊奖

二、通俗性与目标受众的经验背景

广告创意要想具有通俗性，首先应当考虑目标受众的经验背景，包括人生经历、文化属性、生活环境、生活习惯、社会交往情况等。受众通常基于这些经验背景来完成信息的解码工作。广告创意所立足的经验与目标消费者所具有的经验重叠越多，受众理解的成本就越低，广告创意的通俗性就越高。

在广告创意实践中，广告创意人员应当尤其留意当下目标消费者的语言使用习惯及其变化。随着社交媒体的不断发展，人类社会重回部落化，个体在社交平台上加入不同的社群和圈子。人们在社群中会使用具有一定理解边界的语言来和群体之外的人群进行区分。如一些年轻人使用的“YYDS”（永远的神）、“NSDD”（你说得对）、“ZQSG”（真情实感）等拼音缩写网络词汇，年长者可能并不理解。

三、通俗性与目标受众的文化背景

广告创意要想具有通俗性还需要考虑文化背景。新媒体将全世界不同时空的人联系在一起，有时广告需要针对不同国家和地区、不同民族、不同文化背景下的跨文化受众进行创意。此时，广告创意就应当尽可能基于当地受众的文化背景展开，包括语言、风俗、诗歌、典故等，尽可能降低受众的理解成本，减少出现歧义的可能。

本章思考题

1. 广告创意的基本原则有哪些？其中最关键的原则你认为是哪一项？
2. 结合具体的广告实例，谈谈你对广告创意针对性原则的理解。
3. 为什么一则广告最好只传达一个核心的创意点？

拓展阅读

第三章

广告创意的基本理论

学习目标

1. 认识并理解本章的十一个创意理论，能够运用这些理论分析和创作。
2. 思考经典理论在当下的媒介环境中是否仍然适用，有哪些地方可以改进。
3. 基于自己对广告行业的观察和体会，尝试提出一个能指导自己创意实践的方法论。

第一节

USP 理论

USP 是 Unique Selling Proposition 的缩写，即独特的销售主张。这一理论是美国“科学派广告”代表人物罗瑟·瑞夫斯（Rosser Reeves）在 20 世纪 50 年代提出的影响深远的广告创意理论。独特的销售主张是指其他同类竞争产品在广告宣传中不曾提出或没有宣传过的说辞。瑞夫斯认为广告创意必须遵循 USP 理论，广告成功的关键在于找到产品的独特销售主张。

一、USP 理论的核心

明确的概念、独特的主张、实效的销售是 USP 理论的核心。其中明确的概念，是指在广告创意过程中，努力寻找并提炼出产品本身可以给购买者带来的特定的利益。而独特的主张，则是指其他竞争者无法提供或没有提供的方法主张。如立白的“不伤手”，乐百氏纯净水的“27 层净化”，金典有机纯牛奶的“3.8 克优质乳蛋白”（如图 3-1-1），闪送的“一对一急送”（如图 3-1-2），都属于独特的销售主张。

图 3-1-1 金典“3.8 克优质乳蛋白”

图 3-1-2 闪送“一对一急送”

USP 在应用上并不复杂，它是因分析产品能为其使用者提供何种功能而产生的。分析的结果是一个事实利益，并且可以通过重复强化来加深消费者的印象。

二、USP 理论的基本要点

USP 理论包括如下四个基本要点：

（1）每一则广告必须向消费者说明一个主张（Proposition），必须让消费者明白购买和使用广告中的产品可以获得什么具体利益。

（2）广告中所强调的主张必须是竞争对手做不到的或无法提供的，必须说出自身独特之处，在品牌和诉求方面应当是独一无二的。

（3）广告中所强调的主张必须是强而有力的，必须聚集在一个点上，集中打动、感动和引导消费者来购买相应的产品（如图 3–1–3）。

（4）USP 广告不只是传播产品信息，更要激发消费者的购买行为。

以上 USP 理论的基本前提是，消费者都是理性思维者，他们倾向于注意并记住广告中的一个强有力的主张。具体地说，广告对准目标消费者的需要，提供可以带给他们实际利益的承诺，而这种承诺必然要有理由的支持。因为理性思维者会质疑为什么该产品会提供这样的实际利益。USP 理论的程序就是特有的承诺加上理由的支撑。

图 3–1–3　学院奖 2022 秋季征集大赛平面类金奖

第二节

BI 理论

BI 是 Brand Image 的缩写，即品牌形象。BI 理论的创始人是被称为“广告怪杰”的大卫·奥格威（David Ogilvy）。奥格威在全球广告界负有盛名，他被列为 20 世纪 60 年代美国广告“创意革命”的三大旗手之一，被誉为“最伟大的广告撰稿人”。

他认为每一个广告都应成为品牌形象发展及维护这一长期工程的一部分，任何产品的品牌形象都可以依靠广告建立起来。品牌形象并不是产品固有的，而是融合了产品的质量、价格、历史等因素，并在外在因素的诱导、辅助下形成的。消费者购买的是产品能够提供的物质利益和心理利益，而不是产品本身。因此，广告活动应该以树立和保持品牌形象这种长期投资为基础。在奥格威看来，产品的品牌形象一旦培植到出众的地位，生产该产品的企业将会以最高利润获得最大的市场份额。品牌形象理论的提出在广告界产生了巨大的影响，引起了一场广告观念的变革，很多品牌广告都契合了这一理论（如图 3–2–1）。

图 3–2–1　第 14 届大广赛平面类一等奖

一、BI 理论的基本要点

1. 广告活动的目标是要塑造并且维持一个高知名度的品牌形象

品牌形象即品牌个性。奥格威认为产品就像人一样，也要有个性。不同产品的个性不一样，广告则力图表现出品牌的个性。

品牌的个性是由许多因素混合而成的，包括产品的名称、包装、价格和广告的风格。因此，每一条广告都应该认真考虑广告创意是否对品牌的形象有利。也就是说，广告活动所表现的广告作品必须保持一贯的形象风格，如强调国产属性的非常可乐就一贯重视在广告中体现中国元素（如图 3–2–2）。最终决定品牌市场地位的是品牌总体上的性格，而不是产品间微不足道的差异。

2. 任何一个广告创意作品都是对品牌的长程投资

从长远的观点看，广告必须尽力去维护一个好的品牌形象，甚至可以牺牲短期利益来获取品牌的长远利益。每一则广告都是对品牌的长程投资。

3. 塑造并传播品牌形象比单纯强调产品的具体功能要重要得多

品牌形象比产品功能更重要。奥格威把品牌形象作为创作具有销售力的广告的一个必要手段。随着产品的日益丰富，产品同质性增大，品牌之间的差异性减小，消费者选择品牌时的理性思考减少。此时，描绘品牌的形象就要比强调产品的具体功能更为重要。

图 3-2-2　第 14 届大广赛平面类一等奖

4. 广告创意应该重视运用品牌形象来满足消费者的心理需求

品牌形象能够满足消费者的心理需求。消费者购买商品所追求的不仅是商品带来的实际利益，更是“实质利益＋心理利益”的双重满足，广告中塑造的品牌形象可以在一定程度上暗合消费者的心理需求（如图 3–2–3）。

图 3-2-3　第 29 届时报金犊奖平面类金犊奖

根据马斯洛的需求层次理论，消费者的需求应该是随着生活水平的提高而不断变化的，这种变化的趋势大致为：实质利益的需求→实质利益为主、心理利益为辅的需求→心理利益为主、实质利益为辅的需求→心理利益的需求。因此，对某些产品和某些消费者而言，运用广告创意传播品牌形象来满足消费者的心理需求，是广告活动走向成功的关键。

5. 品牌广告的表现方法

奥格威认为影响品牌形象的因素是多样的，包括广告、定价、产品的名称、包装、赞助过什么演出活动、投放市场的时间长短等。奥格威还提出了一些关于品牌广告的秘诀，比如在广告的前十秒内使用品牌名，利用品牌名做文字游戏可以让受众记住品牌，以包装盒结尾的广告片较能影响消费者的品牌偏好。幽默、生活片段、证言、示范、疑难解答、独白、有个性的人物角色、提出理由、新闻手法、情感诉求等是影响消费者品牌偏好的十大良好表现手法。

6. 象征概念

如果产品能满足消费者的文化需求，创意就可以采用象征概念，让消费者了解企业和产品的文化倾向性和意义。经济越发达，商品的消费就越具有文化和社会意义。而广告的功能，就在于使用有适当象征意义的符号，传达和强化这种象征性意义。

比如联想的广告《上场》(如图 3-2-4)，以中国女排的赛场为场景，串联起消防员、城市居民、程序员、毕业生、医生、宇航员等不同群体，展现出各行各业的当代中国人不畏艰难险阻，勇敢“上场”，在自己的位置上发光发热的形象和精神。这则广告就是以能够唤起群体精神共鸣的符号来象征联想“智慧中国”的意义。

图 3-2-4　联想广告《上场》(2021)

二、品牌形象对消费者的影响

1. 品牌形象影响消费者的认知

在消费者的需求能得到即时满足的时代，他们产生需要的速度有落后于企业生产的趋势。消费者在消费时倾向选择熟悉的品牌，而对于不熟悉、不了解、未认知的商品，消费者的认知过程往往需要花费较长的时间。

2. 品牌形象影响消费者的决策速度与品牌选择

老字号品牌、优质的商品，容易引起消费者的购买欲。消费者在购买这类商品时，风险与决策阻力小，决策时间短。尤其是某些消费者对著名品牌或老字号品牌有着长久的消费习惯，他们的购买决策过程会更快，购买熟悉的品牌商品也更令他们感到放心。图 3–2–5 就是一则旨在唤起消费者回忆的广告。

3. 品牌形象影响消费群体的购买行为

一些规模大、形象稳定的品牌，在市场上的影响力大，在消费者心目中留下的印象深刻，在消费者头脑中处于显要的位置。由于了解这类品牌的人比较多，消费者之间对这类品牌的议论也多，信息传播广。消费者进行消费决策时，可以相互参考，也更容易产生从众购买行为。

4. 品牌形象影响消费者的自我意识和自我形象

成熟度高的品牌具有稳定的象征意义和品牌个性。许多消费者会依据自己的价值观和消费兴趣来选择品牌，把品牌作为自我形象的代表，他们的自我个性与品牌个性之间存在共鸣。

图 3–2–5　学院奖 2022 秋季征集大赛平面类金奖

三、USP 理论与 BI 理论的对比

无论 USP 理论还是 BI 理论，两者都在追求对品牌差异化的确认，BI 理论对品牌的确认更为鲜明。USP 理论立足于理性诉求，而 BI 理论则更多诉求于情感因素，通过创造产品独特的品牌形象，塑造与其他品牌不同的性格和形象，从精神层面上满足消费者的心理需求。实质上，任何理性诉求都暗含着情感的因素。这不仅表现在产品提供的实惠给消费者带来的满足会让他们产生积极的情感体验，还表现在产品的理性诉求往往需要情绪的激发才能达到更好的效果。比如，OPPO 手机广告的“充电 5 分钟，通话 2 小时”是一个突出充电速度快的理性的独特销售主张，但是在实际的广告表现中，也需要青春洋溢的演员去演绎充电快带来的情感满足（如图 3–2–6）。

USP 理论与 BI 理论都是“科学派”广告创意观，它们强调需要原则和实效，罗瑟·瑞夫斯是科学派旗手，而大卫·奥格威则将自己的基本法则称为“神灯”，鲜明体现出科学实证的精神。

图 3-2-6　OPPO 手机广告《充电 5 分钟　通话 2 小时》（2015）

第三节
BC 理论

BC 是 Brand Character 的缩写，即品牌个性。BC 理论产生的基础是美国格雷（Grey）广告公司提出的“品牌性格哲学论”。与此同时，日本小林太三郎提出了“企业性格论”。随着研究的深入，逐渐形成了广告创意策略中另一种后起的、充满生命力的新策略流派——品牌个性论。该理论可以用公式表示为：产品 + 定位 + 个性 = 品牌性格。意思是广告在“说什么”时，不只是“说利益”（产品）、“说形象”（定位），还要“说个性”。

一、BC 理论的内涵

（1）在与消费者的沟通中，从标志到形象再到个性，“个性”是最高的层面。之所以认为品牌个性比品牌形象更高一层，是因为形象只能引发认同，而个性可以导向崇拜。

（2）为了实现更好的传播沟通效果，应该让品牌人格化，即思考“如果这个品牌是一个人，他应该是什么样子……”（找出其价值观、外形、行为、声音等特征），图 3-3-1 就是将品牌人格化的广告作品。

（3）塑造品牌个性应使之独具一格、令人心动、经久不衰。其中，关键是用什么核心图案或主题文案来表现品牌的特定个性。

（4）寻找能代表品牌个性的象征物往往很重要。

二、BC 理论的基本观点

品牌个性具有独特性和整体性，它创造了品牌的形象识别，使我们可以把一个品牌当作一个人来看待，使品牌人格化、个性化。对于品牌个性可以作以下分析：

1. 品牌个性是特定品牌使用者个性的类化

品牌已经脱离物化的范畴，向更加人性化的精神层面过渡。品牌个性使品牌如同人一样具有性别、年龄、阶层等社会属性，是品牌使用者个性的类化。

图 3-3-1　学院奖 2023 秋季征集大赛平面类金奖

人们用成百上千个形容词来描述彼此的个性特征，如我们将某人描述为热情、文雅、浪漫、有闯劲等。类似的，一个品牌的特点可以是有冒险精神的、顽固的或是易兴奋的。一个品牌可以有真诚、兴奋、能力、复杂性、单纯性等个性因素。如海尔使人联想到真诚勇敢的海尔兄弟，时刻传达着“真诚到永远”的性格，安踏则是“永不止步”的冒险家（如图 3–3–2）。

图 3-3-2　安踏《勇立潮头》（2023）

2. 品牌个性是其关系利益人心中的情感附加值

品牌个性具有强烈的情感方面的感染力，能够抓住消费者及潜在消费者的兴趣，不断地激发情感，引起共鸣。品牌个性蕴含着其关系利益人心中对品牌的情感附加值，正如我们认为某人（或某一品牌）具有冒险精神并且容易兴奋一样，我们也会将这个人（或品牌）与激动、兴奋或开心的情感联系起来，进而使购买或消费某些品牌的行为也带有类似的感受和感情。

3. 品牌个性是特定的生活价值观的体现

价值观可以表现为对令人向往的生活的追求、对自尊的维护、对理智的推崇、对自我表现的要求等。每个人有各自不同的价值观，一个人可能倾向于追求娱乐和刺激，另一个人也许更关心自我表现和安全。具有独特个性的品牌，可以在某一特定价值观上与消费者建立强有力的联系，产生强烈的吸引力。如李宁“一切皆有可能”的希望无限、奋斗、不断提高的价值观就很容易吸引渴望通过个人努力获得成功的消费者，一生仅能定制一枚的 DR 钻戒则可能吸引那些秉持“用一生爱一人”爱情观的消费者。

第四节
定位理论

定位理论是 1969 年由艾·里斯（Al Ries）和杰克·特劳特（Jack Trout）在《工业营销》杂志上首次提出的，在当时即引起了轰动。他们对“定位”所下的定义是：“定位并不是要你对产品做什么事，定位是你对未来的潜在顾客心智所下的功夫，也就是把产品定位在未来潜在顾客的心中。”① 之后他们在合作撰写的《定位：争夺用户心智的战争》一书中系统提出了定位理论。

一、定位理论的基本要点

（1）广告活动的目标是使某一品牌或产品在消费者心目中获得一个据点、一个认定的位置，或者占有一席之地。

所谓定位，并不是要去做某种新奇或与众不同的事情，而是去明确那些已经存在于人们心目中的对品牌的联想。定位既可以针对产品，也可以针对某项服务、某家公司、某个组织甚或某个个人，但定位并不是对产品本身做什么改变，而是改善或强化潜在消费者心目中对特定品牌的看法。因此，定位的目的是在潜在消费者心中为品牌

① [美] 艾·里斯、杰克·特劳特：《定位：争夺用户心智的战争》，顾均辉、苑爱冬译，机械工业出版社 2015 年版，引言第 4 页。

占据一个有利的位置，图 3–4–1 是学生为某水果品牌设计的强调“鲜”这一定位的广告。

图 3–4–1　第 29 届时报金犊奖平面类金犊奖

（2）广告需要创造出独有的位置，如“第一说法”“第一事件”“第一位置”。因为特殊的位置容易在消费者心中形成难以忘怀的、不易混淆的优势印象。

（3）广告所表现的差异性，并不是仅仅指出产品具体的功能利益，更重要的是突出品牌间的区别。例如，“更适合中国宝宝体质”的概念使消费者在众多奶粉品牌中记住了飞鹤奶粉（如图 3–4–2）。

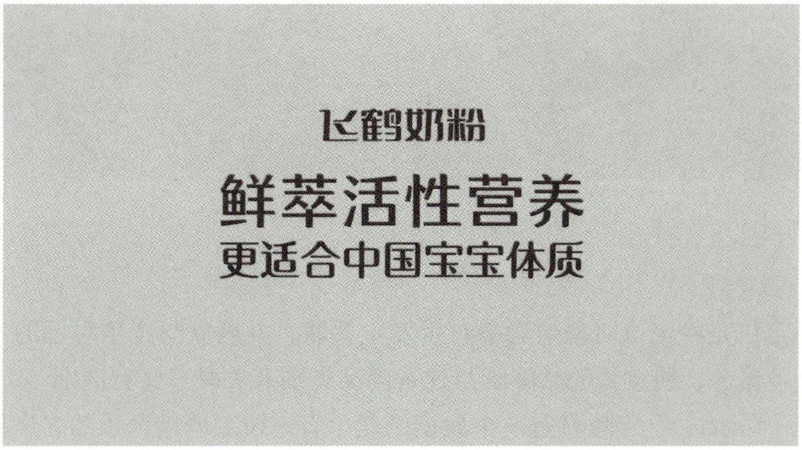

图 3–4–2　飞鹤奶粉“更适合中国宝宝体质”

（4）定位一旦建立，无论何时何地，只要消费者产生相关的需求，就会首先想到广告中的这个品牌、这家公司的产品，达到“先入为主”的效果。

二、常用的定位方法

目前，定位理论对营销的贡献超过了它原有的传播技巧的范畴，而演变为营销策略的一个基本步骤。定位是对公司的提供物和形象的策划行为，目的是使它在目标消费者的心智中占据一个独特的位置。

常用的定位方法有：

1. 首次定位

对于空白心智的受众来说，首次定位的信息应是心理层面第一次感知的，要占得最先与最大。比如元气森林因第一个提出了“0 糖 0 脂 0 卡”的概念，迅速畅销于市场。当消费者想到“无糖”饮品时，第一个想到的就是元气森林。

2. 关联定位

关联定位是将品牌与消费者心智中已经存在的某些认知联系起来，借用已有的相关信息来迅速导入品牌信息，从而占据一个有利位置。如“怕上火，喝王老吉”就是将饮品与消费者普遍已知的上火概念相关联，同时它也对降火凉茶饮品这一新品类进行了首次定位（如图 3–4–3）。

图 3-4-3 王老吉“怕上火，喝王老吉”

3. 竞争者定位

竞争者定位是将定位对象与竞争对手发生关联，并确立与竞争对手的定位相反的或可比的定位概念，使宣传的品牌既与现有商品类别有关联，又有区别。七喜（7 Up）的“非可乐（Uncola）”定位就是一个典型的竞争者定位，既借可乐的名声提高自己的知名度，又突显自己与可乐的不同（如图 3–4–4）。

图 3-4-4　七喜“非可乐”

4. 领导者定位

领导者定位是指强调品牌在同行业或同品类中的领导性、专业性地位。如茅台的“国酒”概念、蓝月亮塑造的“洁净专家”、公牛的“安全用电专家”等形象就是在强调品牌的专业性和行业地位。不过需要注意的是，我国现行的广告法明确规定，广告中不得出现“国家级”“最高级”“最佳”等用语，因而类似“领先”“领军者”“领导者”等表述在广告中使用时应当非常谨慎。

5. 跟随者定位

跟随者定位是指紧紧跟随行业领导者，在潜在消费者头脑中占据第二的位置，即明确承认同类中的领导者品牌，向领导者看齐。如蒙牛乳业启动市场时宣称“做内蒙古乳业第二品牌”，第一品牌是伊利。青花郎白酒称自己为“中国两大酱香白酒之一”，而另一个是茅台。

6. 多品牌定位

当处于领导者地位的品牌要以另外的新品牌来压制竞争者时，也可采取多品牌战略，确保每一个品牌都在潜在消费者心中占据一个独特的位置。如农夫山泉为稳固其在饮品市场上的领先位置，在果汁、茶饮、能量饮料、咖啡饮料等品类中推出农夫果园、NFC、东方树叶、茶π、维他命水、尖叫、水溶 C100 等多个品牌，满足消费者的不同需求，攻占其心智。再如，上海家化推出六神、佰草集、玉泽、美加净、启初、双妹、典萃、高夫、家安等多个品牌，针对不同的消费人群和消费需求进行多品牌定位（如图 3-4-5）。

图 3-4-5 上海家化旗下品牌

7. 扩大定位

扩大定位是指处于领导者地位的品牌有时会增加适用范围来保持其市场地位。比如，很多药品在刚推向市场时，为了让消费者尽快接受，往往只宣传其中一个重要的功能，但当其被消费者接受后，往往就扩大其宣传卖点，以巩固和扩大消费群体。

8. 类别品牌定位

类别品牌定位是指当一个强大的品牌名称成了产品类别名的代表或代替物时，就必须给旗下新产品以一个新的名称，而不能采用“搭便车”的做法，沿袭公司原有的品牌名称。如东阿阿胶基本已经成为阿胶的代名词，其推出的金丝枣就重新塑造了“蓝帽子”这个品牌名称。

9. 销售量定位

消费者通常有着较强的从众心理，因此在同行中有较好销量的企业经常用销量数字来宣传自己，以便使消费者产生一种信任感。如拼多多称自己为“3 亿人都在拼的购物 App”，支付宝十周年广告《账单日记》中写道：“十年，3 亿人的账单算得清。”

10. 再定位

再定位也叫重新定位，即改变品牌在消费者心智中所保持的原有位置与结构，使之按照新的概念重新排位。如李宁从原有的“体育”“民族”“老品牌”到“时尚”“国潮”的新形象定位，使品牌得到了年轻世代的青睐，重新焕发了生机。

11. 情感定位

情感定位是指将人类共有的关怀、牵挂、思念、温暖、怀旧、爱等情感内涵融入品牌，使消费者在购买、使用产品的过程中获得这些情感体验，唤起消费者内心深处的认同和共鸣，最终使消费者每当处于相应的情感场景或需要相应的情感慰藉的时候就会立刻想到该品牌和产品。如青岛啤酒“畅享欢聚时刻”就是以团聚、欢乐的场景和情感作为定位的，南方黑芝麻糊的“一股浓香，一缕温暖”也主要以亲情、怀旧等情感体验作为品牌定位，特别是其 1991 年首播的电视广告几乎成为几代人的情感记忆（如图 3–4–6）。

图 3–4–6　南方黑芝麻糊《一股浓香 一缕温暖》（1991）

12. 企业理念定位

企业理念定位是指企业用自己特点鲜明的经营理念和企业精神作为品牌的定位，以此在公众心目中树立独有的企业形象，从而提高品牌价值。如腾讯游戏“用心创造快乐”，网易游戏“游戏热爱者”就是差异化的企业理念定位。

13. 消费群体定位

消费群体定位是指直接以产品的消费群体为诉求内容，突出产品专为该类消费群体服务，以此获得目标消费者的认同。消费群体定位有利于迅速增进消费者的归属感。如哈药护彤的定位为“儿童感冒药”，江小白致力于打造“年轻人的白酒”，百雀羚的定位为“专为东方女性研制”等。

第三章 广告创意的基本理论

第五节

ROI 理论

ROI 理论是 20 世纪 60 年代由美国恒美（DDB）广告公司的创始人、被誉为 20 世纪 60 年代美国广告“创意革命”时期三大旗手之一的威廉·伯恩巴克（William Bernbach）根据自身的创作积累总结出来的一套创意理论。20 世纪 90 年代末期，伯恩巴克成为美国《广告时代》推选的广告业最具影响力人物之一，且排名第一，恒美广告也是全球知名的跨国创意代理公司。

一、ROI 理论主张

ROI 理论是恒美的创意指南。该理论的基本主张是：优秀的广告必须具备三个基本特征，即关联性、原创性、震撼性。

1. 关联性

所谓关联性（Relevance），即广告创意的主题必须与商品、消费者、竞争者密切相关。伯恩巴克曾经说过，如果我要给谁忠告的话，那就是在他开始工作之前就要彻底地了解广告代理的商品。他还指出，你一定要把了解到的信息关联到消费者的需要上面，千万别以为有想象力的作品就是聪明的创作了。

图 3-5-1　第 15 届大广赛平面类一等奖

2. 原创性

所谓原创性（Originality），即广告创意应独立、创新、与众不同（如图 3-5-1）。创意思维的特征就是要刻意“求异”，想人之所未想，发人之所未发。要做到与众不同，就必须先了解别人说过什么、做过什么。也就是说，求异思维是有“参照系”的思维，而非信口开河。

3. 震撼性

所谓震撼性（Impact），就是指广告作品在瞬间引起受众注意并在其心灵深处产生震动的能力。一个广告创意只有在视觉、听觉、触觉等感官以至心理上对受众造成强大的震撼，其广告信息的传播才能达到预期效果（如图 3–5–2）。

图 3-5-2　第 26 届时报金犊奖平面类金犊奖

二、ROI 理论渊源

ROI 理论属于“艺术派”的广告创意观。伯恩巴克和李奥·贝纳（Leo Burnett）都是广告创意艺术派的代表。

他们强调广告的艺术性和情感作用，对直觉思维和创作能力倍加推崇，强调广告应沟通和冲击目标受众的心灵，让受众产生共鸣和认同。李奥·贝纳创意观的核心是，强调任何商品都有戏剧性的一面。他认为广告人最重要的任务是把商品的戏剧性发掘出来并加以利用，找出商品能够使人们发生兴趣的魔力。

第六节
CI 理论

CI 是 Corporate Identity 的缩写，即企业识别，是指一系列符号的组合。这些符号标示着一个企业希望公众如何认识它。CI 理论发源于美国，20 世纪 30 年代初期，美国著名的设计家雷蒙德·罗维（Raymond Fernand Loewy）和保罗·兰德（Paul Rand）等人提出“企业识别系统”（Corporate Identity System，CIS）这一用语，简称为 CI。

一、CI 理论概述

CI 系统设计是对企业经营理念、价值观念、文化精神的塑造过程，借此塑造、改造企业内部的制度和结构，并通过企业的视觉设计，将企业形象有目的、有计划地传播给社会公众，从而达到促进社会公众对企业的理解、支持与认同的目的。

CI 作为一个整体机制，是由视觉识别（Visual Identity，VI）、行为识别（Behavior Identity，BI）、理念识别（Mind Identity，MI）三大要素构成的，也可以将其理解为表层子系统、基层子系统、深层子系统三个部分。表层子系统即 VI，由企业的外部视觉形象要素构成，如品牌的名称、标志、标准字、标准色、图案等视觉符号，以及品牌的广告、口号和各种传播活动等能为外界感知的要素。图 3-6-1 为可口可乐的视觉识别要素。基层子系统即 BI，由企业的各种制度、关系、结构、素质、竞争力、组织等要素构成。深层子系统即 MI，指品牌的理念、文化、价值观等精神要素。

图 3-6-1　可口可乐视觉识别要素（2013）

二、CI系统各要素之间的关系

如果说传统企业出售的是产品，那么现代企业推销的则是企业形象。从某种意义上说，CI活动就是创造、生产和推销企业形象的过程。三大构成要素之间的关系可概括为以下几点。

1. 各具特点，层次分明

相比较而言，VI设计的重点在物，是一种传播载体；BI设计的重点在人，着眼于企业中人的主观能动性的充分发挥；MI设计的重点在心，是CI系统的原动力。所以，VI是表现层，直接联结着社会公众；BI是执行层、实践层；MI是决策层，是最高、最深的层次。

2. 三位一体，协调运作

MI是CI系统的根基，起着根本的导向作用，左右着企业的素质，决定着企业的发展。MI一经形成，将通过BI和VI向外传播。BI是动态的传播，借助于行为显示出MI的内涵。如果没有MI，VI只能是简单的装饰品。如果没有VI，MI也将无法有效地传播和表现，只能沦为空洞的口号，没有任何实际意义。

三、CI系统的意义

1. 有利于提振消费信心，增强广告效果

在现代社会中，消费者的购买行为不仅是对产品功能和价格的选择，更取决于企业精神、企业经营管理作风和服务水准。良好的企业形象必然使消费者对其产品产生信赖，提振消费信心，同时增强广告效果。

2. 有利于扩大销售渠道，建立长期稳定的供销关系

优良的企业形象可以增强供应商、分销商对企业的信心，使供应商放心供货，分销商则勤进快销，建立长期稳定的供销关系。

3. 有利于增强投资者和金融机构的好感与信心

优良的企业形象是企业组织完善、制度健全的象征。这会增强投资者和金融机构的安全感与信任感，能不断扩大企业的资金来源和融资渠道，不断提高企业的效益。

4. 有利于提高企业的经营管理水平，增强企业的竞争实力

统一完整的企业形象是以系统化、标准化、规范化的经营管理为基础的。这就大大简化了企业的运营流程，保证了产品的质量，使企业能够源源不断地生产优质的产品。

5. 有利于稳定内部的合作关系，增进合作者的意愿和信心

企业形象的系统化、统一化、组织化有利于在企业内部形成良性的文化氛围，加强企业员工的归属感与向心力，增强母公司与子公司之间、子公司与子公司之间亲密友好的合作关系。合作者为达成共同的目标而协调行动，从而使企业获取更大的经济

效益。

6. 有利于企业战略定位，使企业保持总体目标的稳定

企业形象的准确识别和定位，能够防止盲目多元化发展，促使企业各分支向更有竞争优势、与总体目标一致的方向前进。

7. 有利于降低企业传播成本，为企业增加无形资产效益

统一的企业形象传播能够持续强化消费者认知，减少信息损耗，降低沟通成本，为企业创造更多无形资产效益。

8. 有利于吸引优秀人才，确保人力资源竞争优势

形象优良的企业，能够稳定原有的职工队伍，赢得人才市场的信赖，并不断培养和吸收更优秀的人才，确保企业拥有人力资源竞争优势。

四、CI 理论的发展

CI 理论的发展过程大体上经历了三个阶段。

1. 视觉识别阶段

在 20 世纪 50 年代前后的美国，CI 理论以视觉识别为源头开始发展。该阶段的主要特征是重视视觉冲击力，强调统一标准的符号，追求简单。1956 年，美国国际商用机械公司聘请著名设计师保罗·兰德为其设计品牌标志。他将公司全称 International Business Machines 设计为蓝色的 IBM 标志，其中八条横纹的标准字象征着产品的“前卫、科技、智慧”（如图 3–6–2）。IBM 的企业形象体系成为 CI 理论发展的重要标志。

图 3-6-2　保罗·兰德设计的 IBM 品牌标志（1956）

企业形象设计由此传播开来，引发众多企业仿效，如美孚石油公司、东方航空公司、西屋电气公司等。20 世纪 60 年代以后，欧美国家的企业形象设计成为潮流。70 年代，可口可乐公司以强烈震撼的红色、律动条纹构成的标志和独特的曲线瓶身统一了品牌的视觉识别系统，获得了世界各国的广泛关注。

2. 文化识别阶段

20 世纪 70 年代前后兴起了“日本型 CI”。其特征是以公司文化理念为核心，突出系统性，主张由内而外传播。我国是从 20 世纪 80 年代开始引入企业形象系统的，90 年代进入高速发展期，企业形象设计普遍为企业所接受。

3. 品牌资产阶段

20 世纪 90 年代以来，企业识别系统在建设实践中不断引入新的要素，诸如品牌定位、品牌个性、品牌联想等，核心目标是提升品牌价值。在这一阶段，与消费者建立关系成为中心，传播方式从单一趋向整合，传播的累积效应受到关注。

日本电通公司设想的 CI 是指沟通识别（Communication Identity）。它认为 CI 的性质和目标是通过沟通传播树立品牌形象、积累品牌资产。

在 CI 理论指导下的广告创意观认为，广告应着眼于塑造公司品牌形象。产品形象应服从和服务于企业品牌形象，成为其重要的有机组成部分。广告的内容应保持统一性，注重沟通过程的延续性，持续为品牌增值。

第七节
共鸣理论

共鸣（Resonance）理论是由盛世长城国际（Saatchi & Saatchi）广告公司提出的创意理论。共鸣理论主张在广告中述说目标受众珍贵的、难以忘怀的生活经历、人生体验和感受，唤起并激发其内心深处的回忆，同时赋予品牌特定的内涵和象征意义，建立目标受众的移情联想，通过广告与生活经历的共鸣作用而起到震撼效果。

一、共鸣理论概述

1. 模仿目标受众的生活方式

在拟定广告主题内容前，必须深入了解目标受众，选择目标受众推崇或印象深刻的生活方式和经历加以模仿。运用共鸣理论取得成功的关键是要构造一种能与目标受众所珍藏的经历相匹配的氛围或环境，使广告与目标对象真实的或想象的经历联结起来（如图 3-7-1）。

图 3-7-1　第 31 届时报金犊奖平面类金犊奖

2. 描绘人类共通的情感

共鸣理论侧重的主题内容包括爱情、友情和亲情等人类共通的情感。具体的广告创意通常通过讲故事的方式，营造富有情感的场景，唤醒受众沉睡的情绪。

二、共鸣理论的作用方式

1. 经典的怀旧

怀旧是人们体味和经历情感的重要方式，是引发人们产生共鸣的常用工具。怀旧题材的广告创意以对经典场景的复刻和对人际情感的描画为手段，不仅可让个体产生亲近依恋的感情，更会在群体之中产生激荡效应，引发群体性的怀旧（如图 3–7–2）。

2. 温馨的情感

广告创意可以唤起如温馨、快乐之类的情感共鸣（如图 3–7–3）。这种情感共鸣如果处理得当，就可以产生积极的移情，在美好的情感体验与品牌之间建立强关联，让消费者在做消费决策时产生情感偏好。

图 3–7–2　气味图书馆 × 大白兔“来点孩子气”（2019）

图 3–7–3　学院奖 2020 秋季征集大赛平面类金奖

第八节

IMC 理论

IMC 是 Integrated Marketing Communication 的缩写，即整合营销传播理论。这一理

论起源于20世纪80年代的“传播合作效应”概念，但直到90年代，它才得到更多的关注。整合营销传播是一个营销传播计划概念，要求充分认识各种能够带来附加值的传播手段，并将其结合，提供具有良好清晰度、连贯性的信息，使传播影响力最大化。唐·舒尔茨（Don E. Schultz）是整合营销传播理论的先驱，也是全球第一本整合营销传播专著的第一作者。

一、整合营销传播的四个层次

科罗拉多大学的汤姆·邓肯（Tom Duncan）从传播涉及的领域出发给出了整合营销传播的四个层次（见表3-8-1），这些层次揭示出整合营销传播活动的领域从狭隘封闭的企业独白到开放互动的对话的变化。

表3-8-1　整合营销传播的四个层次

层次	名称	描述重点
1	统一形象	一个形象、一种声音、强烈注意品牌形象
2	一致声音	前后一致的声音，对不同受众采取相应策略
3	好听众	采取双向传播，通过免费电话、调查、商展等获取反馈，注重长期联系
4	世界级公民	关注社会、环保，有健全的企业文化，注重广阔的社会

二、互动式整合营销传播

虽然当下的媒体环境已经与整合营销传播理论诞生的20世纪八九十年代有了巨大差异，但理论中的整合所有媒介接触点，保持一个形象、一种声音的核心精神仍然适用，且已经成为广告创意行业的常规操作。同时，整合营销传播的理念也在新的媒介技术环境中有了新的发展。互动式整合营销传播采取以数据为导向的消费者细分策略，要求企业运用各种手段收集消费者信息，建立数据库，实施“信息密集型”的消费者传播策略。

在大数据技术的加持下，整合营销传播更注重以数据为核心进行媒体、渠道、终端的整合，并且能够对消费者的行为和心理进行全程监测与反馈。这为整合营销传播的互动性奠定了数据技术基础，使营销活动更为精准和科学。基于大数据时代的营销环境变化，互动式整合营销传播可分为四个步骤加以执行。

1. 大数据营销信息平台建设

首先，品牌应建立大数据营销信息平台。营销数据可以通过自行采集、自建数据体系或购买第三方数据服务提供商的数据来获得。对于一般企业来说，大数据的存储、挖掘、管理、分析等工作不仅专业要求高，投入成本也较高，因此选择采购第三方数据服务提供商的大数据服务或者与互联网数据机构进行合作是相对理想的办法。

2. 消费者细分与洞察

品牌基于大数据营销信息平台，运用统计学、数据挖掘、知识发现等方法，对营销数据进行抽取、分析等，发现目标消费者并对其行为和心理特征进行分析。大数据营销信息平台能够更全面、更深层地分析各类消费者的不同需求，并精准预测消费倾向。

3. 制定并实施互动式整合营销传播策略

品牌针对细分消费者模块，制定互动式的整合营销传播策略，实施精准营销。互动式整合营销应充分调动和运用各种媒体资源，整合媒体优势，进行科学化的接触点管理，有效传达同一个形象和声音。同时，在传播过程中利用数据技术及时收集消费者反馈，耐心解决消费者遇到的问题，并对传播活动随时调整。整个营销传播过程应当是一体化、交互性、动态化的。

4. 评估监测整合营销效果

在整合营销传播的实施过程中，品牌应利用大数据对整合营销传播的效果进行实时监测、动态评估并及时基于反馈进行调整。在整合营销传播活动结束后，品牌也应当对整合营销传播活动进行总结和反思，从数据中发掘优势和发现不足，为下一步的创意做好准备。

第九节
AISAS 模型理论

1898 年，美国广告学家埃里亚斯·圣埃尔莫·刘易斯（Elias. St. Elmo Lewis）提出了广告 AIDA（注意—兴趣—渴望—行动，Attention-Interest-Desire-Action）模型。1924 年，美国营销广告专家山姆·罗兰·霍尔（Samuel Roland Hall）在此基础上提出了 AIDMA（注意—兴趣—渴望—记忆—行动，Attention-Interest-Desire-Memory-Action）模型，描述了一个完整的营销过程。该模型刻画了消费者从开始了解产品的相关信息到最后的购买使用之间的一系列心理过程，是传统消费者行为模型的代表。

随着网络经济的出现和消费者购买行为的变化，AIDMA 模型忽视受众之间相互影响和互动规律的局限性越发明显，消费者行为研究所关注的焦点也逐渐向基于网络环境的消费者行为模型转移，形成了 AISAS 模型。①

① 张灵燕：《电通重构消费者行为模式》，《现代广告》2007 年第 2 期。

一、AISAS 模型理论概述

基于互联网背景下“能动型”消费者的行为特征与生活形态的变化，2005 年，日本电通公司分析并总结了新型的消费者心理和行为特征，提出了 AISAS 模型。该模型概括了互联网时代的新型消费者行为，并解释了网络营销中广告效果产生的过程。AISAS 模型与 AIDMA 模型一样分为 5 个阶段，分别是 Attention（引起注意阶段，用广告或商品信息引发消费的注意），Interest（激发兴趣阶段，消费者产生相应的兴趣），Search（信息搜索阶段，消费者主动搜索与需求相关的信息），Action（产生行动阶段，消费者在充分了解信息之后与产品及品牌互动或直接购买），Share（信息分享阶段，消费者分享产品的消费体验、心得等给他人，形成口碑效应）。

AISAS 模型揭示了新媒体给企业广告营销活动带来的显著影响。具体而言，AISAS 模型要求新媒体环境下的企业营销活动需注意：（1）营销中心从以企业为中心向以消费者为中心转移。（2）营销重心从购前影响向购后分享倾斜。（3）营销手段从单向宣传向双向沟通转变。（4）随着群体成为一种媒介，企业应更关注营销过程中的口碑效应。（5）利用“搜索”和“分享”持续增强营销效果。

二、AISAS 模型的五个阶段

1. 引起注意阶段（Attention）

在引起注意阶段，消费者经由传统媒体、社交媒体、兴趣群组、亲友、户外广告等各种渠道注意到产品或服务信息。新媒体时代的媒介接触是碎片化、多样化、具有主动性的。传统 AIDMA 模型以大众媒体传播为中心，重点在于引起消费者的认知和兴趣，但 AISAS 模型提出了新的消费者接触点管理方式。企业运用的媒体将不再限于固定的形式，不同类型的媒体也不再各自为政，对于媒体形式、投放时间、投放方法的设计均源于对目标消费者真实生活的理解和洞察，以最有效的形式和最具创意的内容在最短时间内迅速引起消费者的注意。

2. 激发兴趣阶段（Interest）

在这一阶段，消费者经由“注意”开始对产品或服务产生兴趣。注意力稍纵即逝，广告信息只有与消费者的需求和动机强烈吻合，才能充分激发消费者的参与兴趣。在新媒体时代，消费者具有强烈的自我意识，并掌握传播权利，他们会根据个性、需求、当下情境、过往经验、意见气候等多种因素来接收符合自我需求的信息，过滤不符合需求的信息。因此，在信息爆炸的今天，为了充分激发消费者的兴趣，在广告活动开始之前必须对目标消费者进行深入研究，全面洞察其生活方式、价值理念等。只有懂得目标消费者的需求和喜好、尊重他们的观点和态度、能与消费者互动的广告活动才能激起其主动探究的欲望。

3. 信息搜索阶段（Search）

信息搜索具有一定的目的性和任务性。消费者对产品或服务产生兴趣之后，会自发地对产品或服务的相关信息进行搜索。为了获取更多更全面的相关信息来支持自己的购买决策，消费者不仅会通过搜索引擎、专业网站、网购平台进行搜索，也会通过社交媒体获取信息或直接向群组、亲友等咨询，在搜索中进行比较、求证。在获得充足的信息之后，消费者就会分析、评价商品或服务的优劣，选择最适合自己的进行消费。虽然主动权掌握在消费者手中，但品牌仍可以通过各种营销传播活动向消费者提供尽可能丰富、具体、真实、多面的信息来解答其疑惑。真诚的沟通不仅能够打消消费者的疑虑，也是拉近与其距离，塑造品牌好感的基础。

4. 产生行动阶段（Action）

消费者通过信息搜索对相关信息有了全面的了解之后就会产生实际体验或者购买行为。为了最大程度留住消费者并让他们在消费之后进行积极正面的信息分享，企业需要充分保证产品和服务的质量，打造极佳的体验感，并在消费过程中和售后阶段持续满足消费者的相关需求，做到坦诚沟通，帮助消费者解决问题。

5. 信息分享阶段（Share）

信息分享阶段发生在购买或体验产品及服务之后，消费者将购买经验、消费评价等信息分享给他人。在传统媒体时代，消费者在消费体验之后也会对产品信息和消费经验进行分享。但新媒体时代的消费者分享行为比过去更便捷、快速，传播的范围更广、影响更深。随着技术的不断发展，越来越多的人会通过各种社交平台去分享自己的经验和感受，这些信息则成为其他潜在消费者的信息源。因此，促进那些已经购买过产品或服务的消费者进行广泛和正面的信息分享是新媒体时代广告传播活动中的关键。

三、消费者行为模型理论的新发展

从 AIDMA 模型到 AISAS 模型，广告从业者一直试图清晰描述消费者的决策行为过程。而随着信息通信技术的不断发展以及广告营销理念的变化升级，广告生态始终处在变动之中，为了能够更有效地与消费者对话，新的相关理论亦不断提出。

1. AIDEES 模型理论

2006 年，日本东京大学的教授片平秀贵在 AIDMA 模型基础上提出了 AIDEES 消费行为模型，用于描述用户生产内容的自媒体环境下的消费者行为。该模型认为在体验营销环境下，消费者的口碑分享可分为六个阶段：注意（Attention），兴趣（Interest），欲望（Desire），体验（Experience），热情（Enthusiasm），分享（Share）。AIDEES 模型强调消费者的分享行为对于企业的重要性，且只有前面的过程顺利才能产生有效分享。体验和热情是过往模型中没有的阶段，强调要想让消费者产生分享行为，必须要打造足够好的体验，并充分激发其热情。①

2. SIPS 模型

日本电通公司在 2011 年发布了区别于 AISAS 模型的消费者行为模型 SIPS。该模型分为四个阶段：共鸣（Sympathize），确认（Identify），参与（Participate），分享和扩散（Share & Spread）。品牌发布的广告营销活动引起消费者的共鸣，消费者在认同相关内容后参与到活动之中与品牌和其他参与者互动，产生愉悦的体验，并最终成为积极的分享者。

3. SICAS 模型理论

中国互联网数据中心（Data Center of China Internet，简称为 DCCI）于 2011 年提出了 SICAS 模型。SICAS 模型描述了企业与消费者之间的沟通对话，认为这是一个双向互感的过程。这一过程可以概括为五个阶段：相互感知（Sense），产生兴趣并形成互动（Interest & Interaction），建立联系并相互沟通（Connection & Communication），实际购买或体验（Action），分享经验与感受（Share）。这五个阶段中，每个阶段企业与消费者都是相互关联、双向互动的。SICAS 模型强调企业要在碎片化的新媒体环境中及时感应、发现、追踪并响应消费者的需求，提供精准服务，进行有效对话。②

4. ISMAS 模型

2013 年，北京大学教授刘德寰在 AISAS 模型的基础上提出了 ISMAS 模型，用于描述移动互联时代，面向主动性不断增强的消费者，从以媒体为中心转变为以消费者为中心的广告活动形态。该模型共五个阶段：兴趣（Interest），搜索（Search），口碑（Mouth），行动（Action），分享（Share）。ISMAS 模型认为，对于习惯了主动使用媒介的消费者来说，兴趣成为一切的中心，广告的直接目的不再是引起注意而是充分激发受众的兴趣。③

5. AIVSA 模型

2014 年，华南理工大学教授段淳林提出了以价值关系为核心的 AIVSA 模型。该模型有五个阶段：注意（Attention），兴趣与互动（Interest & Interaction），价值认同（Value），信息分享（Share），消费者行动和价值共创行为（Action）。AIVSA 模型强调每个消费者都是相对独立和完整的个体，其行为推动力是价值认同，而价值认同的关键在于品牌与消费者之间的关系。④

---

① Katahira H., *A consumer behavior model is from AIDMA to times of AIDEES*, Nikkei BP，2006：18.

② DCCI 互联网数据中心：《2011 中国社会化营销蓝皮书》，2012 年，第 34—38 页。

③ 刘德寰、陈斯洛：《广告传播新法则：从 AIDMA、AISAS 到 ISMAS》，《广告大观》（综合版）2013 年第 4 期。

④ 段淳林：《整合品牌传播：从 IMC 到 IBC 理论建构》，世界图书出版公司 2014 年版，第 187 页。

第十节
创意传播管理理论

互联网和新媒体技术的不断发展使企业的广告营销传播活动面临诸多挑战。营销传播信息的分散化导致企业的声音极易被淹没在众多信息噪声之中。新媒体平台上代表不同利益的社群都能够充分表达自己的观点，极易聚合起来放大并形成多元化的舆论。在网络空间中，企业的信息充分暴露在用户面前，使得企业几乎是透明的，对消费者和社会进行有导向的沟通传播成为一项难度极大的工程。

针对新的传播环境中企业传播面临的种种新问题，北京大学新闻与传播学院教授陈刚提出了“创意传播管理”理论。创意传播管理一方面需要人的创造性思考，另一方面必须和新的技术相结合，该理论主张通过人的智慧和技术的结合来解决企业面临的传播管理、创意传播和传播接触问题。①

一、创意传播管理的概念与构成

创意传播管理（Creative Communication Management，CCM）是指企业立足于自身生活服务者的角色和沟通传播目标，在对数字生活空间的讯息和内容进行洞察的基础上，形成传播管理策略，依托沟通元进行创意构想，通过多种形式，利用有效的传播资源将沟通元充分展现，吸引生活者参与分享、交流和再创造，促成生活者转化为消费者，在与生活者的互动中达成沟通传播效果。在这个过程中，品牌与生活者共同创造和积累有影响力的、积极的创意内容。其中，沟通元是创意传播的核心，是一种基于内容的文化单元，是创意传播的“起点”，如瑞幸咖啡的“小蓝杯”就是一种沟通元（如图 3-10-1）。

图 3-10-1 瑞幸咖啡“小蓝杯 谁不爱”（2017）

① 陈刚：《思想、理论与方法——创意传播管理的发展》，《广告大观》（理论版）2017 年第 4 期。

创意传播管理实际上是用“生活者”“数字生活空间”“数字服务化”这三个概念建立的体系。这三个基本概念分别关注的是我们现在面对的对象是谁？我们竞争的环境到底在哪里？广告主有什么新的需求？

创意传播管理主要包括传播管理、创意传播、传播接触三个部分。

1. 传播管理

传播管理要了解企业目前所处的信息和舆论环境，而且要持续关注和发现信息的变化。对于危机性的信息，企业需要迅速作出反应，并从中捕捉对自身有利的传播点，据此开展沟通传播活动。同时，企业和品牌要充分利用新的信息传播环境所提供的资源，利用数据库进行消费者行为分析，对互联网上的数据资料进行分析和挖掘，为企业的广告创意和营销传播活动提供支持。

2. 创意传播

创意传播强调创意的重要性。在充斥着海量信息的数字空间中，吸引关注、影响目标对象都需要创意。没有创意就等于没有传播，创意传播是新营销传播的核心，图3-10-2即为邦德咖啡的平面类广告创意作品。创意不再像传统广告行业那样局限于广告作品层面，而是渗入营销传播的各个流程和维度。创意传播就是依托创意创造交流机会、创造内容，从而达成沟通传播的效果。同时，创意传播也强调借助不断涌现的新技术来产生创意的效果。

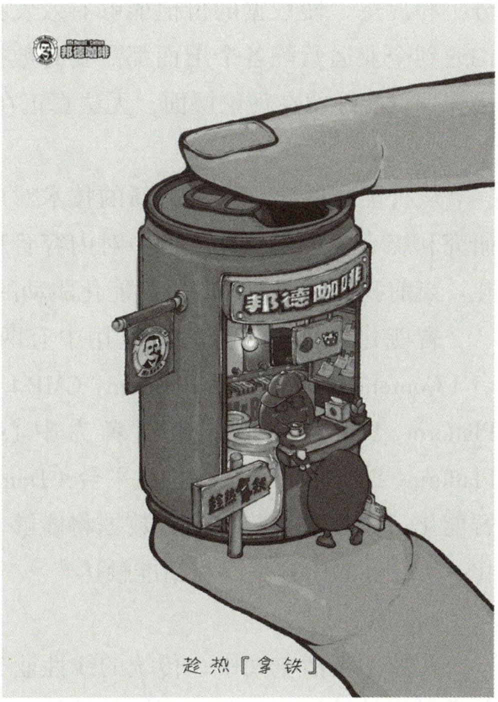

图 3-10-2　第 31 届时报金犊奖平面类金犊奖

3. 传播接触

如何与目标对象进行有效沟通是新的传播环境中企业遇到的难题。传播效果的达成有赖于精准通畅的沟通渠道。传统意义上，广告将大众媒体作为主要的沟通渠道，但在新的环境下，媒体已经零散化、碎片化了。新营销传播的传播接触就是根据企业的预算，确定与目标对象的接触点，把企业网站、公众传播、精准传播和口碑传播等各种方式相组合，与消费者进行充分沟通。

传播管理、创意传播和传播接触是相互关联、相互支持的，它们共同完成新的环境中企业营销传播的任务。营销传播行业的生态格局也可能会发生变化，这三类服务可能由不同的公司分别提供，也可能由一家综合性的公司统一提供。

二、创意传播管理的发展

在大数据和人工智能等新技术的快速发展以及持续商业化应用的共同推进下，创意传播管理理论体现出越来越高的方法论价值。理解当下创意传播管理的操作模式，需要把握“数据化”“智能化”“动态优化，品效合一”这三个特点。

1. 数据化

物的智能化与人的数字化是技术变革的主要方向。创意传播管理的基础是数据，当前的大数据主要是用户的数据，但这仍然是相对原始的数据。在未来，内容的大数据以及物联网的大数据等会不断涌现，它们将与用户的数据综合形成一个超级数据库。

在此基础上，全新的产业环境和技术环境要求通过智能化的技术对数据进行整合、分析和提炼，使数据的价值能够有效发挥。从内容生产、创意实现、传播推广、用户沟通到企业运营等各个层面都需要有数据和技术的支撑，没有技术作为前提，创意传播管理只能停留在理论层面，无法真正在产业层面落地。

2. 智能化

从智能化的角度来看，新的技术对广告业的改变体现为三个阶段：（1）对消费者研究和媒介接触的优化。（2）对内容管理和生产的不断优化。（3）广告主的服务数字化。当前我们所处的阶段是智能化驱动的内容管理和生产的优化。

智能化在创意传播管理应用中有两个维度：（1）内容层面的智能化内容管理平台（Content Management Platform，CMP）和智能化内容生产平台（Programmatic Creative Platform，PCP）。（2）以生活者为中心的智能化数据管理平台（Data Management Platform，DMP）和智能化投放平台（Demand Side Platform，DSP）。由于内容的数据化和智能化，内容数据与生活者数据将能够对接、融合，从而实现智能化、规模化、个性化、实时性的内容生产和精准触达。

3. 动态优化，品效合一

在数字生活空间中，传统的线性业务逻辑被打破，数字营销传播活动不再是大众传播时代从计划到执行再到评估的线性流程，而是可以基于大数据工具进行实时评估和改进。无论是内容生产、策略创意，还是目标用户洞察，都可以根据数据反馈进行即时优化。动态优化的思维方式将是数字营销传播的主导性思维模式。

同时，由于数据化和智能化的技术变革，广告创意沟通的传播效果和市场效果也可以迅速精准地测量，并且实现动态优化。品效合一是数字时代创意传播管理模式的新特点。

第十一节

品牌叙事理论

技术的发展和变化推动广告生态不断转型，向消费者直接推送广告的传统模式一定程度上正在崩溃，但讲述品牌故事的广告方式却保留了下来。世界的数字化增加了消费者对连贯性故事的需求，作为一种沟通和连接的有效方式，品牌叙事可以帮助消费者在纷繁复杂的信息世界中找到意义和获得满足，引导生活的方向，形成对品牌的价值认同。

中国人民大学教授王菲将叙事学与品牌实践活动联系起来构建了系统的品牌叙事体系，提出了“品牌就是品牌故事世界”的主张，用“品牌叙事八芒星轮盘”作为品牌叙事的操作框架，为数字时代的品牌故事构筑提供了操作指南。[①]

一、品牌叙事的概念

故事无处不在。品牌是商品在与消费者的沟通中所形成的印象，而沟通只有通过叙事才能完成。品牌叙事就是品牌与消费者之间的叙事沟通，是品牌在与消费者共同构筑品牌核心价值观的沟通中，建立彼此共有的品牌故事世界的过程，是品牌发展中由一个个广告叙事构成的整体叙事。图 3-11-1 是霸王洗发水的广告，该品牌广告一贯重视讲述有关防脱、生发的故事。

图 3-11-1　学院奖 2020 秋季征集大赛平面类金奖

品牌叙事的本质是基于品牌的核心价值观建立故事世界，并在不断发展中延展故事世界。品牌故事世界是品牌最终的资产，品牌通过叙事在年复一年与消费者的沟通中建立起来的关系就是彼此所拥有的品牌故事世界，构筑品牌就是构筑品牌故

① 王菲：《品牌叙事》，中国人民大学出版社 2022 年版，第 26—28 页。

事世界。品牌故事世界的延展包括三个维度，分别是基于主题的内容情节的延展、基于消费者接触和主题沟通的媒介延展，以及故事世界自身内部结构的延展。

二、品牌叙事的框架

主题、理性、情感、人格、行动是构成叙事的基本要素。品牌叙事与普通叙事最本质的区别在于品牌叙事中包含对商品的推销，需要注入功能诉求。品牌叙事的基本元素包括“一个核心，一个底盘，八个基本点”，一个核心即核心价值观，一个底盘即社会情境，八个基本点即延伸价值观、目标消费者、感官识别、个性、功能利益、情感利益、事实支持、故事世界。

1. 核心价值观

品牌的核心价值观就是品牌基于对世界的看法，为自己和消费者建立的一个价值取向，是一个指引双方行动的信念，是品牌故事世界的核心（如图 3–11–2、图 3–11–3）。品牌价值观不仅能引导消费者，也能引导品牌自己的成长。

图 3-11-2 安踏“Keep Moving”（永不止步）

图 3-11-3 比亚迪“Build Your Dreams”（成就梦想）

一个好的品牌核心价值观应具有如下特点：

（1）高远的哲学感，被普遍接受的价值观；

（2）直击目标消费者的内心，也是消费者所秉持的信念；

（3）对消费者的生活和行动是有利的；

（4）富有创见，是其他品牌没有提出过的；

（5）不仅能够指引消费者的行动，也能够指引企业及品牌的行动；

（6）通俗易懂。

创立品牌核心价值观，首先需要深刻分析社会文化，洞察目标消费者在社会生存中的各种需求、动机、愿望等，发现这些需求、愿望与现实之间的“鸿沟”，挖掘社会现象背后的矛盾冲突和思潮。之后，结合品牌自身的使命和愿景，思考品牌可以用什么样的信念带领自己和消费者跨越鸿沟、实现愿望，这样的信念就是品牌核心价值观所在。

好的核心价值观的提出是基于对社会文化发展中出现的矛盾的思考。无论是功能利益、感性利益还是品牌个性，品牌核心价值观要与品牌的特性具有关联性。

2. 社会情境

社会情境是品牌叙事的底盘，是指与人密切相关的语言、知识、心理、情感、文化、习俗、经济、政治等环境因素。品牌叙事是基于社会情境的叙事，需要随时关注社会情境的变化，仔细思考其中的矛盾冲突以及这些现象背后的发展规律，把握革新的潮流和方向，以便及时调整叙事的要素，使品牌故事与社会现实保持一致，和谐共生。

3. 延伸价值观

延伸价值观是基于品牌核心价值观，对核心价值观进行多角度阐释的理念，是品牌在不同发展阶段针对社会情境的变化或者品牌所面临的问题所提出的子题。品牌通过具体的创新营销活动来延伸价值观，丰富品牌故事，延展品牌生命力。

品牌核心价值观必须是远大、有信念感甚至是有哲学感的理念，为品牌指明清晰的愿景和方向。它是恒定的、保守的，不能轻易更换，不能随着时间、地域的变化而随意更改。而品牌延伸价值观是根据具体地域、具体社会情境、具体的摸索和实验对品牌核心价值观的渐进式演变。如安踏的核心价值观是“永不止步”，但安踏还有“无惧风雨”等延伸价值观。

4. 目标消费者

消费者是品牌叙事的对象和参与者，消费者的精神需求、物质需求和情感需求决定了品牌的叙事，品牌是商品和消费者之间关系的总和。在传统媒体时代，消费者难以参与产品或服务的生产和传播过程，但新媒体时代的消费者在商品生产之初就可以参与设计生产和价值观创立的过程。因此，品牌叙事要以开放性的结构让消费者参与到产品的设计、沟通、销售中来，满足消费者与品牌双方的需求，实现双方价值的最大化，建立共同生活、共同成长、共创价值的关系。

目标消费者是一个动态变化的人群，是根据世代更迭、社会情境变化或品牌延伸需求而灵活变化的。另外，潜在目标消费者也需纳入品牌的目标体系。

5. 感官识别

感官识别是指由视觉、听觉、嗅觉、味觉、触觉所构成的品牌识别体系。大众媒体时代的品牌沟通主要依靠视觉和听觉。但随着技术的发展和社会文化的变化，嗅觉、触觉、味觉识别都成为可能。未来的品牌叙事一定是五感化的立体式沟通。

6. 个性

品牌同人一样，也具有个性。品牌个性可以塑造竞争优势，也能够创造品牌价值并持续维持与消费者之间良好的依存关系。品牌个性设计要与品牌核心价值观相呼应，具备独特性，并通过持续的品牌叙事强化个中元素，使个性更为鲜活。

品牌个性可以划分为四大类 12 种，分别是：（1）独立类：天真者、探索者（如图 3–11–4）、智者。（2）掌控类：英雄、颠覆者、魔术师（如图 3–11–5）。（3）从属类：普通人（如图 3–11–6）、爱人、小丑。（4）稳定类：照料者（如图 3–11–7）、创造者、统治者。品牌的具体个性特征可据此进行细化和区分设计。

图 3–11–4 学院奖 2022 春季征集大赛平面类金奖

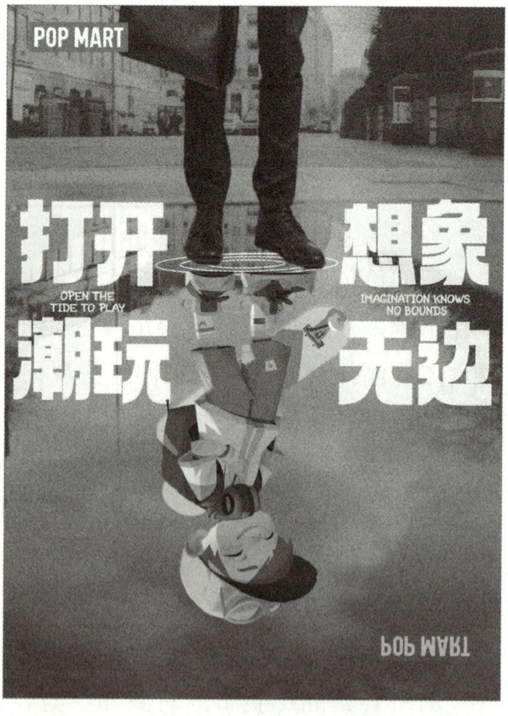

图 3–11–5 第 15 届大广赛平面类一等奖

7. 功能利益

功能利益是指消费者从商品中获得的功能价值。一个品牌所提供的功能利益应当是独特的或者是别人没有提出过的，应尽可能满足独特的销售主张的条件。然而，再

图 3-11-6　第 12 届大广赛平面类一等奖

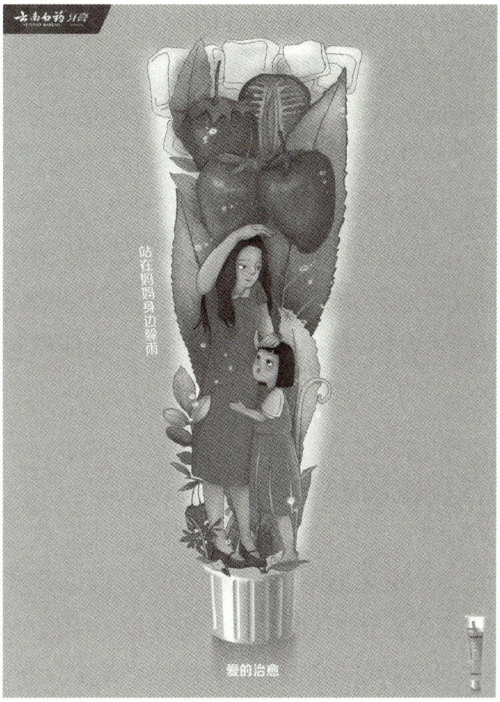

图 3-11-7　第 13 届大广赛平面类一等奖

独特的功能也有可能被竞争者替代，所以品牌的功能利益传达应与品牌故事世界融为一体，与核心价值观、情感利益、个性等关联起来，成为品牌故事世界有机且不可替代的组成部分。

8. 情感利益

品牌的情感利益是指消费者从商品中获得心理满足的程度，也即品牌给予消费者的情感满足。功能利益很容易被替代，所以品牌必须为消费者提供情感利益。情感利益是品牌与消费者之间的情感纽带，能够使消费者形成品牌依恋和忠诚。情感利益源自品牌的核心价值观和延伸价值观，当消费者感知到品牌所传递的价值时，情感就产生了。消费者不仅可以通过沉浸的品牌体验获得情感利益，还可以在与其他消费者的互动中获得归属感。

9. 事实支持

事实的支持是为了获得消费者对品牌的信任。品牌信任由两部分构成：可信度和专业性。可信度是指消费者对品牌提供优质产品、服务的信心；专业性则是品牌履行承诺的专业能力。事实可以包括历史事实、生产事实、理念事实、企业员工事实、消费者事实等。事实也应当体现品牌核心价值观，并与功能利益、情感利益和个性等元素有机协同于品牌故事世界中。

10. 故事世界

品牌故事世界是品牌通过叙事在消费者心中所形成的心理模型。在某种程度上，构筑品牌就是构筑品牌的故事世界。品牌故事世界的特征包括：（1）生态整体性。故事世界是对所有具体品牌叙事的生态性整合。（2）具有时间维度。每一次品牌叙事都在构成故事世界，品牌故事世界是一个情境演化的动态模型。（3）具有空间维度。品牌叙事所展现、利用以及影响的空间，构成了品牌故事世界的空间。（4）具有因果维度。品牌叙事中的各种具体事件以品牌核心价值观为中心构建因果逻辑。

在数字媒介环境下，建立品牌故事世界是企业与消费者共同参与的、双向互动式的叙事过程，其关键在于建立一个共情的叙事体系。而共情的精髓在于使消费者觉得自己被看见、被听见、被理解，让他们感受到品牌与自己拥有一样的看待世界的方式。

本章思考题

1. 如何理解 USP 理论和 BI 理论的异同？
2. 基于对品牌个性论的理解，用几个关键词概括你熟悉的几个品牌的性格。
3. 常用的定位方法有哪些？请你从某一成熟品类中开辟新的定位，进行产品创新。
4. 共鸣理论的核心是什么？如何用广告创意唤起目标受众的共鸣？
5. AISAS 模型的 5 个阶段分别是什么？请你基于当下现实对这一理论模型进行优化。

拓展阅读

第四章

广告创意思维

学习目标

1. 理解创意思维的不同类型。
2. 掌握事实型思维和价值型思维的不同创意方式。
3. 培养从抽象型思维到形象型思维的转化能力。
4. 理解创意的形成过程，并有意识地运用到自己的创意实践中。
5. 学会使用不同的创意方法，并选择最适合自己的一种长期使用下去。

第一节
认识思维

一、思维的特征

“思维”与“思考”“思索”相近，是指人类大脑对现实世界能动地、间接地、概括地反应和加工的过程。思维涉及人类所有的认知和智力活动，是人们接受信息、存储信息、加工信息和输出信息的活动过程，是人类认识活动的高级形式。思维具有以下特征：

1. 思维具有抽象性和概括性

思维的抽象性是指将隐藏在客观事物中内在的、本质的、共性的、必然的属性提取出来，并用概念、范畴和规律等形式固定下来，以反映事物的本质特征和内在规律。

思维的概括性是指人的大脑在思维过程中把某些具有若干相同属性的事物予以归纳、扩大，形成关于这类事物的普遍概念。因此，概括也是从个别事物的本质属性推知同类事物本质属性的一种思维方式。

一切科学的概念、定理、假说等，都是人们在直接认识的基础上经过进一步思维加工的结果。因此它们要比那些直观认识更深刻，更能够正确地反映出事物的本质和规律。

2. 思维具有自然属性和社会属性

思维的自然属性即思维能力是以物质的、人的生理状况为基础的。

思维的社会属性体现在人类思维与社会发展的交互关系中。人类凭借自己的思维促进社会经济和科学文化的发展，而一定的社会经济和科学文化又反过来制约着人类思维发展的程度和继续发展的可能。

3. 思维具有逻辑性和形象性

逻辑思维是人类思维发展的高级阶段，是人脑借助于表达概念、判断、推理的语言形式来认识事物的思维方法。语言是逻辑思维的工具。

思维的形象性是指事物的直观形象也可以成为思维的载体。大多数情况下，思维活动的逻辑性和形象性在共同起作用（如图 4-1-1）。

此外，思维还具有针对性、开阔性、深刻性、敏捷性、批判性、创造性等特征。

图 4-1-1　学院奖 2022 春季征集大赛平面类金奖

二、思维的能力

思维能力是人类思维本质的表现，是思维潜能素质的外显，也是思维器官的能力和属性。人类具有的思维能力主要包括以下七种：

1. 感知觉能力

感知觉能力是人们直接认识外界事物的能力，也是人类思维活动的基础。

2. 记忆贮存能力

记忆贮存能力是人脑贮存和重现过去经验和知识的能力。人的记忆能力包括识记、保持、再认和回忆四个过程，四个过程相互联系、相互制约。

3. 逻辑加工能力

逻辑加工能力是思维活动由认识个别事物到认识普遍事物，由认识事物的现象到理解事物的本质构成，即由偶然到必然，由感性到理性。

4. 思维爆发能力

思维的爆发能力是人类主体在思维活动中长期积累、艰苦探索、从量变到质变的结果，是必然与偶然的统一。

5. 思维的调节控制能力

思维的调节控制能力是指人类主体能够通过思维活动对自身的认知、情绪和行为等进行能动的控制和调节。

6. 思维的想象能力

思维的想象能力是指人类主体思维在改造记忆表象基础上创建未曾直接感知过的新形象和思维情境的能力（如图 4–1–2）。想象按作用可分为两大类，一类是消极想象，另一类是积极想象。消极想象是一种不自觉的，没有特定目的的思维发散活动；积极想象是一种具有一定目的性和现实性的想象活动。

7. 直觉思维能力

直觉思维能力是指人类主体在思维心理机制中的一种直觉力或洞察力。

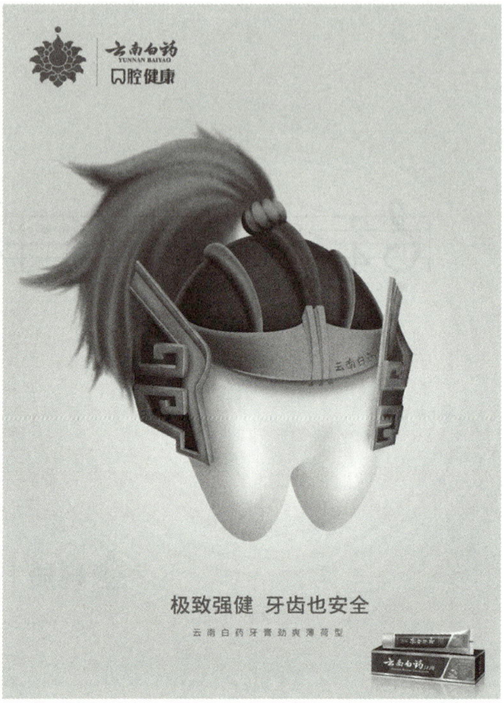

图 4–1–2　第 15 届大广赛平面类一等奖

第二节 创意思维的类型

创意思维就是以独特和新颖的方式解决问题的认知过程。创意思维突破旧思路的限制，将现存的旧元素进行组合、扩展和升华，产出新概念、新理论、新技术、新产品。创意思维具有创新性、突破性、开拓性和综合性，是广告和广告创意活动的核心。我们可以从不同的着重点，对创意思维进行类比式的理解。

一、事实型思维与价值型思维

1. 事实型思维

事实型思维是指在思维活动中将观念分解成细小的组成部分，并对其背景进行分析，从而发现最佳的解决方案的思维方式。事实型思维是一种偏线性的思维方式。习惯事实型思维方式的人喜欢事实和数字等可以分析和掌握的“硬信息”。他们不太习惯模棱两可的东西，更注重逻辑、结构和效率。在消费汽车、房产、贵价数码产品等高卷入度的产品或服务时，消费者更倾向于运用事实型思维方式进行决策。

在广告创意活动中，事实型思维方式要求广告创作诉诸理性，以产品或服务自身的相关事实为基本依据对消费者进行说服。这种方式既可以从名称、商标、形象、生产制造方式等商品或服务本身的直接因素出发寻求创意，也可以从历史、效果等间接因素中寻求创意。事实型思维常见的表现方式主要有以下几种。

（1）信息展示。信息展示就是对广告商品或服务的实质性信息进行归纳，选取最有说服力的真实内容直接向受众传达（如图 4–2–1）。这是一种最朴素、平实的手法，但其展示方式也并非自说自话，对事实的陈述需要说明带给消费者的具体利益点。广告创意可以从功能优势、成分优势、产地优势、历史优势等方面展示产品或服务的独特销售主张。

图 4–2–1　学院奖 2021 秋季征集大赛平面类金奖

（2）逻辑推理。在理性诉求的广告中使用逻辑推理的方式大多是为了使受众能够迅速和简便地理解并接受广告提出的新概念、新产品、新品类等。广告可以直接表现品牌对市场的深入理解和独特洞察，展现新品类设计研发和诞生的过程等，通过客观、充分、科学的论证劝服消费者。如蕉内《底线》从令人不适的内衣标签印在外面开始，展开至“不掉跟的袜子”“可以穿出门的睡衣”“不勒手臂的冰袖”“防蚊子的裤子”等，将品牌“重新定义基本款”的产品理念和设计主张有效传达出来（如图 4–2–2）。

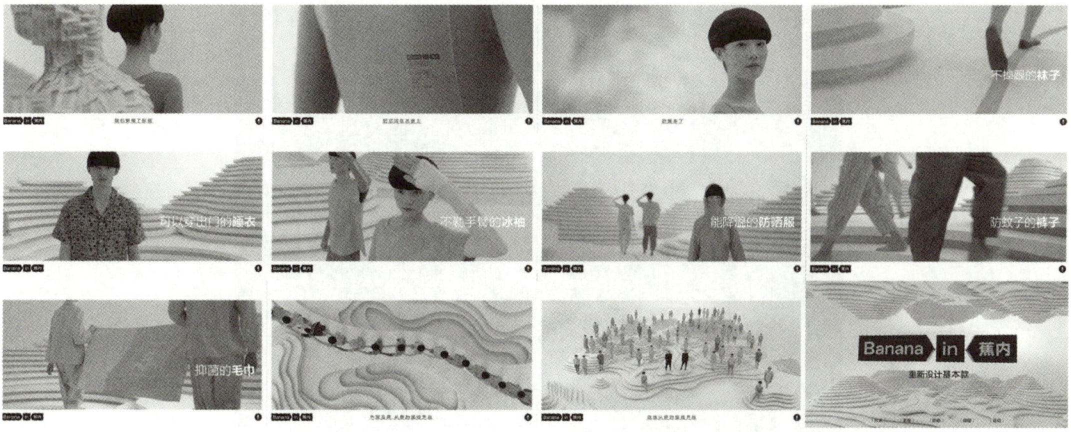

图 4–2–2　蕉内《底线》

（3）实证演示。实证演示是指通过表演和示范，向广告受众展示产品的相关功能和使用方法等信息的广告创意方式，是消费者最容易理解和接受的方法。实证演示广告能够有效解决消费者对产品的疑虑，全面传达产品信息。直播带货就是一种实证演示，主播在直播过程中从头到尾完整演示商品的使用过程，解答消费者的问题并对使用体验进行评价，能够有效加速消费者的决策过程。

（4）比较。比较是强化差异最有效的手段之一，这种形式的核心就是通过对自身优点的阐述来使消费者形成自己优于同类产品的印象。比较可以分为反面比较、正面比较、攀附比较。反面比较最好理解，是将自己置于优势地位，通过指出同类产品中的其他品牌的不足来彰显自己的优势，达到推销产品或者塑造品牌的目的。正面比较往往将自己和比较对象置于平等位置，或者没有明确的比较对象，只着重突出自己的不同和优势。如“不是所有牛奶都叫特仑苏”其实就隐藏着与其他品牌牛奶的正向比较。攀附比较是指品牌对比较对象持正面、积极的肯定态度，在广告中表达“甘居第二”或“某某平替”，尽可能使自己与优势品牌产生关联，以期借助对方的优势地位来抬高自己。

《中华人民共和国广告法》明确规定了广告中不得“使用‘国家级’‘最高级’‘最佳’等用语”“不得贬低其他生产经营者的商品或者服务”等，旨在消除广告中的因比较造成的恶性竞争。因而，广告创意在使用比较这种表现方式时需要谨慎。虽然受到一些限制，但比较仍然是广告说明事实、理性表达的重要方式。这些限制也在一定程度上反向激发了创意市场的创造力。

（5）数据。在理性认知过程中，消费者对以数字为表征的产品特性会有强烈的认同感和记忆度（如图 4–2–3）。数据是一种简单又具有强说服力的符号，它通常和测度、分析等理性的行为和心理过程相关。因此，数据会给消费者营造出客观、可信、中立，同时也更为科学的认知感受。利用数据可以彰显产品的功能优势，突出产品的制作工艺或者传递产品的设计理念。单纯的数字是枯燥的，广告活动需要调动消费者已有的知识进行创意表达，运用可视化、对比、具象化等方式对数据进行创意转化。

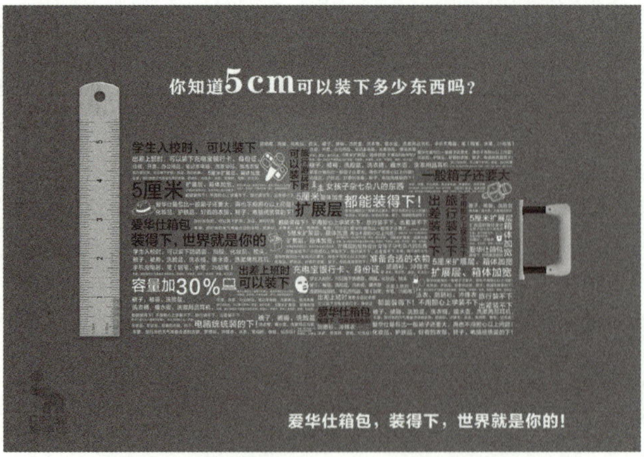

图 4–2–3　第 14 届大广赛平面类一等奖

（6）专家推荐。相关领域的权威专家具备深厚的专业知识与影响力，能够使产品和服务的相关事实更具可信性和说服力。社交媒体的发展催生了各个行业的意见领袖，他们所分享的关于产品的专业信息、使用方式、使用感受等对于部落化生存的受众的品牌印象和消费决策具有直接且深刻的影响。

2. 价值型思维

价值型思维是主要依据直觉、价值观和道德观来做决定的思维。价值型思维方式基本上依赖于各种观念的融合。习惯价值型思维方式的人更善于接纳变化、矛盾和冲突，他们善于运用想象来形成新的观点，也善于综合运用现有观念创造新鲜事物。相对于事实、数字等“硬信息”，他们更容易接受直觉、情绪、感受的传递和渲染。通常情况下，当消费者进行价格较低且产品同质化程度较高的低卷入度的日常消费时，更容易被价值型思维左右。

在广告创意活动中，价值型思维方式对应广告创作的感性诉求，通过唤起消费者的情感体验来诱导他们的品牌感知和消费行为。这意味着广告创意需要对消费者的生活状态、价值观念、情感需求进行更为透彻的洞察。消费者的情感唤醒是多方面的，价值型思维常用的表达主题包括以下几点。

（1）爱。爱是感性诉求广告创意最主要和最常见的主题。社会的高速发展加速了人的原子化，社交媒体在把人和人紧密相连的同时也使人际交往变得“浅尝辄止”，人际关系变得越发冷淡和脆弱。当代社会的每个人都在同时经历人际关系的“过饱”和“饥饿”，渴求具体浓烈的亲情、友情、爱情。在广告创意中合理描绘爱的主题，真诚地关心人的生存状态，温暖精神匮乏的社会个体，可以使受众更充分地理解和认同广告信息以及品牌理念（如图 4-2-4）。

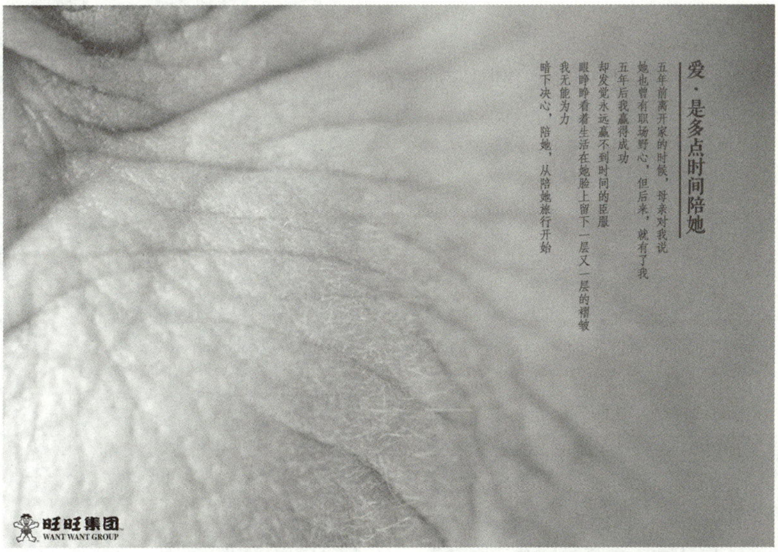

图 4-2-4　第 27 届时报金犊奖平面类金犊奖

爱祖国、爱人民也是爱的一种表现形式。广告创意中好的爱国诉求能够激发消费者内心深处的火种，唤醒强烈的认同感、自豪感和使命感，从而提升品牌价值（如图4-2-5）。爱国的创意表达通常需要结合具体的相关事件才能发挥出更大的效果，这需要广告创意人具有较强的思想觉悟、敏锐度和行动力。

随着社会的不断发展，爱的内涵和边界也在不断丰富和扩展。广告创意活动应深入洞察社会，发现、理解、运用这些多样的爱来实现广告的目标，推动社会的进步。

（2）身份认同。消费方式是个体建构和维持身份的重要手段，消费什么样的商品，如何使用和评价这些商品，是一个群体与另一个群体划清界限的重要方式。新媒体打破了传统血缘和地缘的限制，人们基于兴趣、年龄、性别、观念组建了新的“部落”，以群体化的方式生存，在各自的圈子中彼此认同、相互尊重、自由交流。认识到这一点，广告创意人需要对目标消费群体有明确的认知，成为其中的一员并理解他们的文化，用群体专属的语言与之沟通，使产品和品牌成为群体的身份标签。

（3）个性。个性是指一个人在其生活、实践活动中经常表现出来的，比较稳定且带有一定倾向性的个体心理特征的总和，是一个人区别于其他人的独特的精神面貌和心理特征。品牌和人一样需要有自己的性格。情感导向的广告创意活动需要不断强化品牌个性，以品牌特有的观念、语言、行为去吸引具有相同个性取向的消费者（如图4-2-6），持续激发共鸣，形成品牌忠诚和品牌壁垒。

图4-2-5 第14届大广赛平面类二等奖

图4-2-6 学院奖2022春季征集活动平面类金奖

（4）怀旧。怀旧是一个古已有之的恒久话题。现代社会的复杂性激发了人生的诸多不确定性，现代人比以往更喜欢怀旧，希望能够用单纯稳定的过去来缓解当下的变化带来的安全感和信任感的缺失。怀旧已经超越了个人体验，成了一种具有普遍性的社会文化景观。利用人的怀旧情结进行感性广告创意的关键是找到目标群体在某一特定历史时期共同经历的事件，以此来勾起往日美好回忆，激发群体性的怀旧情绪，产生良好的广告传播效果。

（5）性和性感。性是人类的本能之一，在大众文化中具有独一无二的影响力。如果广告创意希图调动消费者的情绪，激发潜藏的欲望，那么性可能是一种有效的表达途径。在中国的文化语境中，性和性感在广告创意中的表现应当健康、含蓄、幽默、值得玩味，或者具有一定的审美格调，直接表现不仅容易引起受众的反感，更可能造成不良的社会影响。另外，广告创意也应当避免各种形式的性别歧视，涉及相关话题时创意团队应尽量听取不同群体的意见反馈。

（6）名人。人在进行观察和评价时，一些并不属于该对象的特征会通过与之相关的其他对象被赋予到它的身上。如果一个人已经被赋予了正面的评价，那么这种正面评价就很可能转移到和他相关联的物品上。在广告中，将名人和产品或服务进行组合、嫁接、联系，前者身上的价值就会转移到后者身上，这被称为光环效应。利用这种移情，广告创意可以借助名人来增加品牌的魅力，并且激发消费者的情感，让他们相信使用产品能够使自己像名人一样富有魅力。在使用名人进行广告创意时，需要考虑：① 名人是否与品牌或产品特征、目标消费者之间存在关联。② 名人的知名度是否适配。③ 名人已有的代言是否过多。④ 名人的品行等相关风险的大小。

3. 事实型思维与价值型思维的关系

事实型思维与价值型思维不是绝对割裂的关系，广告创意活动以事实型思维和理性诉求为主导还是以价值型思维和感性诉求为主导，抑或双管齐下，取决于对消费者和实际消费决策过程的深入洞察。产品或服务的品类以及消费者的消费能力、消费习惯、生活方式等也需要纳入全面考量的范畴。

二、抽象型思维与形象型思维

1. 抽象型思维

抽象型思维是以概念为思维材料，以反映客观事物的本质属性为主要任务的一种思维形式。它的操作手段主要是判断和推理，具有较强的间接性、纵向逻辑和确定性。抽象型思维具有理性认识的功能。

在广告创意活动中，抽象型思维贯穿各个阶段。在市场分析与用户洞察阶段，抽象型思维能够帮助创意人员更好地对资料进行整合、分析、归纳、概括、推理，进一步开展策略思考与决策。创意迸发阶段也需要抽象型思维对头绪繁杂的创意进行梳理、验证，进一步形成系统化的观点和方案。总之，创意人员的抽象型思维有助于信息的收集、整理、消化和输出，是创意过程中不可或缺的一种思维形式。

2. 形象型思维

形象型思维是以表象为思维材料，以反映客观事物的形象特征为主要任务的一种思维方式。它的操作手段主要是想象，具有较强的直观性、横向延展性和不确定性。形象型思维兼具感性认识和理性认识的功能。

在广告创意过程中，抽象型思维与形象型思维是相互依赖、相互转化的。广告创意的形成不仅需要基于科学理性的抽象思维判断，也需要运用形象思维将抽象的信息化为具体可感的内容，而这一过程的主要手段是想象。

（1）形象型思维的手段——想象。想象是人脑思维在改造记忆的表象基础上创建未曾直接感知过的新形象和思想情境的心理过程。任何想象都不是凭空产生的，它是对记忆表象进行加工改造的产物。想象的本质是创造新形象，是对记忆表象的加工改造过程，具有极大的间接性和概括性。想象可以分为再建想象和创造想象两种类型：再建想象是根据语言文字的叙述或者图像示意在人的头脑中形成相关形象的心理过程。其特征是以某种现成的说明、描述或图像作为依据。示意或描述越详细，主题的感性知识就越丰富，再建想象的形象就越具体。创造想象是不依据现有描述或图像，独立地创造出新形象和思想情境的心理过程。在广告创意过程中，创造想象是思维活动的必要组成部分。

由此可以发现，无论何种想象都有一个不容忽视的前提，那就是创造者与受众的见识、经验等相关知识。这些知识会对想象的范畴进行限定和引导，再建想象和创造想象的完成必须基于双方共有的知识。因此，广告创意人需要培养广泛的兴趣，积累丰富的生活体验，为想象的迸发准备好巨大的资源池。同时，对受众相关经验和阅历的详细考察也是引导受众理解相关想象，产生共鸣的至关重要的步骤。很多广告都通过展示想象的方式传达产品能给使用者带来的美好体验（如图 4-2-7）。

图 4-2-7　学院奖 2022 春季征集大赛平面类金奖

（2）想象的形式——联想。想象最为普遍的形式是联想。联想就是将相似的、相连的、相关的或者在某一方面具有相通性的事物进行联结以产生创造性成果的思维方法。联想只在已经存入大脑的记忆表象中展开，这些记忆表象间的联系、组合、接续可以不断生成联想链。联想可以充分激活想象力，产出创造想象的成果。联想主要有四种类型：

一是接近联想。接近联想是指基于两个不同事物在时间、空间、功能等方面的接近而产生联系的想象。接近联想强调事件之间的关联，以其作为建立接近联想的线索（如图 4-2-8）。

图 4-2-8 索尼 U 盘广告（2005）

二是相似联想。相似联想是基于外形或内容上的相似而将两个事物相互联系组合的联想方式。这种从事物之间相似的属性或特征出发建立联想的方式是广告创意最为常用的方法之一（如图 4-2-9）。

图 4-2-9 肯德基《火辣脆鸡》(Hot & Spicy)

三是对比联想。对比联想是指由于事物间完全对立或存在某种差异而引起的联想。由里想到外，由慢想到快，由热想到冷等都是对比联想。在广告创意活动中，对比联想一般是通过强调产品卖点的反面来突出产品的优势，如通过刻画肥胖的形象来表现减肥产品的功效，借助蜗牛、乌龟等行动缓慢的动物来突显产品速度快等，图 4-2-10 即通过文案和大蒜等元素来反衬云南白药口腔产品清新口气的功效。

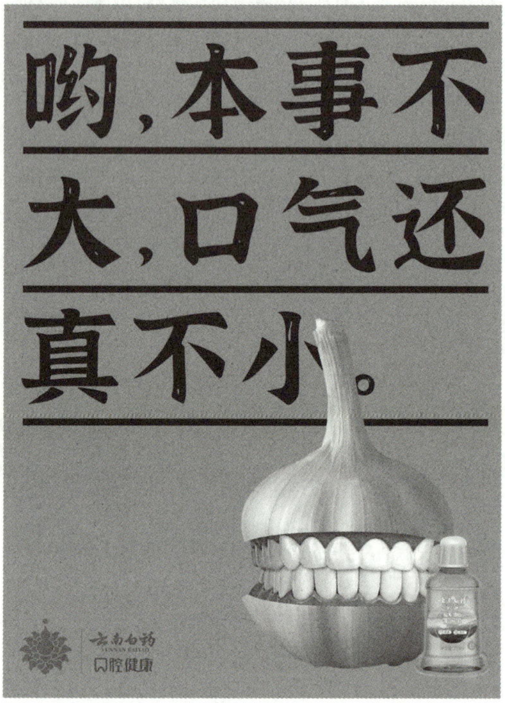

图 4-2-10　第 15 届大广赛平面类一等奖

四是因果联想。因果联想是基于两事物间的因果关系而建立的联想。这种联想往往是双向的，既可以由原因想到结果，也可以由结果想到原因。

人类的想象和联想活动远不止上述四种，在实际运用中，几种联想方式交叉使用更能激发创造力。想象是无限的，但联想的发生建立在对目标受众的洞察和对相关知识的积累上，这始终是广告创意活动成功和出彩的前提。

三、垂直型思维与水平型思维

思维方式是由文化水平、知识结构、思考习惯等共同作用形成的思维定式，具有相对稳定性。根据思维前进的方向可以将思维活动划分为垂直型思维和水平型思维。

1. 垂直型思维

垂直型思维又称纵向思维，是指在一种结构范围中，按照有顺序的、可预测的、程式化的方式进行的思维。这是一种符合事物发展方向和人类习惯的思维方式，遵循由低到高、由浅到深、由始到终等线索，因而思维脉络清晰明了、合乎逻辑。其特征是顺着一条思路一直往下延伸，直到找到问题的答案。

垂直型思维运用严密的推理来得出结果，具有系统性、正确性和普遍性。但垂直型思维也有自身的局限性，体现在以下四个方面：

（1）结论的有效性取决于前提的正确性。垂直型思维在思考过程中的线性特点使得结论的有效必须依靠前提的准确，一旦前提有误，结论必然跟着错误。

（2）容易画地自限。垂直型思维往往预先设定一些限制，如以严密的定义、明确的范围为前提，并以此限制假想答案的范围。但很多时候这种界限其实并不存在，问题的答案也在范围之外。

（3）妨碍新概念产生。由于垂直型思维严密地控制大脑中的思绪，对每一件事都加以逻辑分析，强制性地希望事物都是简单的、有序的和稳定的，所以一旦找出一条通往正确结论的途径，便不再费神寻找其他更快、更好的方式，这成为产生新概念的最大障碍。

（4）容易形成有惯性和惰性的思考模式。严格遵循垂直型思维的推理规则，常使人的思维模式陷入模式化的惯性，止于经验性思维定式，限制想象力。

为了尽可能突破这些局限，创意人员应学会逆向的垂直思考。它与常规的垂直思维相反，由终到始，由果到因，打破常规。因此，基于逆向思考的创意常常能够突破思维定式，具备更强的创新性。“水也可以往高处流”就是逆向思维的绝佳运用。

在进行逆向思考时，需掌握两个要点：①这种反常思维的传达应恰当，语言要实在并且幽默。如 2013 年加多宝的“对不起”系列广告。加多宝（王老吉的实际经营者）在与广药集团（王老吉商标的持有者）的商标官司败诉之后，被要求在纸媒上道歉，且不能继续使用王老吉商标。加多宝遂以“受害者”的身份向王老吉道歉，发布了“对不起，是我们无能，卖凉茶可以，打官司不行”等系列广告。这种主动道歉的受害者形象倒转了常规逻辑，制造出一种戏剧性的讽刺和幽默，使品牌获得了广大消费者的同情。②应用逆向思考是有条件限制的，不是所有的问题都能反向求解。因而在创意中这种逆向思维必须以能得到消费者的认同为条件。

2. 水平型思维

水平型思维又称横向思维，是英国著名思维训练专家爱德华·德·波诺（Edward de Bono）于 1967 年在其著作《水平思维的运用》中首先提出的。水平型思维是与垂直型思维相对应的思维方式，是指从与某一事物相互关联的其他事物中分析比较，寻找突破口，突破自身局限的思维方式，其重点在于从新的视角对某一事物重新进行思考。

水平型思维有三个方面的特点：（1）思维过程带有跳跃性，善于找到毫无逻辑关系的事物间的共同点。（2）思考范围宽泛，不局限于线性思维方式。（3）具有创新性和突破性，善于另辟蹊径，出奇制胜。

水平型思维是不一定有顺序的，同时也是不能预测的。由于水平型思维方式改变了解决问题的一般思路，试图从别的方面、方向入手，所以思维的广度大大增加，有可能从其他领域中得到解决问题的启示。因此，水平型思维在广告创意活动中起着巨大的作用（如图 4-2-11）。

图 4-2-11 学院奖 2022 春季征集大赛平面类金奖

水平思考的精华在于冲破事物原有的框架，想象事物按照自己创新性的意图去变化、发展。这不是破坏性的，而是一种建设性的思维手段。它不仅可以引导我们轻快地走出似已穷途的困境，还可以帮助我们摆脱对种种所谓“正确观念”的盲目崇拜，对那些似乎已经完美的定论做出新意频出的改进。

水平思考的原则可以归结为如下几种：

① 用认知的因素来引导新点子产生。

② 以不同的视角去看同一件事情。

③ 放松垂直思考时的严密控制。

④ 利用机会和刺激去引导出非连续性的存在状况。

3. 垂直型思维与水平型思维的关系

人们在思考、解决问题的时候，常常习惯于运用垂直型思维，这是一种建立在知识经验基础上得心应手且根深蒂固的思考模式。这种模式有利于快速解决问题，却并不一定有利于提出新观念、新思想。水平型思维则可以与垂直型思维互为补充。

广告创意人员绝不可以把垂直型思维方式与水平型思维方式完全对立起来，甚至为了激发更多创意而抛弃垂直型思维。一个真正有创造性的人，往往可以将两种思维方式有机结合并加以灵活运用。垂直型思维与水平型思维二者是相辅相成、对立统一的关系。水平型思维方式有利于产生新的概念和方法，提供更多的选择；而垂直型思维方式则善于将水平型思维产生的新概念予以延伸，补足水平型思维所欠缺的逻辑推理部分。

四、放射型思维与聚合型思维

1. 放射型思维

放射型思维又称发散思维、辐射思维，与水平型思维较为类似，是对同一问题从不同层次、不同角度、不同方面进行探索，从而求得多种不同答案的思维方式。放射型思维的重点是从同一来源中产生各种各样的结果，其模式是从一到多。

放射型思维具有多向性、灵活性、开放性和独特性的特点。放射型思维中思维发散的方向对创新和创意起着重要的作用。不同的方向会使结果出现质的差异，形成多种不同的方案。

2. 聚合型思维

聚合型思维又称辐合思维，是以某个问题为中心，运用多种方法、知识和手段，从不同的方向和角度，将思维指向问题的中心，以达到解决问题的目的。聚合型思维的重点是寻求唯一的或接受范围内的最好结果，其模式是从多到一。

聚合型思维是一种异中求同、量中求质的方法，具有同一性、集中性与系统性的特点。同一性是指思维始终沿着求同方向进行；集中性是指思考范围有限，面向中心议题；系统性是指思维过程循规蹈矩，遵循逻辑规律，系统全面但缺少变化。

3. 放射型思维与聚合型思维的关系

在广告创意的过程中，放射型思维和聚合性思维这两种方式都要用到。放射型思维是一种海阔天空式的思维方式。它由一点向四面八方散开去，充分运用丰富的想象力，调动积淀在大脑中的知识、信息和观念，将其重新排列组合，从而产生更多的设想和方案。放射型思维在广告策划方案的制定、广告创意灵感的探索阶段起着十分重要的作用，而聚合型思维则在最佳方案的选择过程中起着十分重要的作用。

第三节
创意的形成过程

创意不是一种既定的直觉或天赋，而是有章可循的、可以培养和训练的能力。创意的本质是旧元素的新组合，创意能力的关键在于洞察和运用事物之间的联系。创意的形成有其内在的心理规律，了解创意的形成过程，不断训练自己的思维，人人都能够习得创意能力。

一、创意的四个阶段

英国政治学家和心理学家格雷厄姆·瓦拉斯（Graham Wallas）在其1926年的著作《想法的艺术》中从科学家、诗人等创作者对科学发现和艺术创作过程的回顾性思考中概括了生成创意的四个阶段：准备、孵化、明晰、验证。准备阶段需要创作者广泛收集相关素材并对其进行充分研究。在孵化阶段，创作者从工作中脱离，在休息的同时让潜意识继续工作。经过孵化之后，创意会在不经意间变得明晰。最后，创作者需要对创意进行评估和修正以保证其有效。

1. 准备

（1）明确问题。准备阶段首先要做的是发现问题、筛选问题以及从中确立需优先解决的问题。这意味着创意人员需要从品牌、产品诉求、消费者、广告目标、创作要求等宽泛模糊的信息中确定简洁、有益、清晰的目标作为创意工作的核心任务。具体可以通过关键词归纳或其他的方式，将复杂的信息简化为能把握的目标。只有问题选准了，才能防止盲目和做无用功。

（2）收集素材。在问题明确之后，创意人员需要通过调查、体验等各种方式进行全面而充分的素材收集。这些素材包括与确定的广告创意问题直接相关的特殊素材以及与日常生活相关的一般素材。

收集特殊素材时，需要尽可能将自己作为目标消费者去观察和体验产品，在其群体交往与生活情境中感受产品，从他们的角度认识世界。同时也可以通过网络检索、问卷调查、深度访谈、焦点访谈等多种方式对产品、市场和目标消费者进行分析和调查。此时可将以用户为中心的“5W1H”六个问题作为基本的调查框架，以避免必要素材的缺漏：

① 谁（Who）？即谁是目标用户？

② 什么（What）？即他们想要什么？他们有什么兴趣？他们期待什么？产品对他们有什么好处？他们对产品有什么看法？

③ 哪里（Where）？即他们会在哪些媒介上花费时间？

④ 何时（When）？即他们何时使用该产品或服务？他们何时使用各种媒介渠道？

⑤ 为什么（Why）？即该产品为什么要做这件事？消费者为什么对这个产品或服务感兴趣？

⑥ 如何（How）？即如何引起消费者的兴趣？如何引导他们采取行动？

与生活相关的一般素材也是创意万花筒中必不可少的碎片，是联想与想象的基础。一般素材的收集是一个需要长期积累的过程。广告创意人员需要建立自己的创意素材库，用文字、图画、语音、照片、视频等最适合自己的方式和工具将日常生活中的新发现、新感受或单纯觉得有趣的东西作为灵感记录下来，以备不时之需。

（3）消化素材。消化素材需要进行大量的、多角度的思考和创意，尽可能穷尽所有的点子，这是一个精神高度紧张的过程。消化素材的本质就是将收集到的特殊素材和一般素材在思维的万花筒中充分碰撞、组合、联系，不断产出新的成果。这一步骤需要充分运用放射型思维产出新的想法，也需要运用聚合型思维将得到的创意点进行归纳整合，并进一步从互补甚至相反的角度再去创意，同时检视创意与广告问题及目标的距离，将距离原点太远的创意暂时搁置。创意的发散与聚合并非一蹴而就，而是反复进行的，创意人员需要不断发散和聚合，直至创意枯竭。值得注意的是，在消化素材过程中产生的创意点需要及时整理和记录，这既能够避免遗忘，也有助于清空大脑，为下一阶段的潜意识孵化做好准备。

2. 孵化

孵化阶段是孕育灵感和触发顿悟的时期。这个阶段的主要任务是放松，心理状态需要从紧张的“动态”到解脱式的“静态”，将所有的素材和想法都交给潜意识去孵化。这一阶段不再需要吸纳新的信息和知识，而是恢复潜意识自由、舒展的状态，促进异质因素的相互提携、相互渗透、相互合作。此时，创意人员可以走出创意工作，通过参观博物馆、观摩艺术展、看电影、听音乐、徒步等多种方式增加创意迸发的偶然性，刺激大脑的想象力和思维活力。

3. 明晰

在明晰阶段，经过了积极的思考和无意识的放松，创意会在“第三级过程”的作用下将理性与非理性的世界混合起来而展现出新的、预想不到却又合人心意的结果。在这个阶段，创造性思路有如柳暗花明一般豁然开朗。它常以突发式的醒悟、偶然性的获得、无中生有式的闪现或戏剧性的巧遇为表现形式。如果说孵化阶段是创意生成过程中量的积累和循序渐进，那么，明晰阶段就是质的突破和跃升。它是创意生成过程中质的转折点，使整个创意过程上升到一个新的、更高的层次。

4. 验证

在验证阶段，创意人员需要以批判的视角对明晰阶段得到的好创意进行逻辑和实践价值上的鉴定和论证。首先，鉴别好创意有一条非常简单却有效的方法：如果第二天清晨刷牙时，这个创意仍然令人兴奋，那么它很有可能就是个好创意。其次，这个创意也必须符合创意目标的要求，即能够解决第一阶段提出的问题。最后，创意人员应当基于经过验证的创意，明确可资实行的落实步骤和方案，以避免好的创意构思沦为空想。

二、创意的动态递归

瓦拉斯的四阶段模型打开了创意的“黑箱”，将创意的过程从思维的后台拉到前台，让创意工作有了可循之章。然而，简单的模型可以帮助我们理解创意过程，却在一定程度上忽视了实际创意工作的复杂性。后来的研究者不断强调创意的过程并非像瓦拉斯模型所描述的那样遵循固定的线性步骤，而是以一种“动态的”“递归的”形态存在：创意进程的不同阶段存在着一些潜在的“环路”和“循环”，也可以说创意是“不断迭代”甚至是“即兴”的。

这提示创意人员在生成广告创意的过程中不能简单硬套“准备、孵化、明晰、验证”四个步骤，而应该持续自检并保留充足的弹性空间，在思路离题太远、脱离实际、钻牛角尖的时候及时向前面的阶段回溯，以保证创意思路的充分打开和创意过程的科学性。

第四节
激发创意的方法

一、头脑风暴

头脑风暴法（Brainstorming）是由美国天联广告（BBDO）创始人亚历克斯·奥斯本（Alex Osborn）于1939年首创的诱发联想、激励潜能外露的有效方法，又称智力激励法。头脑风暴法可分为直接头脑风暴法和质疑头脑风暴法。前者是指专家群体决策，尽可能激发创造性，产生尽可能多的创意和设想。后者则是对前者提出的设想、方案逐一质疑，分析其实际可行性的方法。

1. 头脑风暴的基本概念

头脑风暴采用确立主题、专题讨论的会议形式，诱发尽可能多的、建设性的、富于创意的设想原胚，形成个体智慧竞相涌现的、综合多元创造思路的“创造思维群”。它虽然设定了明确的主题，但对参与者的思维内容、发散方向却不进行限制，并且绝对不允许批评。会议的目的是动员参与者说出头脑中生发的一切构想，特别是唤醒平时休眠着的那些幻想、臆想、痴想等非逻辑的、非理性的想法，让创造力以原型的、整个的、不加矫饰的、不计功利的形式展露出来，使个体储备的素材、积累的知识、创意的能力得到全面、深入的提取和运用。

2. 头脑风暴的实施原则

（1）庭外判决原则。对各种意见、方案的评判必须统一放到最后阶段，此前不能对别人的意见提出批评，不论其是否恰当和可行。

（2）欢迎参与者各抒己见。专题讨论需要创造一种自由的气氛，充分激发参与者提出各种想法。

（3）追求数量。不同的想法越多，产生好创意的可能性就越大。

（4）探索取长补短和改进的办法。除提出自己的意见方案外，头脑风暴鼓励参与者对他人已经提出的设想进行补充、改进和综合。

3. 头脑风暴的操作流程

（1）会议准备。① 选择会议主持人。好的会议主持人应当对头脑风暴的主题有充分的了解。同时主持风格应当幽默风趣，既能掌控全局，又能够营造有利于自由发言的创意氛围。② 确定与会人员。头脑风暴会议的人数以 5 至 11 人为宜。与会人员的专业背景要尽可能宽一些，应考虑全面多样的知识结构。最好能邀请几位目标消费者参加会议，以便突破专业思考的束缚。③ 提前下达会议通知。头脑风暴的组织者需要提前几天将会议通知下达给参会者。这有利于与会人员在思想上有所准备并提前酝酿想法。会议通知应写明会议的背景、时间、地点以及要解决的问题等，若能附加几个设想示例则更加理想。

（2）热身活动。在会议正式开始前，由主持人引导与会人员进行几分钟的热身活动。其作用与体育比赛前的热身一样，能够促使参会者尽快进入角色。

热身活动的时间不必太长，形式可自由策划。看一段与会议主题相似的广告影片，分析一个相关的经典案例，或者讨论活跃大脑的脑筋急转弯等均可。

（3）明确问题。在这个阶段，主持人向与会人员简明扼要地介绍会议要解决的核心问题，包括广告商品的背景、使用特点、目标消费者的特征、同类商品的相关分析等，以使与会人员对会议的背景和目标有一个明确的认识。

（4）自由畅谈。这一阶段是头脑风暴能否成功的关键。自由畅谈的要点是想方设法地营造一种热烈的讨论气氛，使与会者能突破种种思维限制和心理约束，提出尽可能多的想法，让思维自由驰骋，借助与会人员之间的思维碰撞产出大量有价值的创意。

（5）加工整理。头脑风暴后，需要对会上提出的想法进行归纳和整理。其中，可能有绝佳的创意，也可能大多数的创意都平淡无奇。如果还不满意，可以开展第二次或者第三次头脑风暴，直到获得令人满意的创意。

4. 头脑风暴的优势和局限

头脑风暴法是一种积极寻求创意的方法，能够有效发挥群体创意力量。头脑风暴具有时间短、见效快、成果多等优势，同时也存在一些局限性。首先，广告创意受与会者的背景、知识储备、创意思维能力等多方面的制约。如果参会人员大都来自同一个群体，头脑风暴的成果可能少且相近。同时，性格内向的人也难以在头脑风暴中发挥自己的创造力。在实际使用头脑风暴法的过程中需要注意参会人员的结构。主持人应注意创造民主的发言环境，同时也可以对具体的讨论方式进行适当调整，如用卡片写下创意或画出创意等，来最大限度地听到每个人的不同声音。

二、思维导图

1. 思维导图的基本概念

思维导图（Mind Map）又叫心智图、脑图、概念地图等，是英国心理学家、教育家托尼·博赞（Tony Buzan）在 20 世纪 60 年代初期提出的一种将放射型思考具象化的方法。博赞认为思维导图体现了一种新的结合了全脑功能的思维模式，包括左脑善于处理的逻辑、顺序、条例、文字、数字，以及右脑善于处理的图像、想象、颜色、空间、整体等。

思维导图用图表形式来组织和阐述思维过程。它通常将某一主题的相关概念以文字或图形的形式置于方框或圆圈中，接着用线条将其与能联想到的其他概念相连。每一个方框或圆圈中的概念都是一个节点，每一个节点都可以向外进行放射，最终形成一个可视的、发散性的思维网络。思维导图不仅能够充分激发创意，更能够实现对创意过程的追溯。当然，创意的最终生成也需要对思维导图中的各个节点创意进行鉴别和验证。

2. 思维导图的使用方法

一般来说，思维导图的绘制需要以下七个步骤。

（1）从白纸中心开始，周围要留出足够的空白。

（2）用一个关键词或图形来表达你的中心思想。

（3）可以使用多种色彩来整理画面和帮助表现。

（4）连接中心图像和各主要分支，然后再连接主要分支和二级分支，接着再连接二级分支和三级分支，以此类推。

（5）保证连线的清晰。

（6）必要时可以在线条上用关键词说明思考的过程。

（7）可以使用文字和图形来进行思维发散，但图形的效果可能更好。

除了手绘思维导图，现在市面上可以找到各式各样计算机辅助的思维导图软件。其中有不少软件既便于使用又简洁美观，能够极大地提高创意发散的效率。

三、创意发想目录

1. 创意发想目录的基本概念

创意发想目录是一个启发灵感的目录，是头脑创意活动的工具箱。它列举了一些经常用到的创意角度和相对少见的创意方法，能够拓展创意人员的思维领域。创意发想目录既适用于个人创意也可以用于团队讨论。它不是一个具体的行为指南，而是以引导创意人员进入新的思维空间为目的。每个创意者都可以从自己的创意经历中不断积累经验，形成自己的创意发想目录。

2. 建立创意发想目录

下面是创意发想目录的一个例子。

（1）创意能否源于品牌标志、吉祥物、包装？能否将诉求结合到标志中表达产品优势？能否将标志结合到画面中传达信息？能否改变标志以传达诉求？能否将标志风格扩展为整体广告的风格？能否将产品形象的主元素提取出来与画面结合来表现产品特性？能否将产品包装形象与诉求结合来传达信息？

（2）创意能否源于产品的产地？

（3）创意能否源于产品的历史？

（4）创意能否源于旧广告？

（5）创意能否源于生活经历？

（6）创意能否源于产品的用途和影响？该产品能解决什么问题？使用该产品后会有什么效果？该产品会带给使用者什么感受？该产品对消费者来说有什么样的价值？能否通过让消费者建立新的认知来传达产品价值？

（7）创意能否源于缺少产品的后果？缺少本产品会导致什么后果？缺少本产品会有什么样的感受？

（8）创意能否源于产品的缺点？

（9）创意能否来源于使用前后的效果对比？如何用对比突出产品的优越性？如何用对比在一幅画面里反映出问题情境及解决方法？如何利用媒介物来清晰有趣地宣传产品的优越性？如何利用夸张的对比方式来清晰有趣地宣传产品的优越性？

（10）创意能否只用图片表达？能否创造一种画面情境来表现产品的优点？能否只用简单的画面概括出产品的优越性？能否用简洁的图像吸引观者将故事补充完整？能否不出现产品本身就表现出它的优点？

（11）创意能否源于广告的媒介物？能否利用媒介形态特征进行创意？能否利用媒介结构特性进行创意？能否利用媒介的使用特性进行创意？能否利用媒介的时间特性传递广告信息？能否利用媒介的空间特性传递广告信息？能否利用媒介错觉特征引发观者思考？

3. 创意发想目录的使用原则

创意发想目录可以在任何需要创意的时刻为创意人员提供帮助，但使用这一目录应遵循以下原则。

（1）设定明确的目标。在开始运用这个工具前，创意人员必须定下明确的目标。这不仅能够使目录的使用更有效率，也能够避免创意过程被意外打断导致偏题。

（2）记录所有的想法。无论是个人使用还是团队讨论都需要随时记下所有想法和建议。同时，在过程中不要进行任何评论，从前至后按照目录进行创意。

（3）持续深入地思考。可以选择目录中的任何一个问题深入思考，这个问题能引发哪些联想？坚持下去，有时结果会令人大吃一惊。持续深入的探讨是挖掘那些新颖独特创意的重要途径。

（4）穷尽所有的可能。把一个问题穷尽所有创意的可能后再进行下一个，避免在不同问题间摇摆不定。

（5）不必面面俱到。不一定要把目录中的所有问题都讨论到，只需要集中精力思考，直到得到满意的想法。

（6）把问题相结合。有时也可以尝试将两种问题结合考虑，这可能会使问题变得更有意思，也就会产生更新鲜的创意。

（7）验证得到的创意。必须对思考和讨论得到的创意加以鉴别和评估，从各种可能性中选择最佳方案。

四、检核表法

1. 检核表法的基本概念

检核表法是头脑风暴法的发明者亚历克斯·奥斯本于1941年提出的创意方法。检核表法与创意发想目录类似，是用一张表格对需要解决的问题进行逐个检核，从各个角度激发多种创意的方法。检核表法简单易行，通用性强，且便于创意过程中更有效地把握创意方向和目标。

2. 检核表法的使用方法

检核表通常从以下9个方面对相关问题进行检核。

（1）转化。该产品有没有其他用途？或者稍微改变之后能否具有其他功能？

（2）适应。有其他的产品与该产品相像吗？从这个产品出发能够想到什么其他的东西？

（3）改变。改变产品原有的形状、颜色、气味、触感等会产生什么结果？还有其他的改变角度吗？

（4）放大。把产品扩大尺寸、延长时间、添加附件、增加分量、提高强度、加入成分会产生什么结果？

（5）缩小。把产品缩小、浓缩，甚至袖珍化，或者缩短、压低、删减等会有什么结果？

（6）代替。有没有其他的产品可以替代该产品？或者产品中的成分、材料、工艺可以替换吗？

（7）重组。产品的零件、成分、色彩、功能等拆分重组会产生什么结果？

（8）颠倒。正反互换、因果颠倒、程序倒置、位置互换会产生什么结果？

（9）组合。把产品与其他事物组合起来会怎么样？

3. 检核表法的发展

我国学者许立言、张福奎在检核表法的基础上提出了“和田十二法”。它是对检核表法的继承和创新，其技法更加通俗易懂，简便易行。和田十二法的具体内容包括：加一加、减一减、扩一扩、缩一缩、变一变、改一改、联一联、学一学、代一代、搬一搬、反一反、定一定。

本章思考题

1. 事实型思维和价值型思维有何不同？它们所对应的广告创意方法分别有哪些？
2. 创意的形成过程包括哪几个阶段？你如何理解这个过程的动态递归？
3. 激发创意的方法有哪些？其中最适合你的是哪一个？
4. 检核表法通常包括哪 9 个方面的问题？你能提出更多角度吗？

拓展阅读

第五章

新媒体与广告创意

学习目标

1. 理解新媒体的核心特征和底层逻辑，思考新媒体对广告创意的影响。
2. 掌握新媒体广告创意的要点。
3. 体会新媒体营销的主要思路，分析自己日常生活中见到和参与的营销活动。

第一节
新媒体的概念和特征

随着信息网络通信技术的变革，不断涌现的新媒体对广告创意的形式、内容以及广告产业的生态布局都产生了重要影响。作为一个相对性概念，当前的新媒体更多的是相对于报纸、杂志、广播、电视等由固定的中心向不确定的大众进行传播的传统媒体而言的，以互联网和移动网络为依托的各种新型传播样态，如门户网站、搜索引擎、社交媒体、视频网站、电子商务平台、移动应用程序（App）、互联网电视、新型户外媒体以及基于其他新兴技术实现信息传播的新兴媒体等。

新媒体的核心特征包括以人为本、开放融合、互动智能、分享协作等。

一、以人为本

传统媒体时代受众被动接受信息，新媒体时代受众（用户）的地位与作用得到了极大的增强，社会信息的传播也从过去的以由点到面的线性传播为主变成了以点对点的网状传播为主，去中心化、去中介化特征明显。这不仅为受众提供了发声的机会，更搭建了一个能展现自我的舞台，随之而来的是社会对个体、群体价值的充分理解和尊重。一切依靠用户、一切服务用户的人本特质是新媒体最为关键的价值基因。

二、开放融合

开放是新媒体平台建构的基础，它们的兴起和发展离不开广大用户的价值创造。平台越是开放，越能吸引更多用户，从而构建庞大的关系网络，汇集多元的内容和服务，使平台更有价值和竞争力。除了对人的开放，新媒体亦对信息开放、对服务开放、对商业模式开放。开放也意味着多元和包容，不同的人、内容、服务都能够通过新媒体百花齐放、各展所长。开放融合不仅是新媒体的逻辑基础和关键特质，也是新媒体重要的价值追求。

三、互动智能

互动通常指代信息传播者和接受者双方之间的交流。由于新媒体用户对信息拥有选择权和控制权，能够依据兴趣改变信息传播的内容和形式，所以他们既是信息内容的生产者和传播者，也是接受者和使用者，这意味着传受双方的主客体关系也可以随时转换。智能化由现代通信与信息技术、计算机网络技术、特定行业技术、智能控制技术汇集而成，并通过某一方面的应用展现出来，它是新媒体所追求的高级形态。无论是终端的“泛媒化”，还是更贴近人类行为模式的人机交互，还是信息感知能力的增强，都是智能化的表现。

四、分享协作

新媒体以技术为驱动，激活了分散的个体资源，个体从被动的受众成为主动的用户和内容生产者。随着互联网和移动通信设备的普及，个体不仅拥有了传播信息的能力，更不断被激发行使传播权利的欲望。用户生产内容、用户提供服务成为人们获取资讯、进行娱乐的重要来源和设计自身生活路线的主要参照。同时，“众包”和“众筹”的思维深入娱乐、金融、新闻出版、营销传播等方方面面。新媒体生态圈中的终端、内容、用户、服务等每一个环节都彼此依赖、共生共荣。

第二节 新媒体广告的特征

新媒体广告的特征主要是区别于传统媒体广告所表现出来的新特性。对比传统媒体广告，新媒体广告的特征主要表现在以下几个方面。

一、信息的交互性

交互性是新媒体广告区别于传统媒体广告最大的特点。网络出现之前，受众只能被动接收信息，没有选择的权利，更不要说与广告主进行互动。在互联网高度发达的今天，广告已进化为双向互动的沟通行为，消费者已经成为需求的发布者，能够主动对各种品牌体验进行表态，形成口碑与舆论。信息被动接受者的角色被彻底颠覆，广告成为广告主与消费者之间沟通的桥梁。

二、传播的精准性

传统媒体的广告投放从根本上来说是模糊的、指向性不强的，不确定的大众使得部分广告资源被浪费。而新媒体则可以通过与用户互动，搜集用户的资料和行为数据，建立较为完整的用户数据库，帮助广告主分析目标受众，从而有针对性地投放广告，实现精准传播。

三、形式的新奇性

新媒体广告创意与技术应用密不可分，各种数字化技术的支持使得新媒体广告能够融合图、文、音、像等多种数字化形式，呈现出传统媒体难以企及的创意表现。同时，H5（HTML5）、虚拟现实（VR）、增强现实（AR）等新技术的不断进步也为广告创意提供了更多可能，让受众能够获得“身临其境”的强烈参与感、体验感和沉浸感，从而理解与体会广告要传达给受众的产品特色、服务质量、品牌形象、核心价值等内容，进而产生购买冲动。

四、投放的灵活性

传统媒体投放一般是购买固定的广告位，如报纸的第几版、电视的某个时段，而新媒体则较为灵活多样，可以为广告主定制广告位、广告形式甚至广告内容。传统媒体广告一经投放要进行更改是很难的，基本上投放的时候就确定了最终形式，而新媒体广告借助数字化形式进行投放，可以快速撤下进行修改并重新投放，甚至可以边投放边根据效果进行实时调整。

五、效果的易测性

传统媒体广告主要通过发行量、开机率、收视率等数据来评估和推断广告投放效果，受众接触媒体后是否看到广告、对广告的态度如何都难以得知，因此这种效果测量实际上是较为模糊和浅层次的。而基于数字化和互动性的新媒体广告则可以通过具体的访问量、阅读量、点击量、播放量、停留时长等指标精确计算广告接触情况，通过点赞、评论、转发、收藏等受众行为来准确评估广告态度，甚至可以统计通过相应广告实现的购买，实现对广告效果的准确测量。

第三节 新媒体营销的主要思路

一、内容营销

内容营销（Content Marketing）是指企业在聆听消费者需求的基础上，通过制作和发布多种形式的，对消费者有价值、有针对性、能使其产生共鸣的内容，从而将内容的访问者变成营销活动的参与者、购买者，并在互动过程中建立和完善品牌形象的一种营销策略。如米其林的《米其林指南》就是一种典型的内容营销策略（如图 5-3-1），该指南最初是为了鼓励人们远行，提高轮胎的需求量，后来开始分门别类地介绍宾馆和旅馆，并且发布了米其林餐厅的星级标准。

图 5-3-1 《米其林指南 - 上海》封面

在新媒体时代依靠内容获得目标受众的认同、与粉丝及其他支持者形成长期互惠的社群关联、建设富有人格魅力的品牌，已经成为许多企业的重要营销策略。引爆内容营销应注意：（1）将品牌人格化，开放和真诚地与消费者交流。（2）培养粉丝和联络意见领袖，向粉丝表明自己的尊重、感激、信任和爱。（3）为内容嵌入分享基因，使内容具备实用性、话题性、共鸣性，成为人们分享、讨论和自我证明的资源。（4）得到第三方的认可，让同行和其他相关者来讲述品牌故事。（5）增强内容权威性，提升内容质量，保持内容更新的稳定性。（6）优化社交媒体指标，依靠转发、评论、点赞、阅读量等外显的证据增强内容的信誉度和影响力。

如永璞咖啡自制的播客节目《小岛广播站》（如图 5-3-2）就以生活情感漫谈为主，咖啡相关知识的讨论为辅，为其核心消费者群体（Z 世代人群）打造了一个温暖、可爱、舒适的小港湾。永璞咖啡除播客节目之外，也会随订单附赠《岛民月刊》（如图 5-3-3）等纸质刊物，这些温暖生动的内容让永璞能够与自己的消费者——“岛民”们真诚沟通，共鸣共振，共同构筑起温馨和谐的“小岛生态”。

二、关系营销

关系营销（Relationship Marketing）是指企业建立、保持和增强与消费者、企业内部成员、渠道合作伙伴等利益相关者之间的承诺、信任、相互依赖等关系，从而达到促进销售增长、提升客户忠诚度与口碑、达成与利益相关者的合作等目的的营销策略。

新媒体时代，企业既需要正确利用各类社交媒体，同时也需要将营销的落脚点进一步下放在“关系”层面——通过把握营销的关键节点，以更高的真诚度，关注整个世界和世界中的所有人，秉持“平凡人就是新的大人物”的观念，与社交媒体上的各类群体建立良好的关系，倾听他们的需求，为他们量身打造营销活动，最终达到促使他们产生消费欲望、向社交圈分享企业营销信息、持续信任企业营销的目的。

图 5-3-2 永璞咖啡《小岛广播站》

图 5-3-3 永璞咖啡《岛民月刊》

美团买药的广告《过敏社交礼仪》（如图 5-3-4）就用轻松幽默的小故事表达了对换季过敏患者的关怀，解释了应如何用合适的社交方式与他们相处。广告指出，送花给花粉过敏的人反而会给他们造成困扰——“世界上存在着对浪漫过敏的人，记得换种方式表达爱意”。通过对不同症状、不同场合的过敏群体的生活处境的关注，品牌与目标消费者之间形成一种相互理解的共生关系，品牌真诚地为消费者发声，消费者自然也会对品牌产生信任。

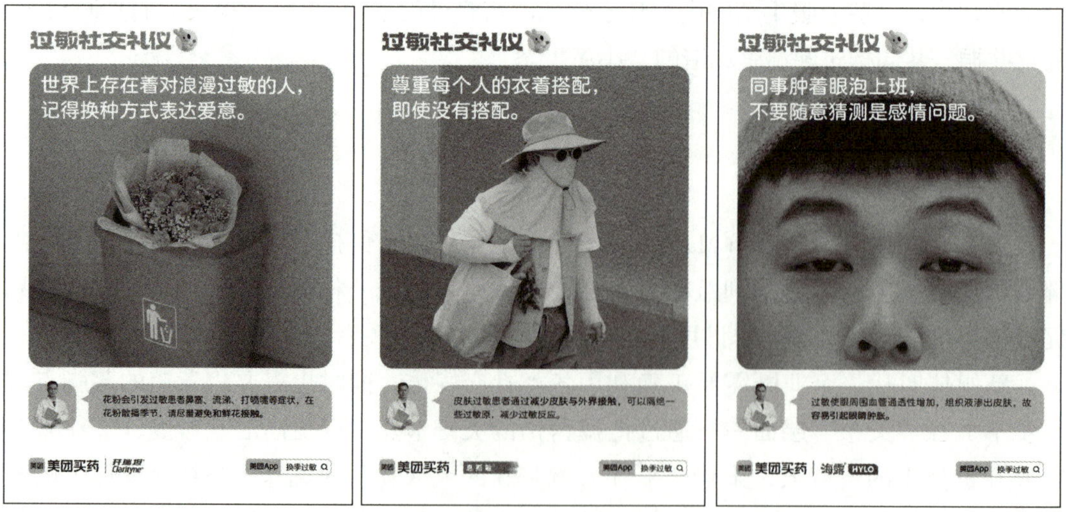

图 5-3-4 美团买药《过敏社交礼仪》（2023）

三、场景营销

场景营销（Context Marketing）是指在洞察目标受众心理和行为的基础上，了解他们在什么时间、什么地点（包括虚拟空间）、做什么事、遇到什么情况、产生什么心理、希望什么支持或改变，并据此设定或创造场景，将广告信息和产品功能加以融合。

“场景”的概念是伴随移动互联网和移动终端的发展而进入人们视野的，通常被理解为一种人为建构的环境，不仅指空间位置，也指与人们特定的行为模式、心理特征相关的情景或氛围环境。它由空间与环境、用户实时状态（如身体状况、行为、需求数据）、用户生活习惯、社交氛围这四个基本要素构成。

如士力架联合百度在2021年春节期间推出的《横扫“饿兽”，做回自己》新春营销（如图5-3-5）。针对新春自驾回家的场景，士力架借助百度AI的语音合成能力，在百度地图内定制了抗饿语音包。导航开始，语音提示“出发出发！士力架前来保驾护航”，超速时提示“着急回家吃饭也得悠着点开，饿了先吃口士力架”。除了常规场景的导航开始、结束、超速、限速拍照等，还有急上坡、急下坡、行驶缓慢、前方路面不平等定制场景以及非车导场景的步行导航和骑行导航。语音包借助AI模拟真人声线，生动有趣，使品牌以场景化的方式直达消费者内心。

图5-3-5　士力架 × 百度《横扫“饿兽”，做回自己》（2021）

四、精准营销

精准营销（Precision Marketing）是指捕获、管理和分析消费者的相关数据，在分析结果的基础上洞悉营销战略的要点，之后再将这些战略要点付诸实践，以促进企业与消费者之间更为有效和有力的互动，进而促进后续消费行为达成及营销效果改善的营销策略。

随着新媒体及大数据、云计算等相关技术的发展，精准营销更加强调：（1）基于数据挖掘和分析技术，更准确地锁定目标人群并对其进行精准画像，从而针对目标人群定向投放。（2）针对消费者的相关数据，分析其潜在需求，并用于指导产品生产。（3）基于数据统计和分析，结合一定的数据模型预测未来市场走势，为企业决策提供依据。

如麦当劳与饿了么限时推出的《“汉堡”猫窝》（图 5-3-6），用户只要在麦当劳 App 或者饿了么 App 购买麦乐送指定套餐就可以获得限量周边——“汉堡”猫窝。猫窝有巨无霸、麦香鱼、吉士汉堡三款，限量 10 万份，10 分钟内全部售罄。通过精准洞察目标消费者需求，“汉堡”猫窝实现了与目标人群的定向对接，更好地诠释了麦乐送“快乐到家”的品牌理念。

图 5-3-6　麦当劳 × 饿了么《汉堡猫窝》（2021）

五、跨媒体营销

跨媒体营销（Cross Media Marketing）是在观察和分析消费者媒介接触特点的基础上，找寻不同形态的媒介之间的关联，并按照核心创意思路来设计沟通导线，从而实现跨越各媒介界限、融合各传播平台、贯通各媒介接触点的信息传播与沟通目的的策划手法。

跨媒体营销成功的关键在于引导目标消费者行为变化的沟通导线的设计与规划。行之有效的沟通导线设计可参考：（1）信息多重曝光型沟通导线。在多个媒体或多个渠道上传播关于品牌的不同版本的信息，以此激发消费者的关注。（2）时间进程把控型沟通导线。按照时间顺序有意识地改变营销活动所要传达的核心信息，持续引起消费者的关注。（3）媒体分类诱导型沟通导线。通过设置“诱饵”引起消费者兴趣之后，在不同媒体上展开多种信息的传播，从而进一步诱导消费者。

六、跨界营销

跨界营销（Crossover Marketing）是指以消费者需求为核心，不同行业、品牌在价值链中共享资源来降低交易成本，发挥品牌强强联合的协同和创新效应，实现企业进一步发展的营销创新思路。在新媒体时代，跨界营销除基于行业、产品、目标消费者等方面的共性推出联名产品之外，传统行业与移动互联网之间的双向渗透也为跨界营销在产品形态、商业模式、创意内容、互动方式等多个层面提供了广阔的创意发挥空间。

如2023年瑞幸跨界茅台推出的“酱香拿铁”，将53度飞天茅台的酱香风味与咖啡风味充分融合。同时，美酒加咖啡的组合方式与当下流行的“早C（Coffee）晚A（Alcohol）”话题充分契合，与年轻人的精神状态实现共鸣。结合优秀的产品包装设计、联名贴纸、社交媒体传播以及及时的公关沟通等，“酱香拿铁”单品在上市首日的销售额就超过1亿元，成为社会讨论的热点话题。

七、公益营销

公益营销（Public Welfare Marketing）是指以公益为目标或以公益为内容的营销传播活动。企业公益营销应以实现公共利益为目标，以自身可得资源投资社会公益事业，获得对等的企业声誉资本的积累，实现企业可持续发展。公益传播应摆脱营利的功利性，把公共利益的实现作为企业公益行为中的本位。不以促销为直接目的的公益行动，往往能给品牌带来更高的美誉度和丰厚的市场回报。当下互动式的传播环境和日益主动的受众使公益营销在渠道和参与形式上与传统的公益营销相比有了更多新可能。移动应用程序、网页广告位及链接、大数据平台、人脸识别技术等为公益营销提供了创新渠道，移动支付平台、电子商务应用、社交游戏等则有效促进了公众参与。

如QQ音乐在2021年腾讯99公益日举办的公益项目《听见“听不见”的音乐》（如图5-3-7）。团队利用音频技术为听不见完整音乐的听障儿童制作了一张低频公益专辑，包含9首低频歌曲，实现了孩子们“听见”完整旋律的心愿（如图5-3-8）。该项目通过H5传播的方式，让更多的人关

图5-3-7　QQ音乐《听见“听不见”的音乐》（2021）

注到高频听力受损的人群。2023 年，QQ 音乐推出《听见“听不见”的音乐》第二季，用三种 AI 低频音乐处理技术适配三种不同程度听力受损人群的生理情况，让听障老人能够再度听清回忆里的音乐。

图 5-3-8　QQ 音乐《听见“听不见”的音乐》（2021）

第四节
新媒体广告创意的要点

一、融入环境

与内容环境、媒介环境和营销场景相融合是新媒体广告的核心特征，也是新媒体广告创意的关键。在融入内容环境方面，新媒体广告需要更加“原生”“自然”，成为文章、游戏、视频等内容的有机组成部分，图 5-4-1 即为《和平精英》携手意大利汽车品牌玛莎拉蒂展开的跨界联动，为玩家带来全新游戏道具。在融入媒介环境方面，新媒体广告要更好地与信息流、页面、互动条件以及营销方案中的其他信息接触点结合、呼应。在融入营销场景方面，新媒体广告需要在洞察目标受众心理和行为的基础上创造特定场景并将广告信息融入其中。

二、突出个性

基于去中心化、互动的技术逻辑，新媒体为消费者提供了表达差异化自我、呈现个人特质的空间，也创造了与传统媒体时代集中化、崇尚精英权威不同的分散化、追

图 5-4-1 《和平精英》× 玛莎拉蒂游戏道具（2023）

求个性表达的文化氛围。新媒体广告创意要求进一步洞察消费者的内心世界，产出更具个性风格、吸引力、感染力和情感共鸣的创意内容，让消费者成为广告创意的源头、参与者和传播者。

三、捕捉热点

当下的新媒体环境中，网络话题、社会事件很可能在社交媒体上发酵，于短时间内快速获得极高的关注度，成为讨论热点。新媒体广告创意可以借助这一特质，主动对网络热点进行动态、持续的关注，及时捕捉那些具有传播势能的机会和语境，将自身的产品、服务、理念与热点事件、话题或相关元素联系起来展开创意、借势传播（如图 5-4-2）。

图 5-4-2 饿了么“为 i 做 e 这杯我请”（2023）

四、吸引参与

新媒体广告创意需要激发受众的执行力，尽可能吸引受众的参与和分享，这既是新媒体本身的特质，也是新媒体传播的要求。新媒体广告创意需要充分利用新媒体的互动性，通过好创意给受众以表达空间、互动机会和参与平台，在赢得广泛共鸣的同时，使每一个信息接收者也成为新的传播者，实现促进产品销售和提升品牌价值的目标。

本章思考题

1. 新媒体的价值逻辑是什么？
2. 新媒体营销的主要思路有哪些？
3. 请结合实例谈一谈跨界营销不成功的原因？
4. 基于对社会现实的观察，为你喜欢的品牌设计一个公益营销创意。
5. 你如何理解新媒体广告需“融入环境”？

拓展阅读

第六章

广告创意与中国文化

学习目标

1. 理解并体会文化对广告创意的重要性。
2. 掌握并思考中国文化心理对本土广告创意的影响。
3. 思考当下中国文化中的变与不变。
4. 观察中国与西方，中国与周边国家的文化差异以及广告创意的异同之处。

第一节

理解文化

广告和广告创意的关键目标在于充分建立和维持商品与消费者之间的关系。广告所面对的每一个消费者都生活在特定的文化语境之中，这种文化是消费者价值观念、生活方式形成和变化的土壤。广告创意对关系的建立和维持必须以充分理解和挖掘消费者的文化动机为前提，如此才能保证创意被理解，乃至被认可。同时，广告本身也是一种文化现象。广告创意是消费者赋予商品、服务、自我、生活以意义和想象的重要依凭。一个好的广告创意不仅能够完成广告营销活动的目标，更能够成为引领社会思潮，推动社会发展进步的精神力量。

一、文化的概念和层次

近代第一个使用“文化（Culture）”一词的是英国人类学家泰勒。他在1871年出版的《原始文化》中将“文化”定义为“包括全部的知识、信仰、艺术、道德、法律、风俗以及作为社会成员的人所掌握和接受的任何其他的才能和习惯的复合体”。这里所说的“文化”与“文明”近似，是人们长期创造形成的产物，它凝结在物质之中又游离于物质之外，是人类之间进行交流的、被普遍认可的一种能够传承的物质财富和精神财富的总和。

文化具有整体性，它是多种功能要素的综合整体，大致可分为三个层次。

1. 器物

器物是文化的物质层面，是人类文明的物化形式，是指体现一定生活方式的具体存在，包括生活所需的各种器具、文物、科技发明等。

2. 制度

制度文化是指在历史发展过程中形成的各种制度，包括各种政治、社会、经济、法律等制度，伦理道德、风俗习惯等规范，以及人们心灵深处的“潜规则”。

3. 观念

观念文化是指一个民族的心理结构、思维方式和价值体系，是人们的感情寄托或创意表达，包括宗教信仰、价值判断、哲学思想、文学与艺术等。

二、文化的差异性

文化具有差异性。由于不同的人类族群面临的自然环境不同，面临的问题和解决问题的方法有异，先民们在与生存环境不断进行互动和抗争的过程中，形成了各具特色的文化类型，存在着极大的差异。

1. 不同文化的划分

依据不同取向的分类标准，可以将文化划分为不同的类型。从文化的性质上，依据核心生产方式的不同，可以将文化划分为游牧文化、农耕文化和工商文化三种。从宗教的角度，可以将文化划分为基督教文化、佛教文化和伊斯兰文化等。从思维重点的角度出发，不同的文化也有偏重感性或偏重理性的分别。

由于文化的孕育离不开特定的地理环境，从地域上对文化进行划分更为常见和直观，这种划分形成了通常所说的文化圈，如东方文化和西方文化的区分就是以地理为尺度的。大文化圈可以按大洲划分为亚洲文化、欧洲文化、美洲文化、非洲文化等；进一步缩小地域范围，以国家为尺度则可以划分为中国文化、美国文化、日本文化、印度文化等。

人类文化存在差异，对文化进行区别和划分是为了理解不同文化之间的差异。

2. 中西方文化的主要差异

（1）集体主义与个人主义。中西文化都将人放在中心位置，但是对人的理解却并不相同。中国文化更注重人的社会价值，将人看作群体的一分子并作为其所属社会关系的一部分而存在。人的价值经由群体价值而体现，因此中国文化更强调国家利益、集体利益（如图 6–1–1）。西方文化则强调人的个体价值，崇尚个体自由。

图 6–1–1　第 12 届大广赛平面类一等奖

（2）和谐中庸与崇力尚争。从群体本位和个人本位的不同原则出发，中西方文化在民族性格和价值取向上也形成了差异。中国人更注重克己、节制，追求和谐与稳定。西方文化更鼓励竞争、追求功利，崇尚力量和斗争。

（3）天人合一与物我二分。从认识论的角度出发，“天”指认识对象、客体，“人”

指的是认知主体。中国文化追求“天人合一”，主张认识的主客体相互依存，相互包容，一体共生（如图 6-1-2）。西方文化强调人与自然的对立关系，突出“物”“我”在认识论上的主客体对立二分。

（4）逻辑思维与辩证思维。从思维方式的角度来看，西方文化的思维方式是逻辑思维、分析思维。这种思维方式在观察事物时，往往是将命题从整体之中分离出来，对个体的本质进行多层次的逻辑分析。它不重视事物与事物之间、个别与整体之间的折中与和谐。中国文化的辩证思维不是寻求脱离背景，而是在适当的背景下以一种综合整体的视角看待事物，关注事物的普遍联系和变化发展。

图 6-1-2　学院奖 2022 秋季征集大赛平面类金奖

三、亚文化

随着科学技术的不断进步以及人类彼此联系的加强，地域的文化差异相对在淡化，分众化的新媒体正在催生出越来越多的次文化圈和亚文化群体。亚文化是一种相对于主流文化的观念和行为集合。它伴随主流文化而生，在种族、宗教、性别、性向、阶级、教育、职业、年龄、爱好等不同的层面都会产生各种亚文化和亚文化群体。亚文化可能是对主流文化的积极改进，也可能是对主流文化的消极抵抗。亚文化始终是一个相对的概念，如爵士乐与摇滚乐都曾经是亚文化，但随着与主流文化的不断碰撞，现在它们基本上已经脱去了亚文化的身份。

随着社交平台的不断发展，人类社会正在重归部落化。亚文化群体越来越显见的同时，不同亚文化之间沟通的门槛也越来越高，壁垒也越来越厚，甚至有一些还存在对抗关系。认识亚文化、理解亚文化，一方面有助于广告创意活动的展开，另一方面也是广告作为一种社会沟通机制推动跨文化沟通、促进社会和谐发展的任务之一。

相对较为典型的亚文化包括以下几种。

1. 青年亚文化

青年亚文化代表的是处于边缘地位的青年群体的利益，以其边缘性、颠覆性、批判性等特点有别于更为主流的成人文化。青年亚文化反映的是成人世界与青春世界、父辈与子辈之间的永恒矛盾和张力关系，是一种世界性的文化现象。

传统社会较早时期的青年亚文化常与阶级、地位、世代、境遇、种族、性别等相关联，表现出明显的阶层冲突、代际抗衡、性别趋异等特征，如 20 世纪 50 年代的泰迪男孩（Teddy Boy），60 年代的光头党（Skinhead），六七十年代的嬉皮士（Hippie）（如图 6-1-3）等。他们具有统一而鲜明的服饰、发型、生活方式和政治主张，对主流文化进行激进甚至暴力冲突式的正面抵抗。

图 6-1-3　丹尼斯・霍珀执导的嬉皮士电影《逍遥骑士》（1969）

新媒介技术环境下，青年亚文化表现出较为明显的后现代特征，体现为群体化、去中心化、泛娱乐化等。与传统青年亚文化激进、显性、暴力的正面对抗不同，当代中国的青年亚文化更多地采取柔和的、隐性的、委婉的消极抵抗形式。如“恶搞”“丧”“佛系”“躺平”等。同时，一些学者认为，当代青年亚文化被商业收编，其仪式抵抗的战斗意义被消解，蜕变为一种狂欢式的文化消费的附属品。

2. 二次元文化

“二次元”一词来源于日语，其日文原意是“二维”，引申为在各种平面媒体上展示的漫画、动画、游戏中的角色。在中国的语境下，二次元的概念变得更为宽泛。二次元文化群体以青少年为主，他们以日本和日式风格的动画（Anime）、漫画（Comics）、游戏（Games）作品等作为核心审美和消费对象，也关注其他基于虚拟视觉形象和故事世界观的、带有一定奇幻色彩的文化内容产品。二次元与三次元（现实世界）的对比一定程度上寄托着他们对现实的不满和对虚构的美好生活的向往。动画番剧、Cosplay、漫展、手办、周边、虚拟偶像等都是常见的二次元文化的表现形式。

二次元经济和泛娱乐产业的发展，带来了动漫、游戏及相关产品的数量激增和用户规模的急剧扩大，二次元文化与主流文化正处于对话、冲突和融合的碰撞过程中。一方面，二次元文化越来越多地被主流文化征用，成为广告、宣传的有效方式和重要素材。另一方面，二次元文化群体也面临着来自主流他者的非议，“二次元”概念在群际对话中甚至带有负面的价值倾向和感情色彩。

3. 嘻哈文化

嘻哈（Hip Hop）起源于20世纪70年代纽约布朗克斯和哈林区非洲裔和拉丁裔青年的街区派对。80年代后期，随着全球化和去工业化浪潮席卷世界，嘻哈文化作为对主流社会的抗议，成为世界各地青年表达个人思想、与世界对话的途径。嘻哈文化具有强烈的反叛性、宣泄性、刺激性、自由性和娱乐性。

嘻哈文化包含四大要素：说唱（Rap）、街舞（Breakdancing）、DJ（Disc Jockey）、涂鸦（Graffiti）。说唱又称“饶舌”，是一种有节奏地说话和押韵的特殊歌唱技巧和音乐风格，说唱歌手被称为Rapper或MC。嘻哈文化中的街舞尤指霹雳舞，或称地板舞、布雷克舞，是一种具有强烈个人风格且体育性质较强的技巧性舞蹈，舞者统称为B-boy或B-girl。DJ可译作“唱片骑师”，是指在音乐现场播放音乐，并利用混音技术制造出不同于原曲风格的专业人员。涂鸦是指利用喷漆或其他材料在建筑物墙面、地铁列车等公共或私人设施的表面进行标记的行为。涂鸦可以是图画，也可以是文字。

20世纪80年代中期，嘻哈文化进入中国。90年代中期，随着周边国家嘻哈文化的发展，亚洲的嘻哈文化通过席卷亚洲的“韩流”“日流”在国内青少年间再次盛行。新世纪以后，港台地区的偶像歌手以及专业的嘻哈团体将嘻哈音乐从语言、内容等层面进一步本土化。国内嘻哈音乐可以分为两类，一类是按照商业流程制作和传播的商业说唱，另一类是个人创作并通过酒吧、网络等传播的地下说唱。本土嘻哈音乐与美国的嘻哈音乐有较大不同，具有鲜明的中国色彩。

4. 粉丝文化

粉丝文化，或称饭圈文化，来自英语“fans”，是指热衷某一事物或人物（尤指偶像明星）的志同道合之人聚集在一起所形成的文化。粉丝团体有组织、有分工、有规划，会花费大量时间和精力支持偶像，通过各种方法提升偶像的流量、关注度和影响力，粉丝的行动还可以左右偶像相关奖项的票数、榜单的排名等，甚至出现了一大批以此为生的职业粉丝。

粉丝文化源于粉丝对自我身份认同的追求。粉丝群体具有极强的认同感、团队精神和执行力。他们充满激情，以协助偶像成功为己任，相信在此过程中自己也会和喜爱的偶像一样闪闪发光。然而，疯狂“氪金”、无脑应援、极端发言、网络骂战等也是外部主流群体对粉丝文化的消极刻板印象。

第二节

中国文化心理与广告创意

每一种文化都有自己独特的精神特质。中国传统文化是在中国地理环境、生产方式、宗法制度等多种因素的相互作用之下形成的。中国人有自己的价值观念、思维方法和行事原则。只有充分理解中国文化心理，才能在中国语境下生产出动人的创意。

随着社会的不断进步，中国社会传统的文化心理也在发生变化。广告创意活动不应拘泥于对文化的刻板理解，而应该对社会文化动态的生态变化和特定受众群体进行深入洞察。

一、中国文化的基本特征

探求中国文化的基本特征，需要向民族生活的源头和土壤深入挖掘。

1. 大陆文化

地理环境对文化或文明的产生和发展起着决定性作用。人类的文化大致可分为海洋文化和大陆文化，中国文化具有明显的大陆文化的特质。

希腊、荷兰、英国、美国以及北欧诸国等都是典型的海洋文化。由于海岛提供的生存资料有限，而海洋又提供了便利的对外交流条件，海洋文化就在向外发展中逐渐形成了扩张、外向、冒险、浪漫的性格特征。同时，频繁的对外交流又推动了商业社会的形成，进一步促成了自由、平等、法制等的萌芽和都市文明的发展。总而言之，海洋文化处于一种较为动态和开放的状态中。

中国的情况与之不同。中国幅员辽阔，处于一面临海的相对封闭的大陆环境。陆地是稳定的，大陆内部山岭江河的阻隔形成了相对封闭和保守的文化风貌。土地的私人占有产生了封疆与世袭的观念。安土重迁、安贫乐道、惜别怀乡都是大陆文化的典型表现。大陆文化厚重、典雅、内敛，人民更有凝聚力和向心力，同时也偏向保守、封闭、墨守成规。

2. 农耕文化

中华文化是典型的农耕文化，是以渔樵耕读为代表的精耕细作、自给自足、重农抑商的农耕文化（如图 6-2-1）。中国的季风气候雨热同期、光照充足、降水丰富，再加上东部广袤的平原和两大水系所提供的灌溉资源，为农作物生长提供了优越的自然条件。

中国历代先民聚族而居的农业生产和生活方式形成了中华民族独特的文化特点：（1）中国文化敬畏自然，主张“天人合一”的人与自然和谐共生的生存方式。农业生产极度依赖自然条件，中国文化强调“天时地利人和”，“天时”被放在首位正是农耕文化“靠天吃饭”的典型表现。同时，天人关系也映射到君臣、父子关系，形成了强调尊卑和孝悌的等级文化。（2）中华民族的文化基因中蕴藏着遵从集体利益，强调群体意识的集体观念和大局意识。农业生产和生活需要男女分工、集体协作，这就要求人们维系彼此之间的关系。（3）传统小农经济时期的自给自足也使中华文化相对缺少与外界的交流，趋向安稳、保守。

图 6-2-1 ［北宋］舜子耕田砖（北京故宫博物院藏）

3. 宗法文化

中国传统文化的另一个关键特质是宗法文化。宗法文化是由宗法制度及其思想与儒学结合而成的。宗法是周代的重要政治制度。它由氏族社会晚期父系家长制演变而来，以血缘关系为基础，以嫡长子继承制为核心。在宗法制度下，王朝贵族按照父系血缘关系的亲疏分配国家权力，建立世袭统治。此后，周代的宗法制度逐渐演变为封建的家族制度，其主旨是建立以家族为范围的族权统治，与政权上的专制主义相呼应。

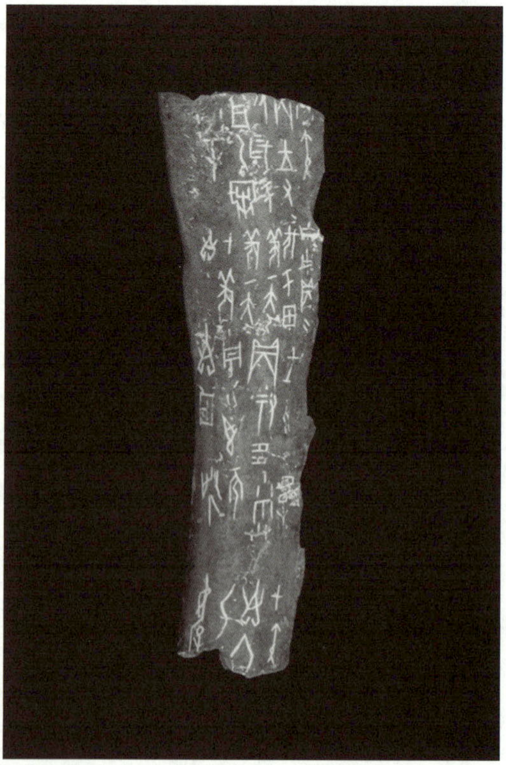

图 6-2-2 ［商］殷王武乙（文丁？）贞问祭祀先公先王刻辞卜骨（北京故宫博物院藏）

宗法制度和宗法思想深刻影响了中国人的国民性和数千年的文化：（1）中国人具有极强的家国情怀和民族意识。“齐家治国”“家是最小国，国是千万家”都是中国人家国一体观念的体现。（2）中国人具有极强的血缘观念，亲属之间称谓的区分之细世所罕见，亲属之间的交往也是中国人人际关系中极重要的方面。（3）中国人崇拜祖先，对祖先的供奉和祭拜古已有之，是非常庄重严肃的事情（如图 6-2-2）。（4）中国人尊重传统，讲求伦理。

二、中国文化次生态与广告创意

中国文化的基本特征决定了中国文化的次生态，并影响着中国人的民族性格、价值取向和行为习惯。这些具体的次级文化心理以及它们对中国广告创意的影响是本土广告创意人必备的知识素养。

1. 人伦价值观——群体取向

集体主义与个人主义的取向差异是中西文化间一个关键的不同，这也是中西方人伦价值观的最大分别。西方人以个体为中心，强调个人自由和对自己的行为负责。中国人则强调集体概念，追求群体利益、群体团结。这种以群体为先的人伦价值观体现在中国社会的方方面面，并从根本上影响着中国本土的广告创意，从公共关照的角度而言，主要包括以下几点。

（1）重视家族人伦——唤醒微观情感。中国社会的结构基础是家庭。极强的血缘观念和亲族意识，让“家”和家庭成员成为中国人心里最为关键的存在，也使人际关系成为联系社会各个方面的强力纽带。因此，以人和人的情感为基本诉求，关注微观日常的广告创意往往能够有效唤醒中国受众的文化基因，使其产生强烈的共鸣和好感（如图 6–2–3）。尤其是：

图 6–2–3　学院奖 2020 年春季征集大赛平面类金奖

① 以孩子为中心。家的存在需要子嗣的继承和延续，中国人对于抚养和教育孩子有着强烈的意愿。孩子的健康、成长、学习、兴趣、竞争等相关消费是当代中国家庭中主要消费之一，以孩子为主导的广告创意特别能吸引中国父母、祖父母们的注意和认同。

② 以孝顺为核心。中国人自古以来就尊崇孝道，“尊老”和“爱幼”一样，是中国最基本的道德规范和追求。随着中国人口老龄化的加速，孝在中国文化伦理中的重要性将越发突显。传统的孝道强调秩序、等级、顺从。新的时代背景下，孝不是道德绑架、利益互换，更不是形式主义，而应是子女与父母之间爱与关怀的流通和互动，是双向的支持而不是单向的服从。对孝的新形式与新意义的挖掘与诠释，通常会使中国文化语境中的广告具有非同寻常的情绪感染力（如图 6–2–4）。

图 6-2-4 美团外卖《妈妈爱花，我们爱她》(2022)

③ 彰显亲善关系。中国群体社会的人伦之情不仅集中在家庭成员内部，更以“兼相爱”的方式扩散到朋友、师生、同事等更广大的社会范围，形成以自己为中心的水波纹般的“差序格局”。新的媒介环境加剧了社会的原子化和部落化，人们依托普遍存在的人际关系，于孤独感和归属感的张力中弹性化生存。当下的广告创意应进一步关注人的微观价值，讲述人与人之间具体而微的故事，探索人际关系的新形态，不断给予孤独的心灵以阳光和慰藉。

④ 反映家国意识和故乡情怀。由小家到大家，再到国家。中国人的基因里就有着对祖国极强的心理归属感，以及对故乡、故土的浓烈情感。全球化的深入发展、文明的碰撞、社会流动的加速，使祖国和故乡的形状越发清晰。基于这些情感、顺应这些情感、借助这些情感，都能使广告创意有撼动人心的力量。

（2）普遍从众行为——主打流行风尚。从众行为是指在群体的影响下，改变个人意见而与多数人达成一致的行为。影响从众行为的因素包括：对群体的信任、对偏离的恐惧、群体意见的一致性、群体的规模、群体的专长、群体的内聚力等。几千年的群体社会生存经历使中国人的从众倾向远比西方人强烈，从思想观念的从众到风尚习俗的从众，发展到今天生活方式的从众和消费选择的从众。广告创意可以从两个方面理解和利用中国社会普遍的从众行为。

① 顺应流行风尚。一见流行就跟上，是一种以从众心理为基础的无个性消费现象。流行具有一定的偶然性，尤其是在新媒体环境下，某个偶发事件甚至其中的某个元素都有可能因为刺激到社会的共鸣神经而引起人们大规模的模仿和使用。流行具有时间性，新媒体尤其加速了社会流行的更新换代。当下的流行也大都能从过去的流行中找到影子。流行具有可洞察性，某种风尚在某个群体中的流行必定根源自它与这个群体的某种需要产生了契合。中国语境下的广告创意活动应当在洞察目标受众物质需求、精神需求的基础上顺应流行风尚、改进流行风尚，甚至引领流行风尚，使社会大众的从众心理发挥正面效用。

② 借助权威专家。很多消费者具有权威崇拜的心理，这在一定程度上也是从众心理的一种表现。传统媒体时代，权威专家一般来自政府机构、专业组织、明星名人。数字媒体时代，每个人都是内容生产者，越来越多的意见领袖在各自的细分领域精耕细作，聚集了一大批粉丝，具有很大的影响力和号召力。无论是从创意内容还是从创意渠道的角度出发，当下的广告创意活动都离不开这些细分领域的意见领袖。

（3）注重礼尚往来——提升交往体验。中国民间有着悠久的送礼传统，随着时代的不断发展，礼品的物质意义一定程度上正在让位于符号意义，礼品的来往更多是一种象征性的感情交流和价值互换。

在新媒体时代，礼品的赠收双方都是能动的消费者。他们不仅注重商品或服务的体验感，更强调礼品的情感意义和社交价值。以礼品为诉求进行广告创意时，需要考虑到从包装到内容物的每一个细节，尽可能以更低的成本打造全流程的情感体验，同时为消费者的社交分享提供便利化的素材。

2. 自然价值观——天人合一

中国哲学的终极理想之一是追求天人合一的境界，强调人与自然和谐相处，依照自然规律、向自然学习。这种天人合一的自然观对中国人心性的影响是深远的。

（1）注重和合共生——营造自然氛围。中国天人合一的自然观视自然宇宙及万物皆为有情，即所谓“天地含精，万物化生”（《列子・天瑞篇》）。中国人对自然抱着一份与之心心相印的感情，庄子的“观鱼之乐”、苏轼的“其身与竹化”等都反映了中国古人对自然宇宙的感情。反映到文学艺术上，以自然为表现主体，将人的感情融入自然景物之中以达到主客交融、和合共生的境界是中国文人的最高追求。今天的广告创作若能以自然之美唤起人对天地万物的无限深情，往往能达到意境深远、隽永辽阔等特殊效果。如图 6-2-5 的广告片即以人类登顶珠峰 70 周年为契机，在视觉和创意表现上凸显了人与自然的对话，整体宏阔辽远，隽永深沉。

图 6-2-5 巴黎欧莱雅《女神 1975》(2023)

(2)崇尚和谐安详——塑造克制之美。正因为中国人与自然的关系不是外向的、扩张的、充满攻击性的，中国人的内在精神在总体上是向往平和安详的。内在上，中国人更适应一种心境的安宁。长期相对平静的农业生活方式以及道家的“无为”观养成了中国人对秩序和宁静的偏好。外在上，中国人追求一种祥和的氛围，偏爱以柔克刚的和谐氛围，吉祥喜乐的日常光景成为很多广告试图打造的感官体验(如图 6-2-6)。

随着新媒介技术的不断发展，以夸张、猎奇甚至血腥、暴力为主要表现风格的博人眼球的内容大量出现在受众面前。这些内容短时间内或许能够获得关注，但是从长期来看，终究违背了中国文化和谐宁静的审美追求，是不可持续的。好的广告创意应当理解中国的克制之美，以和谐安宁为理念进行创作。

3. 知识价值观——思维上的致用与意会

(1)追求节俭实用——突出功能价值。中国古代学问与西方学术相比最大的特色之一就是“致用”原则，最终目的是修身齐家治国平天下。换言之，中国智慧追求的是知识和学问的结果——实际的使用价值，受这种价值观的影响，中国人的消费心理比较容易接受具体的、相对节俭和实利型的广告创意。

(2)强调意会——关注意象营造。与西式纯粹抽象的概念推理和逻辑表达不同，中国人更习惯用一种非逻辑的通感直接把握事物本质，追求“只可意会，不可言传”的交相感应的境界。这种思维和沟通方式不需要对事物进行概念提取和抽象，只需借助对具体意象的整体性把握，来获得一种高于逻辑的直觉体验，是一种充盈着东方气质的超语言的神会和交流。中国的广告创意应理解这种中国式传播的模糊性，在一些情境下不必事事道明，着重意象营造，达到语终意未尽的妙境(如图 6-2-7)。

图 6-2-6　学院奖 2020 年春季征集大赛平面类金奖

图 6-2-7　学院奖 2021 年冬季征集大赛平面类金奖

本章思考题

1. 你如何理解广告与文化的关系，为什么说广告是一种文化现象？
2. 中西方文化的主要差异有哪些？
3. 你所知道的亚文化有哪些？它们各有什么特征？
4. 请结合实例谈一谈中国文化对广告创意的影响。

拓展阅读

第七章

广告创意伦理与法规

学习目标

1. 理解并掌握广告创意的伦理要求。
2. 认识歧视、低俗、抄袭等伦理失范在广告中的具体表现和危害，并在创意实践中加以规避。
3. 学习《中华人民共和国广告法》并熟记其中的关键内容。

第一节

广告创意伦理

广告创意活动总是在一定的文化语境中进行，必然受到相应伦理环境的约束。广告本身也是一种信息传播活动，其创意要兼顾经济效益和社会效益，以正确的价值导向传播正能量，引导社会良性发展。新媒体的不断发展在为广告创造了更宽广的创意空间的同时，也带来了新的伦理挑战。广告创意活动必须遵循一定的伦理规范，这不仅是社会文化语境的要求，也是实现广告创意的传播目标、提升品牌价值的基本需要。

一、伦理与广告伦理

1. 伦理的概念

伦理探讨的是道德上的善恶是非问题。

在中文语境中，“伦”的本义有辈、等、序、类的意思，指宇宙万物类属之间错综序列的条理，后引申为“人伦”，用于描述人在社会生活中相互依赖的关系。“理”即道理、规范。“伦”“理”连用最早见于《礼记·乐记》“凡音者，生于人心者也；乐者，通伦理者也”。汉初之后，“伦理”一词开始广泛使用，意指人际关系以及双方应当共同遵守的道理和规则。

西方的“伦理（ethic）”指的是控制人行为的社会公认的认识体系。“ethic”源于希腊语“ethos”，原指一群人共居的地方，后扩展为风俗、习惯，并带有人的品性、品德之意。

总之，伦理关注的是人在社会活动中应当遵守的行为规范。通俗地讲，一个社会的伦理规定了好坏、对错、应该和不应该。违背伦理要求的行为必不被社会所接受，甚至会受到谴责。

2. 广告伦理

广告伦理指与广告活动相关的各种伦理。广告活动始终是在一定的伦理环境中进行的，广告反映、影响甚至引导着不同地域、不同时期的伦理观和价值取向。同时，广告也受到伦理的制约，无论是广告主、广告代理公司、广告媒介，还是广告受众的活动都需要符合相应的社会伦理要求。

广告伦理也是广告行业的价值准则和行为规范。广告伦理原则与相关法律相互补充，共同规范、指导、调节和评价广告活动，解决其中存在的问题，促进广告行业健康有序发展，实现广告与社会的良性互动。

二、广告创意的伦理要求

广告创意的伦理要求主要聚焦在广告的内容层面。广告创意必须遵循传播道德和伦理秩序，符合社会价值观念，保护个体权益不受伤害，在完成广告创意目标的同时促进社会的文明与和谐。

1. 坚持诚信原则

广告创意的承诺性原则要求广告承诺的利益必须可信。诚信也是广告创意最基本的伦理要求。首先，诚信原则要求广告创意的诚实。广告创意的艺术表现不应以牺牲真实性为代价。诚实是沟通的基础，广告创意可以夸张但不能夸大，不应欺骗消费者。其次，诚信原则要求广告创意守信。广告创意的承诺应有理有据且能够实现，不应故意误导消费者，使其产生不切实际的期待。

2. 坚持社会效益与经济效益相统一

广告创意除了要考虑企业的经济效益，还应当注重社会效益。广告创意的社会效益不局限于公益营销的范畴，所有的广告创意活动都应当维护公共利益，传播平等、善良、正义、责任、上进等价值观念，弘扬中华优秀传统文化，为受众带来美的体验。同时，广告创意应拒绝可能损害国家利益的内容，抵制封建迷信，不宣扬暴力冲突，坚守社会公德。任何不合法、不健康、不文明的有害内容都不应成为广告创意支持的对象。

3. 坚持平等原则

平等原则要求广告创意以平等、开放、理解、尊重的态度坦诚地对待人、社会和自然。当内容涉及地域、宗教、性别、性取向、外貌、年龄、职业、种族、健康状况、社会经济地位、饮食习惯等相关因素时，广告创意应理解和认同世界上个体差异的存在，不利用刻板印象恶意制造幽默，不片面定义和评价任何群体，更不应宣扬歧视和排斥。伴随媒介技术的不断进步，人类社会将越来越开放、多元，广告创意应始终秉持开放和善意，成为和谐社会的黏合剂，任何故意伤害他人的行为最终伤害的都是品牌自己。

4. 做到适度

广告创意活动应在两方面做到适度。首先，广告创意的情绪渲染要适度。广告创意可以利用受众的感性思维以情感渲染和情绪抒发为手段实现广告的说服目的，但也应顾及受众的感受和体验，过分的冲击、过度的恐惧和悲伤也会给受众带来一定的困扰。其次，广告创意的传播要适度。广告传播不能仅以覆盖率、到达率、曝光率、精准度为目标，还应做到不影响受众正常的信息传播活动。过度重复、强制弹窗、无法点击关闭等做法在大多数时候都是适得其反的创意方式。

三、广告创意的伦理失范问题

广告创意的伦理失范是指广告创意活动的动机和行为违背了相应社会伦理的要求。

这通常会损害消费者的相关利益，伤害特定群体的感情，阻碍广告创意行业的正常发展甚至造成恶劣的社会影响。较为常见的伦理失范问题包括歧视、低俗、抄袭等。

1. 歧视

广告创意中的歧视通常基于性别、种族、地域或社会经济地位等。这类广告会对处于相对弱势地位的边缘或少数群体进行刻板化描绘，对他们进行贬损、污名化甚至侮辱。这不仅不利于群体间的对话，甚至还可能造成仇视，加剧群体矛盾，影响社会的长治久安。广告创意必须以平等、开放的眼光去认识和理解世界，尊重差异，善意对话。任何形式的歧视都是广告创意所不允许的。以下是广告中容易出现的几种歧视现象。

（1）性别歧视。对男女社会性别角色的差异化表达是广告及广告创意中长期存在的伦理问题。随着社会的发展，人们对性别和性别关系的认知和理解也在发生变化，广告创意需要对性别议题保持敏感和同理心，避免伤害不同社会群体的感情。广告创意中的性别歧视主要有以下几种表现形式。

① 宣扬女性依附地位。在这类广告中，女性往往缺乏独立的人格和思想，她们的人生价值完全依附在男性身上。无论是在家庭还是职场，女性的幸福和成功都并非个人努力而是依靠男性的结果。这类广告中的女性完全失去了自我意识、思想和情绪，成为男性的附属品和待拯救的对象。

② 塑造刻板女性形象。这类广告往往将女性角色刻板化、标签化，使女性形象带上负面色彩，类似“大龄剩女”“女博士”“女司机”“购物狂”“饭圈女孩”等刻板标签都是对女性群体的伤害。

③ 片面强调外貌价值。这类广告往往片面强调外貌对于女性的重要性，或者宣扬女性的价值只在于外在的美丽。同时，它们鼓吹单一的审美标准，不尊重美的多样性，制造容貌焦虑，这样的广告不仅缺乏对女性群体应有的尊重，更对社会风气造成不良影响。

④ 物化女性。这类广告将女性身体置于审美客体的位置，通过夸张表现女性的身体特征，造成强烈的视觉冲击力，来吸引男性的凝视。另外，过分强调女性的家庭和婚育职责实际上也是物化女性的一种表现。

⑤ 过度关注女性议题。有些广告过分关注女性婚育、求职、外貌等议题，渲染女性群体的困境以实现广告的商业目的。实际上，过度关注女性也是一种不平等和歧视。广告创意如果只是隔靴搔痒蹭热度，没有深刻的新洞察也提不出有针对性的解决方案，在面对女性相关议题时就应当慎重。

⑥ 污名化性少数群体。除了歧视女性，广告创意的性别歧视也表现在对性少数群体的污名化。这类广告对性少数群体的生存状态并不了解，往往运用刻板印象恶意搞笑，进行不尊重事实的夸张描绘。

（2）种族歧视

1965 年联合国大会通过的《消除一切形式种族歧视国际公约》（International

Convention on the Elimination of All Forms of Racial Discrimination，ICERD）中将“种族歧视”界定为：基于种族、肤色、世系或民族或人种的任何区别、排斥、限制或优惠。广告创意应避免任何目的和形式的种族歧视，平等对待每一个人类种群。广告创意中的种族歧视主要有以下几种表现形式。

① 刻意丑化种族特质。不同的人类种族在肤色、五官、身型等外表层面以及饮食、穿着、观念等文化方面存在一定的差异，涉嫌种族歧视的广告最常出现的问题就是刻意放大、夸张、贬低某个种族的外形特点，如亚洲人的眼型和身高、非洲人的肤色等，以此来制造某种所谓幽默或优越感。这类广告往往会曲解不同民族的生活方式和价值观念，主观臆想其他种族的生活场景。

② 强化负面刻板印象。这类广告不遗余力地将某个种族与特定的负面刻板印象联系起来，如将黑色人种描绘为“落后”“贫穷”“危险”的形象。如 2022 年英国司法部发布了一则狱警招聘广告，画面中一名白人狱警正在和一名黑人男性囚犯交谈。这则广告将白人男性描绘为问题的解决者，而将黑人男性与犯罪关联，这种刻板印象是对黑人群体的严重冒犯。该广告发布后因涉及“种族刻板印象”被封禁。

③ 恶意改变外貌特征。这类广告往往为了突出产品的某个独特销售主张，而描绘某个人种使用产品之后变成了另一个人种的画面，其中暗含着对前者的极大伤害。如 2017 年美国洗护品牌多芬（Dove）在一则广告中描绘了一名黑人女性脱去棕色 T 恤衫之后变成了一名白人女性，以此来突显沐浴产品的美白功能。该广告引发了黑人群体的强烈抗议。

（3）经济歧视

经济歧视即根据财富的多寡、社会地位的高低等对社会成员进行差异化的呈现。广告创意中的经济歧视常塑造社会经济优势群体的优越性，或对经济劣势群体进行蔑视和矮化。广告创意应当平等对待任何收入、任何职业、任何地域的群体，并且以己之力唤起社会对经济弱势群体的关注和帮扶。涉及经济歧视的广告创意主要有以下几种表现形式。

① 挖苦讽刺低收入者。这类广告通常以某种自许犀利的表现手法对低收入群体的财务状况和生存境遇进行讽刺和挖苦，刻意制造焦虑情绪，消磨弱势群体的奋斗意志。如某理财平台联合基金公司发布的《年纪越大，越没有人会原谅你的穷》系列广告。其中的文案“每天都在用六位数的密码保护着两位数的存款”“对所有大牌下的每个系列化妆品都如数家珍，但你绝不会透露自己用的只是赠品小样”等，虽然有对一些年轻人收入较少和生活困境的洞察，但广告创意毫无同理心，只会让受众感到被挖苦和讽刺。此则广告随后删除，相关基金公司也受到证监部门的质询。理财产品的广告应尽可能为用户着想，在发现问题后努力提出解决问题的方案，而不是毫无底线地揭疮疤和制造偏见。

② 表现刻板职业形象。这类广告往往认为不同职业存在高下之别，侧重凸显不同

职业的收入差距，刻画不同职业的刻板印象。

③ 恶意突显地域差距。这类广告往往不怀好意地用对比的手法去臆想或者突显不同国家和地区、城市和农村之间的社会经济差距，以突显产品或服务的“高档”或“优越”。如 2017 年某时尚品牌在新浪微博、国外 instagram 等社交媒体平台上发布的以“##×× 爱中国 ##”为主题的平面广告。在这一系列广告中，身穿该品牌服装的靓丽时尚模特与普通装扮甚至是被刻意丑化的中国女性、出租车司机等人站在一起，形成了一种强烈的视觉对比。这一系列广告有意把中国人塑造得贫穷、粗鄙，一经发布便在国内引发了激烈批评。

（4）其他歧视

除了避免性别歧视、种族歧视、经济歧视，广告创意还应当注意避免信仰歧视、残障歧视、疾病歧视、年龄歧视、身材歧视、外貌歧视等各种可能在广告中出现的不平等现象，避免对宗教信仰者、残障人士、身体或精神疾病患者、老人、肥胖者、过瘦者、有疤痕或胎记者、素食者等造成伤害。始终以开放、平等、善意的态度开展广告创意活动，尊重和理解世界的不同应成为广告创意人基本的价值取向。

2. 低俗

广告创意中的“低俗”是一个相对宽泛的、边界模糊的概念。通常情况下，广告创意的低俗是指广告叙事俗套低级、过度追求感官刺激、传播不良价值观等。广告创意不仅是一种商业行为，更是一种社会文化行为。品位低下的广告创意不仅会造成受众的厌恶、尴尬、不安、焦虑，给品牌发展带来极大负面影响，更会污染社会风气，阻碍社会的良性发展。

（1）低级的性表现。随着社会开放程度越来越高，性和性感作为一种感性思维的诉求方式在广告创意中也越来越常见。然而，低级的性诉求和性表现也层出不穷。这类广告审美格调低下，毫无文化内涵，极易让受众产生反感情绪，往往难以达成广告创意的目标。广告创意中低级的性表现通常有以下几种具体形式。

① 牵强附会。并非所有产品都适合通过性和性感的方式来进行广告创意呈现。一般来说，产品自身与性感信息的关联度越高，相关广告创意的效果就越好。如果产品自身很难与性感信息建立联系而强行以性感为出发点进行创意，不仅容易使受众的注意力全然停留在性感层面，更会被认为刻意“擦边”。

② 缺乏美感的直接裸露。好的性感广告的创意表达往往并不直接表现性，而是使用其他相关的意象来引导受众的联想，或者在受众能够接受的范围之内进行艺术化呈现，给人以美的感受和体验。那种单纯追求感官刺激，过分直白、暴露，全为博人眼球的广告创意只会令人厌恶，并且有传播色情信息之嫌。

③ 恶俗浅薄的挑逗暗示。这类广告往往使用谐音、双关等手法，隐晦地表现性感和两性关系。广告中所描绘的场景和人际关系通常都较为私密，并不适合作为广告创意的主题。

（2）宣扬金钱至上。金钱至上的价值观起源于资本主义鼓励人类追求个人物质利益的思想主张。重视金钱和财富，追求更富裕和舒适的生活无可厚非。但金钱至上的价值观过于强调金钱的重要性，忽视了人作为社会主体的多元价值，使人沉迷物质利益，不利于个人身心健康和社会长治久安。金钱至上在广告创意中的主要表现有以下几种形式。

① 夸张炫富。这类广告往往夸张地表现部分人群的物质财富，描绘常人难以企及的“美好生活”情景，渲染奢靡的物质体验。广告创意可以表现人们对美好物质生活的追求和想象，但应当适度。对物质生活进行过分夸耀的广告创意不仅会伤害低收入群体，加大社会隔阂，还有可能加重社会戾气。

② 以物质财富的多少作为人的评价标准。在广告创意中，金钱至上的价值观还常表现为将人的价值与其拥有的物质财富挂钩。如某出行平台发布的广告，借用女方父母见女婿的场景来类比平台对司机的严格审核。在广告中，原本父母十分嫌弃女儿的男朋友，但是当他掏出自己的房产证、豪车钥匙、金卡等财富证明时，他们喜笑颜开并对女婿表示了认可。这种广告宣传不当风气，容易引起消费者的反感。

（3）鼓吹消费主义。消费主义的价值观在发达资本主义国家产生并渐渐在全球流行开来。消费主义价值观鼓励人们毫无节制地消费，将占有消费品视作实现人生意义的途径。在某种程度上，消费主义是人类科技进步和生产发展的结果，也是推动这两者发展的力量。但是过度泛滥的消费主义价值观不仅影响个人生活，也是社会经济动荡的影响因子和社会风气败坏的诱惑剂。广告创意中的消费主义具体表现为以下几种形式。

① 过度表现符号价值。广告创意的一个重要手段和能力就在于赋予产品和服务超越其使用价值的符号价值，以激起人们的联想和欲望，完成广告创意的目标。如赋予化妆品青春、美丽、优雅的意义，赋予时装年轻、时尚的价值等。但是，广告创意如果过分超越产品或服务的物质基础进行夸大的意义表现，有意制造虚无缥缈的价值幻象，既可能因为太不真实而降低广告创意的可信度，也可能因为鼓吹消费主义而受到指责。如一些房地产广告中的“上流人家”“皇家庭院”“贵族领地”等词汇就是为了吸引消费而夸大了房子的符号价值。

② 大肆鼓励超前消费。这类广告常见于金融理财产品。它们往往通过对比手法，刻画目标消费者当下的生活困境和未来更好的生活，并将贷款作为解决问题的办法，鼓励他们进行超出个人能力范围的超前消费、过度消费、非理性消费。广告创意在涉及相关行业和产品时应尽可能谨慎，不要利用对未来的美好期待错误地影响人们的消费观、理财观和消费习惯。

（4）其他低俗取向。除了低级的性表现、宣扬金钱至上和消费主义，广告创意也不应进行夸张猎奇的庸俗表演，不能用任何形式的个人伤害来获得关注，不能认可语言暴力、肢体暴力、网络暴力等任何形式的暴力行为等。传播积极向上的价值观，为受众带来愉悦舒适的审美体验是广告创意实现经济效益和社会效益的必由之路。

3. 抄袭

广告创意的本质是旧元素的新组合，但是这并不意味着广告创意活动可以堂而皇之地将他人已有的创意成果拿来为己所用。广告创意中的抄袭相对较难明确界定。对抄袭和其他不尊重他人智力成果和知识产权的不良行为的约束，则需要更多依靠职业伦理自觉和自律的力量。

（1）抄袭行为的界定。依据著作权法等相关法律条文，界定广告创意是否构成抄袭，要结合以下问题来综合判断：① 原作品或内容是否属于文学、艺术和科学领域内具有独创性并能以一定形式表现的智力成果。② 涉嫌抄袭的广告内容，是否与原内容存在“实质性相似 + 接触”。③ 相关内容是否获得了著作权方的授权。

判断是否存在“实质性相似”的主要方法有三种：一是整体观察法。从整体概念和感觉出发，将多种创作要素作为一个整体来识别是否构成实质性相似。二是抽象观察法。通过抽象和过滤来限定受到著作权保护的对象，并进行细致的对比分析。三是抽象观察法与整体观察法相结合。通常以抽象观察法为主，整体观察法为辅。

然而，从法律层面对广告创意是否构成抄袭进行判定是比较复杂的，需要具体情况具体分析，没有明确统一的划定标准。而且，在人人都可发表观点的新媒体环境下，广告创意一旦被指认为抄袭，不论是否存在实质的抄袭行为都会产生负面影响。杜绝广告创意抄袭需要广告创意人员树立正确的职业伦理观，坚守创意初心，尊重他人知识产权，自主创意或依法取得创意授权。

（2）抄袭行为的危害。抄袭行为的危害主要表现如下：

① 损害品牌形象。广告创意抄袭会使广告主、广告代理公司以及创意人自身，甚至品牌代言人的声誉和形象受损，从此背上不尊重知识产权、拿来主义、缺乏原创精神的名声，对广告创意活动中的各个主体来说都是极其有害的。

② 扼杀原创积极性。抄袭行为一旦被市场接受就会引发更多抄袭。好创意的价值会严重受损，广告创意人员辛苦原创的热情和积极性也会被挫伤，形成恶性循环。

③ 败坏行业风气。抄袭毫无疑问是比原创更快的，抄袭行为的猖獗会使整个广告创意行业更看重速度而不是尊重原创。同时，抄袭会使行业陷入信任危机，导致原创作品不敢投入市场。抄袭泛滥也会影响我国广告创意行业的国际形象。

（3）广告行业的自律公约

2022 年 8 月，中国广告协会在第十八届中国广告论坛上发起了《尊重原创保护知识产权自律公约》，倡议广告行业坚持自主创新，尊重原创，增强知识产权保护意识。该公约从广告主、广告经营者、广告发布者、广告代言人这四个主体层面发出了倡议。

① 倡议广告主：自觉遵守知识产权法（《中华人民共和国著作权法》《中华人民共和国商标法》《中华人民共和国专利法》）和《中华人民共和国广告法》等相关法律法规规定，加强行业自律；在广告活动中，尊重原创，尊重他人的知识产权，维护良好

的行业秩序；广告主选用原创或经授权的作品，合规合法地发挥广告的积极作用；提高对广告创意价值的认识，让好的创意值好的价钱，同时，对在比稿中被采纳的创意予以尊重和应有的回馈，推动广告市场的良性发展。

② 倡议广告经营者：根据知识产权法等相关法律法规，依法进行广告活动，拒绝制作侵犯知识产权的广告；自主创意或依法获取创意授权，不剽窃他人的广告创意及作品成果，使用他人作品应当同著作权人订立合同或者取得许可；保持广告创作初心，坚持原创的同时保证广告制作质量。

③ 倡议广告发布者：认真遵守知识产权法等相关法律法规的规定，严格落实广告审核制度，作为广告发布的把关人，应对广告内容进行严格审查；坚持发布底线，拒绝发布侵犯他人知识产权的广告作品；及时制止侵犯知识产权的行为，倡导尊重原创的自律行为，鼓励并宣传优秀的广告作品。

④ 倡议广告代言人：自觉学习《中华人民共和国广告法》等相关法律法规，依法从事代言活动；提前检查代言广告内容，不做虚假代言，不为侵权广告代言。

第二节 法律法规对广告创意的规范

广告创意活动必须遵守一定的规章制度。目前我国主要采用以法律规范为主、行业自律和社会调节为辅的政府主导型规制模式。其中相关法律是最基础和直接的，行政规范、行业自律规则和社会调节等手段都必须在法律的框架之内对广告创意活动进行指导、监督和问责。

一、现行法律规范体系

目前我国的广告法律规范体系主要包括广告法律、行政法规、行政规章和法律解释四个层次。

1.《中华人民共和国广告法》及其他相关法律

（1）《中华人民共和国广告法》（以下简称《广告法》）。我国现行的《广告法》自1995年2月1日实施。2015年9月1日，第十二届全国人民代表大会常务委员会第十四次会议修订的新《广告法》开始施行。2018年10月26日，《广告法》根据第十三届全国人民代表大会常务委员会第六次会议的相关决定进行了修正。2021年4月29日，《广告法》根据第十三届全国人民代表大会常务委员会第二十八次会议相关决定进行了第二次修正。现行《广告法》共有74个条文，对广告主、广告经营者、广告发布者、广告代言人在内的各行为主体的相关活动进行了明确规范。《广告法》是我国广告相关法律规范的主干，也是广告司法和执法的主要依据。

（2）其他涉及广告创意的法律。广告创意活动涉及的行业、领域和范围相对广泛，因此广告创意活动除了要遵守《广告法》，还必须遵守《中华人民共和国宪法》《中华人民共和国刑法》《中华人民共和国民法典》《消费者权益保护法》《个人信息保护法》《反不正当竞争法》《食品卫生法》《药品管理法》《烟草专卖法》《文物保护法》《专利法》《商标法》《著作权法》《国家通用语言文字法》《未成年人保护法》等法律中涉及广告创意的规范性内容。尤其是面对特殊行业的创意需求时，广告创意人员必须对相关法律有基础性的认识，避免出现违法行为。

2. 行政法规

行政法规是由政府行政机关制定的法规、规章或规则等。在我国，行政法规是指由国务院根据宪法和法律，按照《行政法规制定程序条例》的要求制定的规范性法律文件。行政法规的名称一般为“条例”“规定”“办法”等。涉及广告和广告创意活动的行政法规主要有《广告管理条例》《互联网信息服务管理办法》《印刷业管理条例》《广播电视管理条例》《化妆品监督管理条例》等。

3. 行政规章

行政规章是指由国务院各部门以及各省、自治区、直辖市和设区的市、自治州的人民政府依据宪法和法律，按照《规章制定程序条例》的相关要求所制定的规范性文件。国务院各部门制定的规章称部门规章，各地方政府制定的规章称地方政府规章。规章的名称一般为“规定”“办法”，不得称“条例”。

与广告和广告创意活动相关的行政规章包括国家市场监督管理总局（原国家工商行政管理总局）单独或会同其他相关部门共同制定的《互联网广告管理办法》《企业名称登记管理规定实施办法》《广告发布登记管理规定》，以及国家互联网信息办公室制定的《互联网弹窗信息推送服务管理规定》《互联网用户公众账号信息服务管理规定》《网络信息内容生态治理规定》《互联网危险物品信息发布管理规定》等部门规章。

4. 法律解释

法律解释是指一定的解释主体根据法定权限和程序，按照一定的标准和原则，对法律的含义以及法律所使用的概念、术语等进行进一步说明的活动。法律条文的意义通常是浅显直白的，但某些时候也存在一定程度的模糊或不确定，此时就需要对相关内容进行解释和说明。根据解释主体的不同，法律解释分为立法解释、司法解释和行政解释。

二、《广告法》对广告创意的规范

与广告创意相关的法律规范相对较多，其中作为基础和准则的《广告法》对广告创意的规范和要求主要有广告信息应准确真实、广告不得出现的内容、广告须具有可识别性、广告须保护未成年人、特殊行业的广告要求等几个层面。

1. 广告信息应准确真实

（1）广告信息应准确。第八条对广告创意内容信息的准确性提出了明确的要求。

① 广告中对商品的性能、功能、产地、用途、质量、成分、价格、生产者、有效期限、允诺等或者对服务的内容、提供者、形式、质量、价格、允诺等有表示的，应当准确、清楚、明白。

② 广告中表明推销的商品或者服务附带赠送的，应当明示所附带赠送商品或者服务的品种、规格、数量、期限和方式。

③ 法律、行政法规规定广告中应当明示的内容，应当显著、清晰表示。

（2）虚假广告的界定。第二十八条对虚假广告进行了界定。广告以虚假或者引人误解的内容欺骗、误导消费者的，构成虚假广告。同时，明确了虚假广告的具体情形。

① 商品或者服务不存在的。

② 商品的性能、功能、产地、用途、质量、规格、成分、价格、生产者、有效期限、销售状况、曾获荣誉等信息，或者服务的内容、提供者、形式、质量、价格、销售状况、曾获荣誉等信息，以及与商品或者服务有关的允诺等信息与实际情况不符，对购买行为有实质性影响的。

③ 使用虚构、伪造或者无法验证的科研成果、统计资料、调查结果、文摘、引用语等信息作证明材料的。

④ 虚构使用商品或者接受服务的效果的。

⑤ 以虚假或者引人误解的内容欺骗、误导消费者的其他情形。

2. 广告不得出现的内容

第九条明确指出了广告中不得出现的情形。

（1）使用或者变相使用中华人民共和国的国旗、国歌、国徽，军旗、军歌、军徽。

（2）使用或者变相使用国家机关、国家机关工作人员的名义或者形象。

（3）使用“国家级”“最高级”“最佳”等用语。

（4）损害国家的尊严或者利益，泄露国家秘密。

（5）妨碍社会安定，损害社会公共利益。

（6）危害人身、财产安全，泄露个人隐私。

（7）妨碍社会公共秩序或者违背社会良好风尚。

（8）含有淫秽、色情、赌博、迷信、恐怖、暴力的内容。

（9）含有民族、种族、宗教、性别歧视的内容。

（10）妨碍环境、自然资源或者文化遗产保护。

（11）法律、行政法规规定禁止的其他情形。

3. 广告须具有可识别性

第十四条对广告的可识别性作出了规定。

（1）广告应当具有可识别性，能够使消费者辨明其为广告。

（2）大众传播媒介不得以新闻报道形式变相发布广告。通过大众传播媒介发布的广告应当显著标明“广告”，与其他非广告信息相区别，不得使消费者产生误解。

（3）广播电台、电视台发布广告，应当遵守国务院有关部门关于时长、方式的规定，并应当对广告时长作出明显提示。

4. 广告须保护未成年人

（1）第十条规定，广告不得损害未成年人和残疾人的身心健康。

（2）第三十八条规定，不得利用不满十周岁的未成年人作为广告代言人。

（3）第三丨九条规定，不得在中小学校、幼儿园内开展广告活动，不得利用中小学生和幼儿的教材、教辅材料、练习册、文具、教具、校服、校车等发布或者变相发布广告，但公益广告除外。

（4）第四十条规定，在针对未成年人的大众传播媒介上不得发布医疗、药品、保健食品、医疗器械、化妆品、酒类、美容广告，以及不利于未成年人身心健康的网络游戏广告。针对不满十四周岁的未成年人的商品或者服务的广告不得含有下列内容：① 劝诱其要求家长购买广告商品或者服务。② 可能引发其模仿不安全行为。

5. 特殊行业的广告要求

《广告法》针对医疗药品、保健食品、烟草、酒类、房地产、教育培训等特殊行业的广告中禁止出现的内容、必须出现的内容，以及它们的广告发布渠道等都作出了明确的规定和要求，相关行业的广告创意人员在实际创意工作中应谨慎参考。

以上内容只是对《广告法》相对关键部分的梳理和汇总。《广告法》涉及广告的各个行业和广告创意活动的各个角落，广告创意人员应当全面学习和熟记《广告法》的相关要求，并以此为准绳在广告创意活动中约束自己的行为，避免违法违规现象的发生。

本章思考题

1. 广告创意的基本伦理要求有哪些？
2. 你认为应如何避免广告创意中的歧视问题？
3.《中华人民共和国广告法》从哪些层面上对广告创意进行了规范？

拓展阅读

第八章

广告创意表现基础

学习目标

1. 了解广告创意表现与视觉设计的基本原则。
2. 认识创意表现中点、线、面、体的不同特性。
3. 掌握色彩的基本特性和搭配原则并能够应用到广告创意实践中。
4. 了解汉字和西文字体的基本类型及审美特征，能够在创意表达中进行合适的字体编排。

第一节
创意表现的基本原则

新媒体技术的不断进化使广告创意活动从单向的信息传递发展为多感官参与的、综合的、立体的沟通和体验行为。虽然形态不断拓展，但视觉传达仍然是广告创意活动基本的和主要的创意表现手段。统一、聚焦、比例、平衡、节奏、留白等视觉设计的基本形式美原则是人类在长期的审美实践中形成的规律性认识，理解并遵循这些原则能够保证广告创意表现符合受众的普遍审美，有效实现广告沟通传播的目标。

一、统一原则

统一指的是视觉上的整体性。统一原则要求所有视觉设计元素关联、协调，构成完整和谐的画面。格式塔理论认为人们总是希望在画面中找到某种组织和联系各种元素的规律。如果一个画面中的视觉元素彼此分离，各行其是，各具风格，图像就会凌乱破碎，不仅缺乏美感，更难以使观众的大脑进行信息的整合，不利于传达信息（如图 8–1–1）。视觉统一最重要的一点在于整体优先于部分（如图 8–1–2）。广告创意人员在关注个别元素之前，必须把画面的整体构成放在第一位。

图 8–1–1　2019 年第九届北京国际电影节海报

图 8–1–2　2020 年第十届北京国际电影节海报

提升视觉统一感的方法包括：（1）靠近。将画面中各个视觉元素在位置上彼此靠近就能够在一定程度上强化它们之间的关系，提升画面的统一感。（2）重复。画面中的视觉要素，如图形、色彩、质感，甚至比例、角度等的相似和重复也可以增强一致感（如图 8–1–3）。（3）组织。将视觉元素以网格（如图 8–1–4）、动线（如图 8–1–5）等方式进行规律性的编排组织，使散乱的构成变得规则而连续，能够让观者的目光在画面中自然地游移，大脑自动寻找元素间的关系，建立完整统一的视觉感受。

图 8–1–3　第 12 届大广赛平面类一等奖

图 8–1–4　第 13 届大广赛平面类一等奖

图 8–1–5　第 14 届大广赛平面类一等奖

缺少整体的统一，画面和设计会混乱难懂。但是只有统一没有变化，也会因为乏味无聊而遭人厌弃。广告创意表现需要在统一的基础上制造变化，保证画面的生机和活力。

二、聚焦原则

聚焦指的是视觉信息的重点和核心。聚焦原则要求视觉画面和设计中必须有一个着重突出和强调的信息焦点。这个焦点可能并不处于空间上的中心位置，却是整个画面最想要表达的关键信息。焦点类似“看点”，如果画面没有焦点，观众的眼睛会不知道要在什么地方驻留，更难以产生共鸣和记忆。

广告创意的设计表现遵循简明性原则，通常广告只设计一个视觉信息焦点，以便在有限的时间内迅速抓住观众的眼球。当焦点不止一个时，就一定要分清主次。多个相同重量级的焦点同时出现起不到聚焦和强调的效果，强调所有等于没有强调。

实现视觉聚焦的方法有：（1）对比。当一个元素不同于其他元素时，就会产生焦点。比如，黑白中的一抹彩色，暗淡中的一点光亮，几何图形中的有机图形，抽象画风中的写实元素等（如图 8–1–6）。（2）孤立。使需要聚焦的视觉元素在位置空间上孤立，与其他的元素区隔开来，能够使观众自然地把注意力集中于它（如图 8–1–7）。（3）构图。将焦点元素置于画面的中心、三等分线及其交点上，或者通过画面中的线条引导视觉动线等都是通过构图的手段来实现画面的聚焦。

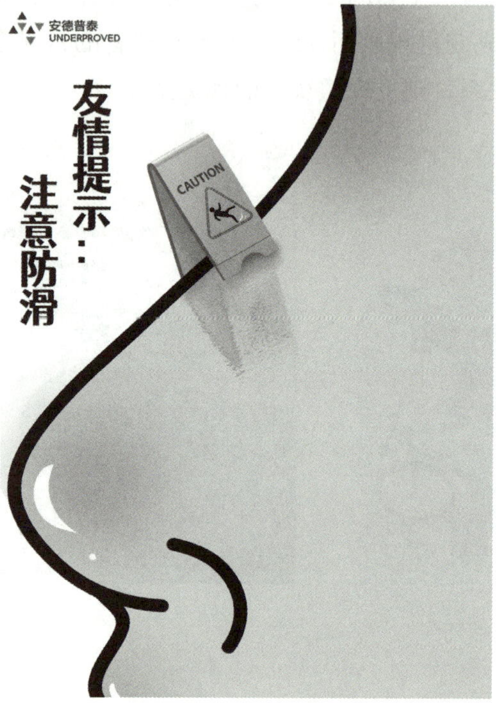

图 8–1–6 学院奖 2022 年秋季征集大赛平面类金奖

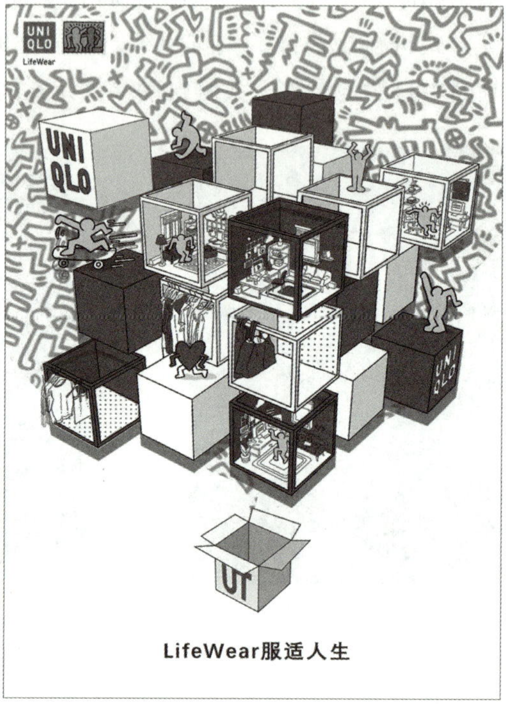

图 8–1–7 第 14 届大广赛平面类一等奖

三、比例原则

比例描述了画面中各视觉元素的大小关系。大小由对比产生，通常情况下，比例原则要求画面和设计中元素的对比符合人们的日常生活经验，以达到舒适稳定的美感。古希腊人发现的黄金比例（如图 8–1–8）令人赏心悦目，1∶0.618 这一比例不仅广泛存在于自然界中，也被应用于艺术、设计、建筑，甚至音乐等领域，在人类的审美体系中占有重要的位置。

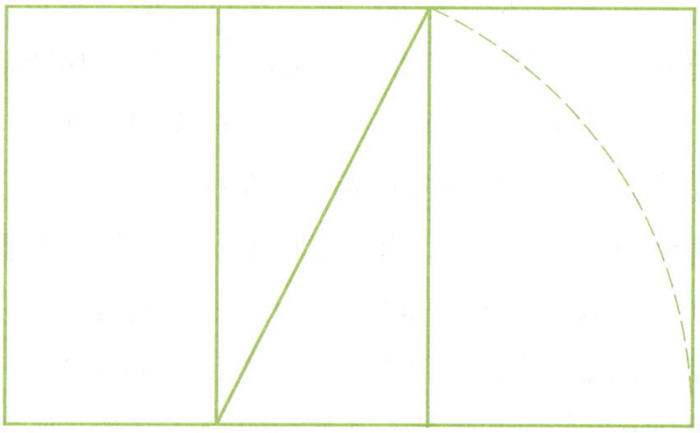

图 8–1–8 旋转半边正方形的对角线可得到黄金矩形

遵循常规的比例关系是视觉设计的基础。然而，突破常识的比例大小往往能制造出引人入胜的超现实的视觉景观。在广告创意中，有几种常用的打破正常比例的表现技巧：（1）让不可见的微小事物可见，将对象放大并加入想象力（如图 8–1–9）。（2）将巨大的对象缩小，纳入日常场景（如图 8–1–10）。（3）制造元素间超出现实的对比关系（如图 8–1–11）。

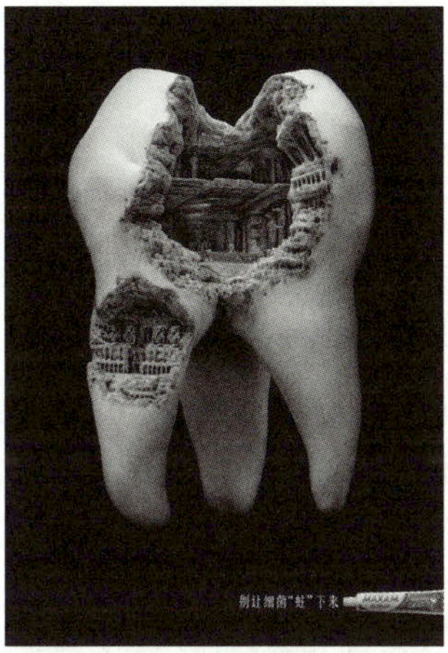

图 8–1–9　美加净牙膏《别让细菌“蛀”下来》（2012）

图 8–1–10　第 14 届大广赛平面类二等奖

图 8–1–11　第 14 届大广赛平面类二等奖

四、平衡原则

平衡指的是画面视觉重量的平均分配。假定画面中有一条中轴线，如果轴线两边的视觉重量相一致，那么它就是平衡的，反之就会有一种不安或不舒适的感觉。画面的左右和上下通常都需要保持平衡，除非是为了刻意制造失衡的视觉效果。

平衡包括对称平衡和不对称平衡。轴线两侧的视觉元素按照相同的位置重复达到平衡就是对称平衡。对称广泛存在于自然造物中，为人类所熟悉，具有一种稳定、整齐、舒适、和谐的美感。在不对称平衡中，两侧不同的视觉元素由于相同的视觉重量而达到平衡。相比对称平衡，不对称平衡更为自由、生动。

处理画面的视觉平衡时需要注意：（1）位置。由于杠杆作用的存在，靠近中心的大元素能够被边缘的小元素所平衡（如图 8–1–12）。（2）色调。暗色调的视觉元素需要更大的浅色调元素才能平衡。（3）边缘。一个边缘复杂的有机图形能够与比

图 8–1–12

自身更大的几何图形保持平衡。（4）肌理。大而单调的图形能够被小而丰富的肌理所平衡。

五、节奏原则

节奏是重复的律动，节奏原则强调画面引导观众的视线在重复出现的视觉元素之间自然流畅地移动。视觉节奏包括交替节奏和渐进节奏。交替节奏没有变化，相同的视觉元素按照一定的规律重复出现，形成的图案充满规律和可预见性（如图 8–1–13）。渐进节奏在重复中带有规律性的改变，产生一种连续波纹的感觉。渐进节奏通常由透视产生，如路灯、栏杆等，能够创造出一个由大到小、由疏到密的规律性序列（如图 8–1–14）。

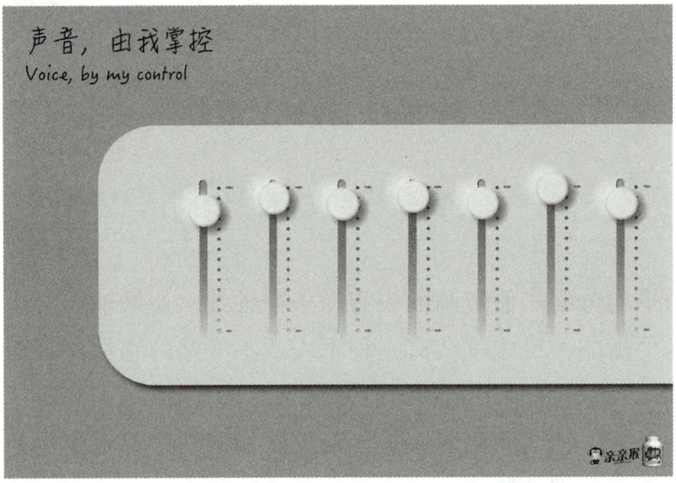

图 8–1–13　第 25 届时报金犊奖平面类金犊奖

图 8–1–14　第 12 届大广赛平面类一等奖

六、留白原则

留白是画面中留出的空白。留白具有审美的哲学意蕴，与设计元素同等重要。留白较多，画面中的元素编排相对较"虚"，能够让画面看起来更为透气和舒畅，为观众留下发挥想象力的空间（如图 8–1–15）。留白较少，画面中的元素编排相对较"实"，会让画面显得饱满充实，营造一种紧张的视觉氛围，更能抓住观众的注意力（如图 8–1–16）。在广告创意表现中，为了凸显核心创意点，关键画面元素的周围通常会有较多留白。当然，也不乏视觉元素丰富、细节繁丽、引人注意，让人忍不住探索的作品。

图 8-1-15　第 13 届大广赛平面类一等奖

图 8-1-16　第 14 届大广赛平面类一等奖

第二节

创意表现中的图形

图形是视觉创意与设计的基本材料。相比文字，图形更为通俗、直观、简单，能更快速和广泛地为人所接受，因此它是广告创意最重要的呈现载体。广义上，基本的图形可以细分为点、线、面、体。它们各自具有不同的形式和特性。每个图形与它周围图形的不同特性和相互关系形成了大脑对视觉意义的感知。

一、点

在数学上，点是线与线的交点。点只有位置、大小，却没有方向。点是其他所有图形构成的基础。点有大小和形状的区别，凡是具有中心点的形状或块面都可以视作点，包括圆形、正方形、三角形、梯形、斑点、不规则图形，甚至有机的摄影图像。点始终是在相对的意义上发生审美作用，当点的面积不断扩大时，它的轮廓会变得引人注目，这时对点的界定要看它在画面中所占据的面积是否适宜。一个点有时也应当被视作一个面。

点的基本特性是聚焦，它能够吸引观众的注意力。一个点能在任何空间里彰显自己，它在向内聚焦的同时向外辐射，为观众观察画面、空间和其他的图形提供了一个参考。

如果一个画面中只有一个点，观众的视线会不自觉地向这个点聚焦。位于画面中心的孤点是平衡的（如图 8–2–1）。一旦偏离了中心，点与背景的张力便会显现，观众会意识到背景的存在。当两个大小不同的点同时存在于画面中时，视线会从大点向小点移动，产生近大远小的空间感（如图 8–2–2）。点与点之间的距离越近，观众就会越注意它们之间的个体差异，认为它们是分离的个体，距离越远，且点越多，视线会主动找到它们之间隐形的“线”，点的视觉特征就会相对减弱，结构和面的感觉会更加强烈（如图 8–2–3）。

图 8-2-1　第 13 届大广赛平面类一等奖

图 8-2-2　第 15 届大广赛平面类一等奖

图 8-2-3

二、线

点的运动轨迹形成线。理论上来说，线只有长度这一种维度，但是在艺术和设计领域，线还可以有不同的宽度。当然，从线的形态的实质性上来看，线条需要细而长才能保持线本身的特征，如果其长度和宽度相近就会趋向于点或者面。线包括实线、虚线和隐形的线。实线常被用于描绘轮廓，是视觉表现中最常见的基本元素。虚线是一系列有序的点，人眼在观察这些点时会自然地将它们连接成线。除了可见的线，还有大量隐形的线。隐形的线以视线、方向、动势等形式存在（如图 8–2–4）。

图 8–2–4　第 15 届大广赛平面类一等奖

线的基本特征是连接。与静止和聚焦的点不同，线是运动和有方向的，它总是引导着观众视线的移动。线从某个地方开始并且可以无限地延伸出去或者在一定距离之内运动。线条连接着隐含的起点和终点，能够分割、包围、约束以形成空间和轮廓，或者表现元素之间的关系。线的排布还可以制造面、营造明暗、表现立体感、演绎节奏等。三维空间中的线还可以编织和构造体积。

直线、曲线、斜线等不同方向和形态的线能够传达不同的情绪和心理感受。直线简单直率，具有更强的力度感。垂直线给人以坚定、严格之感，具有上下的动态（如图 8–2–5）；水平线象征宁静、稳定、踏实（如图 8–2–6）。曲线柔软优雅，更具流动的美感。规则的几何曲线均衡、稳定、流畅；自由曲线奔放、随机、有动感。斜线具有明确的方向。向上的斜线能传达积极、奋进、乐观之感（如图 8–2–7），向下的斜线形成压力、冲击感。

图 8-2-5　第 15 届大广赛平面类一等奖

图 8-2-6　第 15 届大广赛平面类一等奖

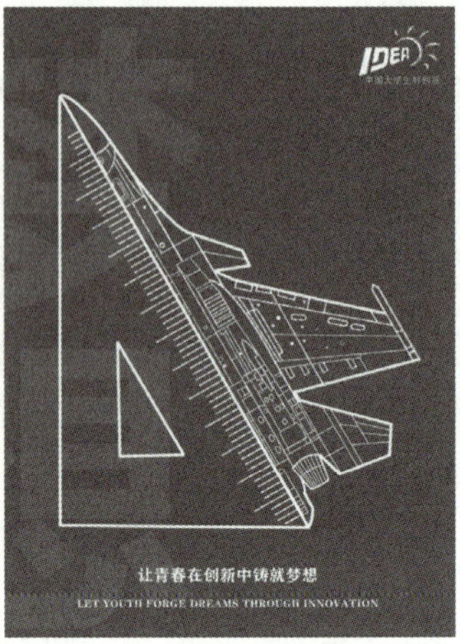

图 8-2-7　第 15 届大广赛平面类一等奖

三、面

面可以视为一个大的点。面在其所处空间中的占比越大，它的点的特征越不明显（如图 8–2–8）。同时，面的外轮廓即其形状越活跃，这个面就越富有动态，它的点的聚焦特性也会下降，面的特征会更为明显（如图 8–2–9）。随着面的轮廓越来越复杂，其周围的负空间得以进入这个形状定义的空间，二者相互借用，同时表意，形成一种视觉上的双图共现，这种情况被称为正负图形（如图 8–2–10），它具有极强的视觉冲击力。

图 8-2-8

图 8-2-9

面的肌理和质感有助于区分不同的形状，是一种特殊的造型元素。表面的粗糙感和光滑感都是质感，不同的质感能够带来相异的心理体验。质感可以分为触觉的质感和视觉的质感。触觉的质感是最为直接的，是实物材料给人带来的触觉刺激，如纸张、玻璃、金属、皮革等。视觉的质感并不是真的触摸，而是通过视觉唤醒了相应触觉的通感（如图 8-2-11）。创意表现需要注意质感的运用，唤醒人的触觉记忆，强化综合体验。

图 8-2-10　第 14 届大广赛平面类一等奖

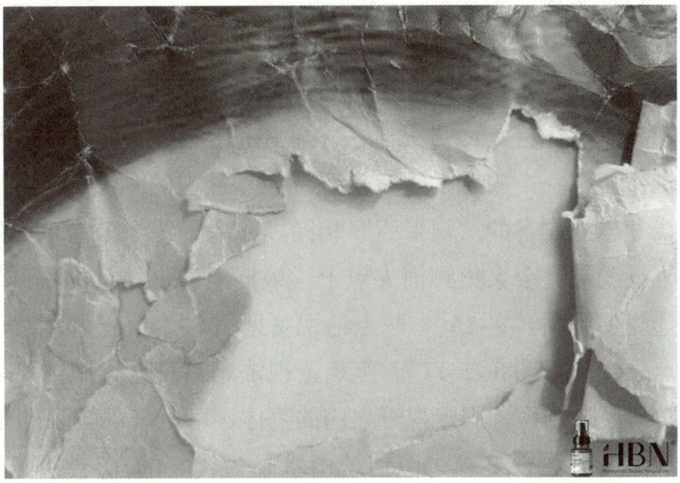

图 8-2-11　第 14 届大广赛平面类一等奖

面的特性是饱满和充实。不同形状的面具有不同的性格特点。矩形的面（如图 8-2-12）刚直稳健，黄金矩形则更具有舒适的美感。正方形的面纯粹规整，给人以庄严稳定的感觉。圆形的面饱满流动，是代表生生不息、循环流转、完美无缺的视觉意象（如图 8-2-13）。三角形的面具有相对稳固的结构，正三角形象征均衡和进取，锐角三角形和钝角三角形则会带来激进和保守的感受（如图 8-2-14），倒立的三角形构成强烈的冲击和刺激感。

图 8-2-12　学院奖 2021 年春季征集大赛平面类金奖

图 8-2-13　第 12 届大广赛平面类二等奖

图 8-2-14　第 15 届大广赛平面类一等奖

四、体

体由面包裹而成，是三维空间中的造型和体积。体又称物体，有大小和重量，在三维空间中存在，但观众只能从某一角度和距离观察物体，物体总是以某一平面呈现在人眼中。广告创意表现中的体大多数时候都需要通过透视关系来在二维的平面上表现这种立体的感觉。

透视的基本规则是近大远小、近实远虚、近浓远淡、近精远略等，基本的透视方法可以分为焦点透视和散点透视。

焦点透视是西方绘画艺术常用的透视方法，形成于文艺复兴时期。在焦点透视中，创作者有一个固定的观察位置。焦点透视的画面以地平线的位置为起点，这里的“地平线”与创作者的“视平线”相同。在地平线上分布着一定数量的消失点，画面中事物的平行线最终会聚集到消失点上。根据消失点数量的不同，可以将焦点透视大体分为一点透视（见图 8–2–15）、两点透视（见图 8–2–16）和增加了垂直于地平线的纵向视线的三点透视（见图 8–2–17）。焦点透视法相对符合人眼的视觉真实，就像拍照一样，能够如实地反映创作者固定视野之内的物体，可以表现较强的立体感（如图 8–2–18）。

散点透视是以中国传统山水画为代表的东方绘画艺术常用的透视方法。相比焦点透视的客观还原，它更多的是一种想象式的再现和加工。创作者不是对景写生，而是游历之后写胸中之意。在散点透视中，创作者没有一个固定的观察位置，他的视点是移动的，强调“景随人移”，就像用照相机拍摄了多张照片然后拼合起来一样。因此，它可以用长卷的方式去勾勒宏大连贯的山水、市井，打破视域和时空的限制去表现深远悠长的意境（如图 8–2–19）。散点透视的平面感较强，对于立体感的表现略显不足。

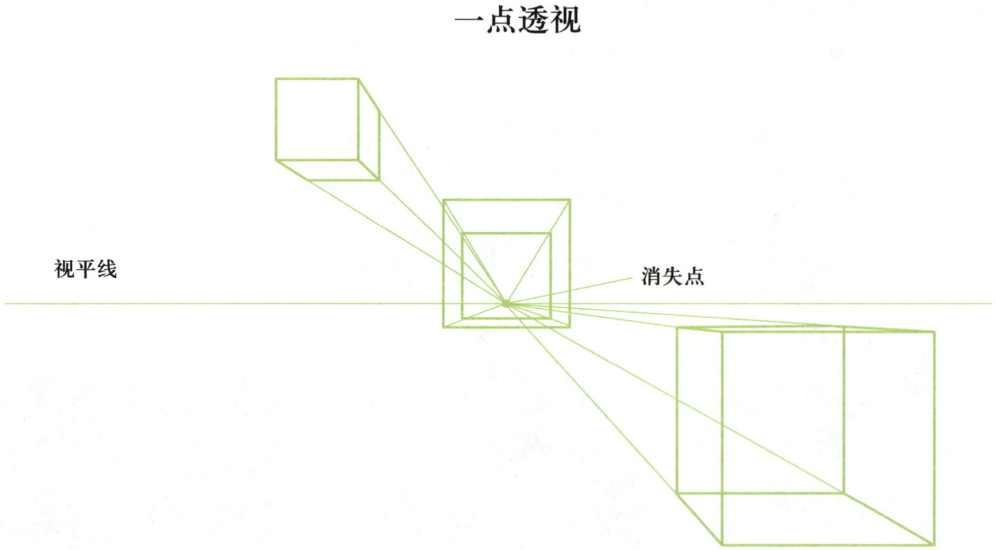

图 8–2–15　一点透视示意图

两点透视

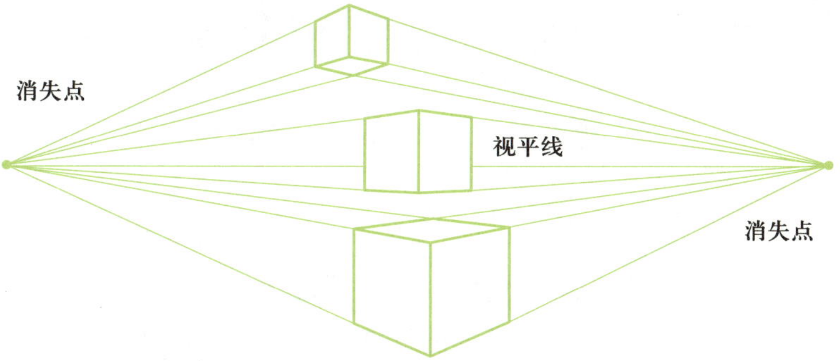

图 8-2-16　两点透视示意图

三点透视

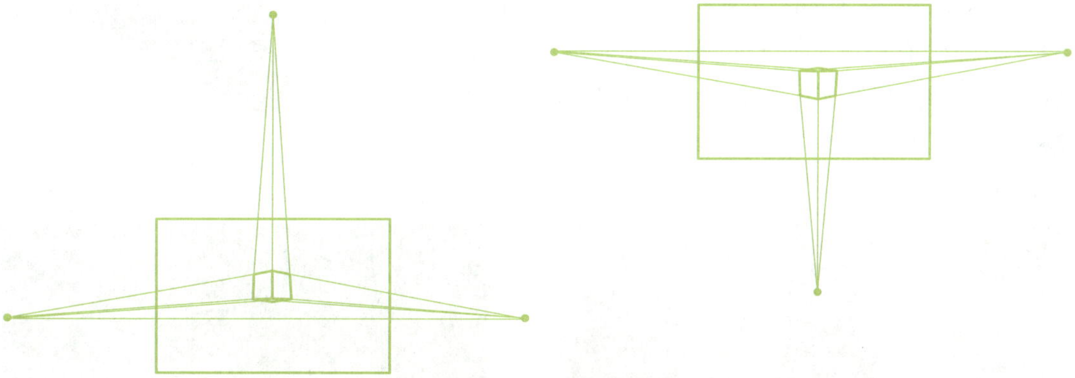

图 8-2-17　三点透视示意图

图 8-2-18　360 智能全景摄像机平面广告《自投罗网》

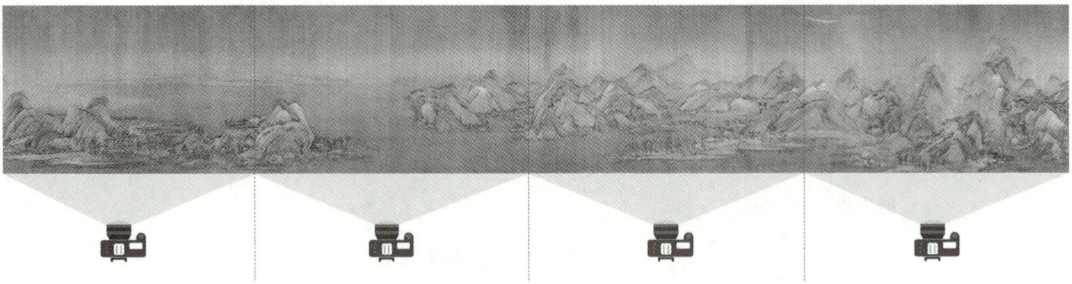

图 8-2-19 散点透视示意图（[宋]王希孟《千里江山图》北京故宫博物院藏）

有一些图形可以在二维平面上呈现出立体感却无法在三维空间中存在，这些图形叫作无理图形或者矛盾空间图形。它巧妙地利用透视的原理和光影的变化造成视觉上的错乱，颇引人入胜。著名的彭罗斯三角（如图 8-2-20）以及荷兰版画家莫里茨·科内斯利·埃舍尔（Maurits Cornelis Escher）所创作的一系列作品中的图形和空间都带有极强的奇幻色彩（如图 8-2-21）。广告创意中的无理图形常用来表现“不可能”“极限”等创意主题（如图 8-2-22）。

图 8-2-20 彭罗斯三角

图 8-2-21 [荷]莫里茨·科内斯利·埃舍尔《瀑布》(1961)

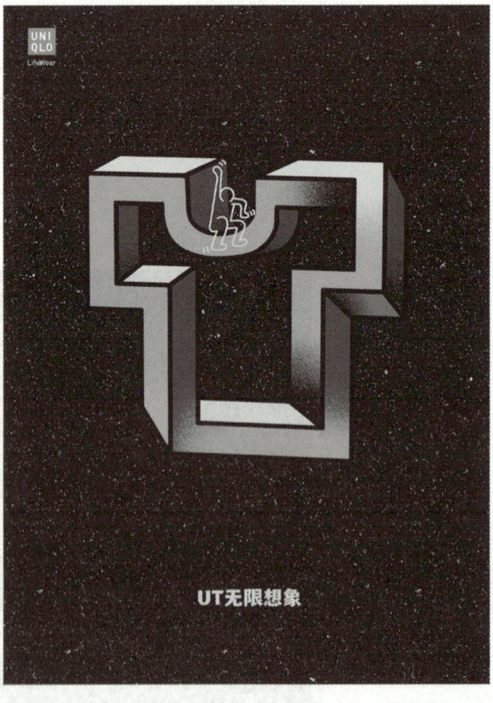

图 8-2-22 第 14 届大广赛平面类二等奖

第三节

创意表现中的色彩

色彩是光的产物。牛顿用三棱镜穿透阳光，分解出红、橙、黄、绿、青、蓝、紫七种色光，得到了白光是所有色光的复合的结论，这奠定了色彩理论的基础。色彩是有效的传播工具，能够带来极强的视觉刺激。观众往往最先被色彩吸引，然后才是图形和文字。色彩能够传递信息、标示身份，不同的色彩和色彩搭配会给人带来不同的心理感受。

一、色彩的三个要素

1. 色相

色相（Hue）是色彩的本质特征，是色彩呈现的质的面貌，如红色、蓝色、紫色等。在色彩的三个基本要素中，色相是区别不同色彩的最准确的标准。“色相”与“色彩”经常混用，但“色相”描述的是色谱上不同色彩的视感觉，“色彩”则包括“色相”以及其他的要素。任何黑白灰之外的色彩都具有色相。

色相分为原色、间色和复色。原色是基本色，不必通过其他色彩混合就可以得到，即红、黄、蓝。原色中的任何两种按照任意比例混合而得到的色彩被称为间色，如红色和黄色调和得到橙色，黄色和蓝色调和得到绿色，蓝色和红色调和得到紫色。原色和与之相邻的间色混合就可以得到复色。

色轮用圆环的方式展示了可见光中的基本色彩和它们混合的结果。基础的十二色色轮由瑞士设计师约翰内斯·伊顿（Johannes Itten）提出。色环中心的等边三角形是三原色红、黄、蓝，依次向外共生成了 12 种复色。

十二色色轮

2. 纯度

纯度（Saturation）又称饱和度，是指每种色彩的纯净程度，它描述了色彩的浓淡和鲜艳程度。纯度最高的色彩就是原色，纯度最低的色彩不具有色相，也就是黑白灰色。视觉上的纯度是相对的，相同色相的色彩，如果它旁边的色彩不同，那么它的视觉纯度可能会发生变化。

纯度变化图

3. 明度

明度（Brightness）是指色彩固有的明暗程度。黄色、绿色比蓝色、紫色更为明亮，明度最高的颜色是白色，明度最低的颜色是黑色。色彩的明度也是相对而言的，在有不同参照色彩的情况下，一种色彩可能明度较高也可能明度较低。

明度变化图

二、色彩的心理感受

人类对色彩的感知基于客观世界的经验，不同的色彩会使人联想到与之相应的事物，唤起相应的记忆，从而带来特定的心理体验。人对色彩的心理感受会因为年龄、性别和文化背景的差异而产生区别，但总体上保持着一定的相似性。色彩的心理感受主要包括冷暖、软硬、动静等。

1. 冷暖感受

色彩的冷暖是色彩最重要的心理感受。在视觉创意和设计中常根据色彩冷暖感受的不同将色彩划分为冷色调和暖色调。一般来说，红色、橙色、黄色等颜色能够让人联想到太阳和火焰等温度较高的事物，产生热的感受，属于暖色。蓝色、绿色、紫色等则会让人想到海洋、冰川、森林等具有冷感的意象，属于冷色。暖色温暖、积极、热烈，冷色沉静、稳定、克制。色彩的冷暖感受不是绝对的，不同的使用环境，不同的色彩搭配都会使色彩的冷暖体验发生变化。

典型案例

2. 软硬感受

软硬感其实主要是由图形的轮廓和质感决定的，但色彩也会给人带来不同的软硬感受。在自然界中坚硬事物的颜色大都比较暗，如钢铁、石头，柔软的事物颜色则比较亮，如棉花、云朵。与之相应，色彩的软硬感受首先与明度相关。高明度的色彩显得柔软、轻盈，低明度的色彩会让人觉得坚硬、沉重。其次，纯度也会影响色彩的软硬感受。高纯度和低纯度的色彩硬感都较强，中纯度的色彩则相对更加柔软。同时，对比强烈的色彩搭配会产生硬感，对比和缓的色彩搭配则具有软感。

典型案例

3. 动静感受

首先，红色、橙色、黄色等暖色给人以温暖、奋发、活泼、热情的动感，而蓝色、绿色、紫色等冷色相对显得克制、冷静、稳定。其次，对于同一种色相的色彩来说，高明度、高纯度的色彩会产生活泼之感，低明度、低纯度的色彩则会相对显得安静。

典型案例

4. 常见色彩的心理联想

红色：热情、幸福、好运，在某些情境中也代表着暴力、危险、警觉。

橙色：温暖、明亮、活泼、喜悦、乐观。

黄色：光明、希望，也因为其与黄金的颜色相似而象征财富，与“皇”同音而代表权力。

绿色：自然、新鲜、健康、凉爽，引申出青春、成长、生命、安全、和平的意蕴。

蓝色：天空、海洋、清凉，也代表着理智、沉稳、宁静、科技。

紫色：神秘、浪漫、梦幻、优雅。

黑色：夜晚、严肃、恐怖、庄重、寂静、哀悼。

白色：光明、云彩、冰雪、干净、纯洁、明快、清爽、柔软、轻盈。

灰色：柔和、中性、平凡、谦逊，不同明度的灰色组合能够营造质感和层次。

三、色彩搭配的技巧

一种色彩总是与其他色彩同时出现，和谐的色彩搭配在视觉创意和设计尤其是广告创意的表现中是十分关键的。色彩本身是相互影响的，不合适的配色不仅会缺少视觉美感，吸引不到观众的注意力，也无法完成广告传播和沟通的目标。配色的方法是多种多样的，基本的技巧包括单色搭配、邻近色搭配、互补色搭配、其他搭配等。但应该注意，同一个画面中的色彩应尽量不超过 4 种，并做到有主有辅，有核心有点缀。

1. 单色搭配

单色搭配是指以单一色相的色彩为基础，通过纯度和明度的变化来完成配色的一种方法。纯度控制色彩的鲜艳程度，明度控制色彩的明暗调子。单色搭配的色彩环境统一、单纯、清晰，避免了过多色彩带来的眼花缭乱之感，能够创造更为专注的视觉感受。然而，单色搭配相对单一，缺少变化，也可能会略显乏味。

典型案例

2. 邻近色搭配

邻近色是指在色环中位置相邻的色彩。相比于单色搭配，临近色搭配增加了色相对比，视觉效果更为丰富。同时，它们的色相相近，在给人带来的冷暖等心理感受上也较为类似，能够尽可能保证色彩和画面的和谐统一。在使用邻近色搭配时，可以首先确定一个主色，然后以主色为中心向左右扩展来选择与之搭配的色彩。常用的邻近色搭配有活力阳光的橙黄搭配、激情热闹的橙红搭配、浪漫华丽的红紫搭配、科技前卫的紫蓝搭配、自然舒展的蓝绿搭配、清新朝气的绿黄搭配等。

典型案例

3. 互补色搭配

互补色是指在色环中位置相对的色彩。互补色在色环中相距最远，色相差异最大，对比强烈，能够产生较强的视觉冲击力。常用的互补色搭配有红与绿、蓝与橙、紫与黄等。由于色相差异明显，互补色的搭配需要注意主色辅色比例的分配，搭配不得当容易产生割裂和生硬感。通常主色和辅色的比例为 8∶2 或 7∶3。同时，也可以通过保持互补色明度和纯度的一致、加入一定比例的灰色和白色等中性色的方法来使互补色搭配在对比强烈的同时保持和谐统一。

典型案例

4. 其他搭配

除单色搭配、邻近色搭配、互补色搭配外，还有等边三角形搭配和正方形搭配等配色技巧，它们分别是指选取色环上能够组成等边三角形（彼此相隔 120 度）和正方形（彼此相隔 90 度）的三种颜色或四种颜色来组成配色方案。另外，也可以从自然景物中寻找合适的配色方案，或者利用智能配色工具进行色彩搭配。

四、色彩的常用模式

如今大部分的创意设计工作都是通过计算机完成并在数码设备的屏幕上呈现的，但利用喷绘、印刷等工艺制作的实物仍不可或缺。荧光屏幕上的色彩由电子光束发光产生，但打印机油墨和绘画颜料等是靠反射色光产生。它们使用的色彩模式稍有不同。

1. RGB 色彩模式

RGB 色彩模式

RGB 色彩模式一般应用于灯光、屏幕等发光设备，通过红色（Red）、绿色（Green）、蓝色（Blue）三个颜色的变化以及它们之间的叠加来显示各式各样的颜色。一般情况下，RGB 三色各有 256 级明度，能够组合出 1678 万种色彩，几乎包括了人眼能够识别的所有颜色。

2. CMYK 色彩模式

CMYK 色彩模式

CMYK 色彩模式一般应用于印刷、绘画领域，是彩色印刷时使用的一种套色模式，通过青色（Cyan）、品红色（Magenta）、黄色（Yellow）以及黑色（Black）油墨混合叠加来完成全彩印刷。在创意工作中，如果最终的产品是在屏幕上显示就应使用 RGB 模式，如果要用于印刷就应使用 CMYK 模式。同时，不同的屏幕以及不同的油墨都可能存在一定的色差，应根据需要再作调整。

3. 专色和潘通色

专色或称为特别色，是指一种印刷前就提前调制好的墨水色彩。普通印刷的色彩是通过青色、品红色、黄色和黑色的油墨来重叠混合，而专色则是已经预调好直接出色，因而专色的准确性和稳定性比普通四色印刷更高。专色印刷的成本也相对较高，更适合使用在品牌设计如品牌标识、名片、专用信封等相关领域。

潘通色样卡

潘通（Pantone）是一个提供专色油墨的品牌，也是最为人所知的专色标准。潘通定义了近 1 万种颜色，并提供了色样卡，以准确展示色彩印制出来的效果。另外，作为一家色彩公司，潘通每年会发布年度代表色以引领视觉潮流，用这些斑斓的色彩与自然和社会形成共振。

第四节
创意表现中的文字

在视觉创意的设计和表现中，文字占有非常关键的位置。文字本身就在传递信息，并对其他要素的意义进行诠释和锚定。同时，文字也作为一种视觉元素参与着画面和设计在审美上的整体建构。

广义上，所有与文字的形式美相关的设计都可以称为字体设计，但狭义的“字体”指的是具有相似的外形、美学特征以及字重的文字家族，如常见的“思源宋体”“思源黑体”等。不同的字体有着不同的审美特征，表意的汉字与表音的字母文字也有着很大区别。在选择字体和进行字体设计时需要遵循可读性、艺术性、统一性、创新性等原则。

一、汉字的构造及基本审美特征

汉字是以象形符号为基础发展而来的表意文字。“六书”这一名称最早见于《周礼》。汉代学者许慎对“六书”作了说明，总结了汉字的六种构造规律和使用方法，即“象形”“指事”“会意”“形声”“转注”“假借”。“象形”是指用线条笔画概括物象的外形特征，如“日”“月”。“指事”是用抽象的符号来表示某种相对的概念，如“上”“下”。“会意”是使用两个或多个符号一起来表达某种意义，如爪在木上的“采”、表示鸟叫的“鸣”。“形声”是用形旁表意，用声旁表音的组合方式，如“樱”“篮”。“转注”和“假借”严格意义上来说属于用字法，分别是指“建类一首，同意相受”和“本无其字，依声托事”。在创意表现工作中可以依据“六书”的原理对文字进行形象化和艺术化的处理（如图 8-4-1）。

图 8-4-1　第 12 届大广赛平面类一等奖

汉字之美本质上是一种线条美，是通过笔画的曲直、纵横、布局来达到横平竖直、重心稳定、布白适当、松紧有度的均衡、舒展、流畅、律动之美。汉字的基本笔画大致可分为点、横、竖、斜、曲五种。

汉字的基本笔画

东晋书法家卫铄在《笔阵图》中总结了七种笔画的运笔和劲势。“横”如千里阵云，横画要像高空横云，看似无形实则有形。“点”如高峰坠石，点画要强劲有力，似有山崩地裂之响。“撇”如陆断犀象，撇画应利落锋利，如同利剑斩断犀牛角和象牙。“折”如百钧弩发，折画要有箭在弦上欲发未发的劲道和张力。“竖”如万岁枯藤，竖画向下伸展绵延，有苍茫柔韧之感。“捺”如崩浪雷奔，捺画主舒展纵逸，由细而粗，如同浪涛惊雷。“横折钩”如劲弩筋节，横折钩画像拉满的弓弩，各转折之处坚定有力。

二、汉字字体的演变及特征

1. 汉字书体

汉字书体演变的核心动力是书写工具和书写载体的演进，同时也与人们对书写速度的要求密切相关。

（1）甲骨文和金文。甲骨文（如图 8–4–2）是殷商时期刻在龟甲和兽骨上用于记录占卜、祭祀等活动的文字。时人会用红色颜料先进行书写，然后用青铜或玉石等进行刻画。由于载体坚硬，雕刻比较费劲，甲骨文的笔画细而直，基本没有粗细变化。不过，甲骨文已经初步具备了汉字的基本特征。

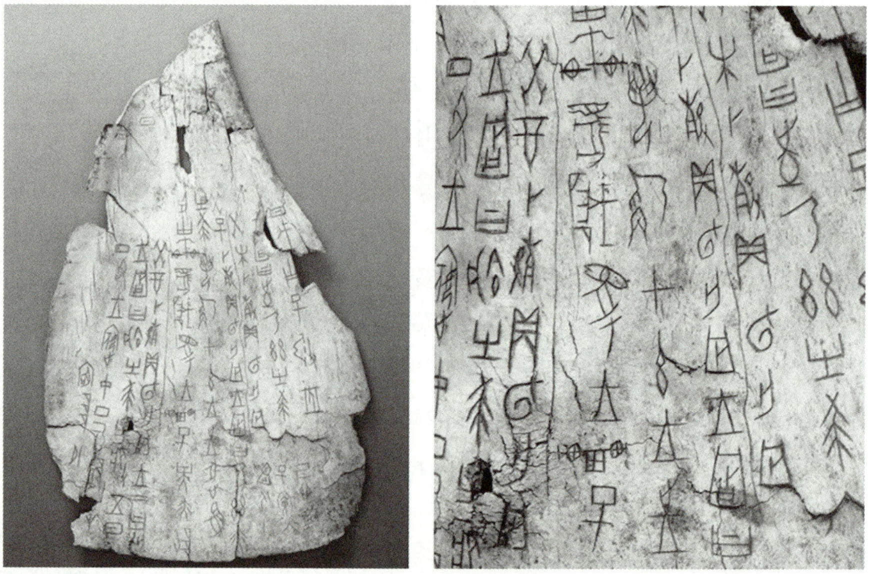

图 8–4–2 ［商］虹刻辞牛骨（国家博物馆藏）

商周时期青铜器（如图 8–4–3）上的铭文被称为“金文”。金文是先在湿黏土上用竹片雕刻，然后灌注熔化的铜液而成的。湿黏土质地较软，刻写容易，所以金文的笔画比甲骨文更粗，且线条更为饱满多变（如图 8–4–4）。甲骨文和金文可以算是相同体系的文字，但是由于书写工具和方式的不同，二者具有不同的风格。

（2）小篆。秦统一六国，推行了统一的文字书体——小篆。从小篆开始，汉字的象形程度越来越低。小篆常铸刻在金属器物上或者雕刻在石碑、石碣之上，故笔画粗细均匀，曲折婉转（如图 8–4–5）。小篆整体上规整均衡，向下延伸，线条感十足，流畅顺滑，庄严秀丽，极具装饰美感和古风古韵。篆书包括大篆和小篆，因其笔画复杂、结构精妙，常用于印章刻制。

图 8-4-3 ［周］毛公鼎（中国台北故宫博物院藏）

图 8-4-4 毛公鼎铭文拓片

（3）隶书。隶书的形成与毛笔简牍的书写方式走到台前分不开。隶书摆脱了石刻刀工的限制，柔软的毛笔能够创造更多的笔画和笔势的变化（如图 8-4-6），书写也更为迅速，到汉代逐渐形成规范。由于简牍（图 8-4-7）受竖向植物纹理的影响，隶书的笔画横长竖短，整体是宽扁的长方形状。同时，横画和捺画为了跨过纹理而尾端变重，形成了隶书最为明显的“蚕头雁尾”“一波三磔”的特色。

与篆书相比，隶书“破圆为方”，确定了汉字以横纵线条为基本元素的方形结构。同时，它也将笔画的变化之美加入汉字书写。整体上，隶书气宇通达、神采丰厚，具有厚重、质朴、高古之美。

图 8-4-5 ［秦］李斯《峄山刻石》

图 8-4-6 ［汉］《曹全碑》（故宫博物院藏明拓本局部）

图 8-4-7 ［汉］《仪礼》简（甘肃省博物馆藏）

（4）楷书。楷书又称“真书”“正书”，从汉隶演变而来，盛行于唐代。楷书从隶书的扁平转为方正，字形清晰易识，笔画平直均匀而富有变化，整体均衡优美，是最常用的汉字书体之一。

楷书在不同的时代产生了一些各具特色的变体，如魏碑（如图 8-4-8）、唐楷（如图 8-4-9）、瘦金体（如图 8-4-10）等。魏碑又称魏楷，是产生于魏晋时期碑刻的字体，由于刻工刀法的影响，其书体风格锋利雄劲、峻峭刚严、明快利落。唐楷保留了一些汉隶遗风，结构稍显扁平，横长竖短。瘦金体由宋徽宗赵佶所创，整体纤细文秀，风度翩翩，灵动瘦劲。

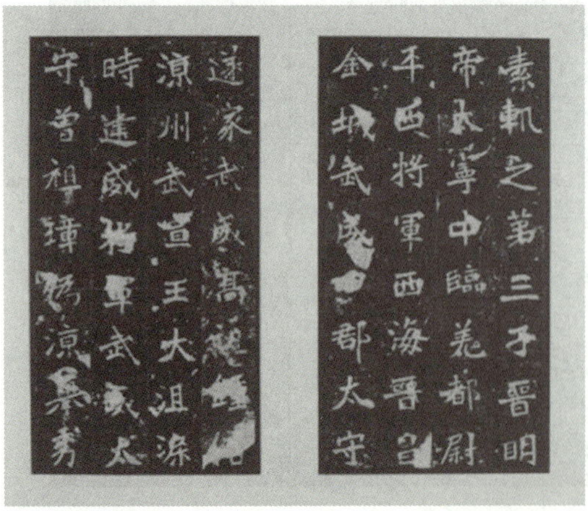

图 8-4-8 ［北魏］《张猛龙碑》（故宫博物院藏明拓本局部）

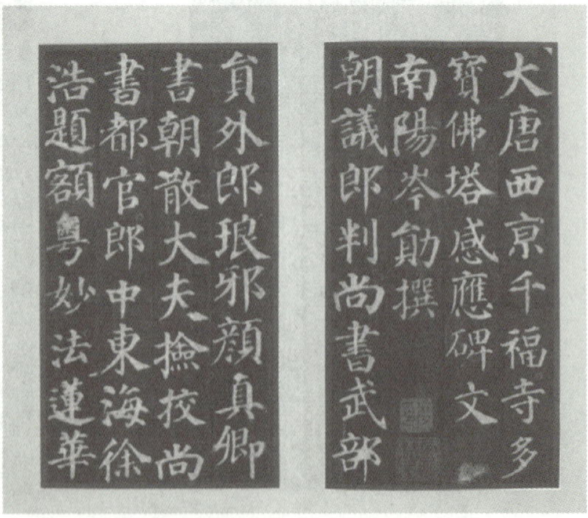

图 8-4-9 ［唐］颜真卿（书）《多宝塔碑》（故宫博物院藏明拓本局部）

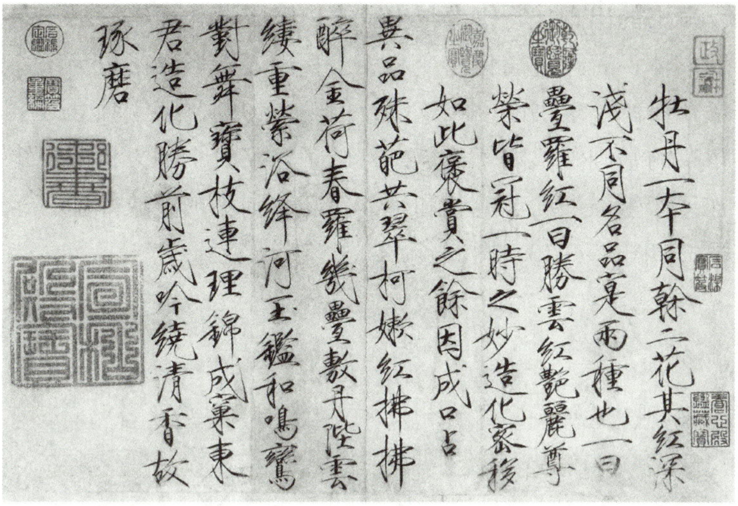

图 8-4-10 ［宋］赵佶《牡丹诗帖》（中国台北故宫博物院藏）

（5）行书。从篆书到隶书、楷书，汉字的书写规范已基本确立。随着人们对书写速度和运笔便捷性要求的不断提高，连笔和字迹潦草的现象越来越多，逐渐形成了行书（如图 8-4-11、图 8-4-12）这样比较自由的书体。行书介于楷书和草书之间，比楷书更自由，比草书更规范，要求笔画以“游丝”相互连接，创造富有韵律的弧线。行书保留了楷书的可识别性，又比楷书更为活泼恣意，整体上流畅生动、韵味十足，至今仍是流行的汉字书体之一。

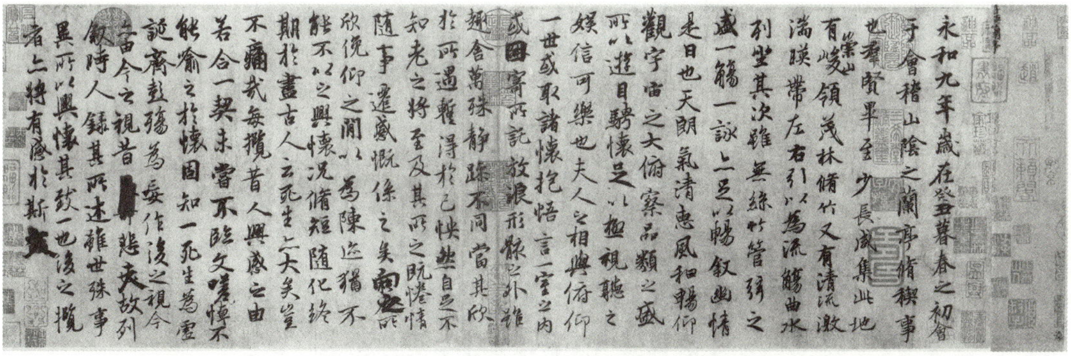

图 8-4-11 ［唐］冯承素（摹）王羲之《兰亭集序》（故宫博物院藏）

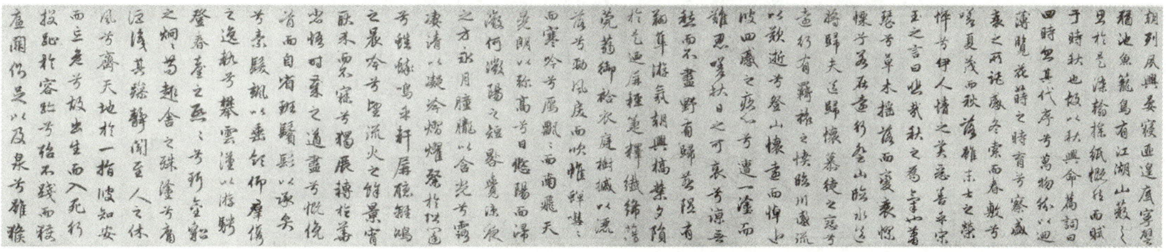

图 8-4-12 ［元］赵孟頫《秋兴赋》（上海博物馆藏）

（6）草书。草书的出现比行书要早。草书由隶书草化而来，最早是官员用于起草文稿的一种辅助书体，后经过简化演变和加工整理逐渐形成了较为统一规整的标准草书——章草。章草保留了隶书的一些笔法，但转方为圆，字字独立，字与字之间没有联系。今草在章草的基础上增加了连笔，打破了文字大小和方格的规矩。同时，字与字之间相互牵连，产生强烈的节奏感和气韵。狂草则更加狂放叛逆，运笔疯狂、对比夸张、纵横飞舞（如图 8-4-13、图 8-4-14）。

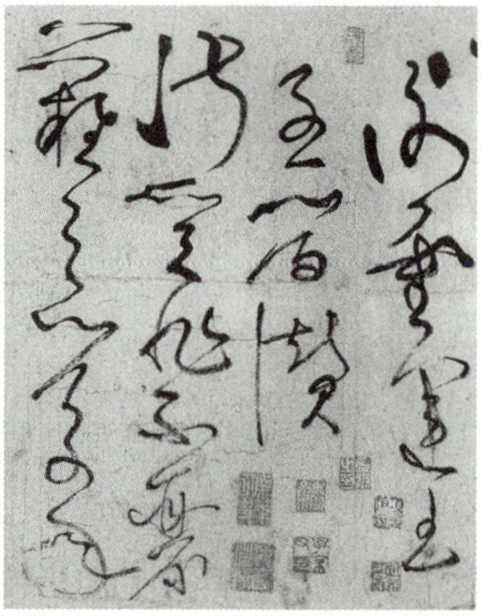

图 8-4-13 ［唐］张旭（书）《古诗四帖》（辽宁省博物馆藏局部）

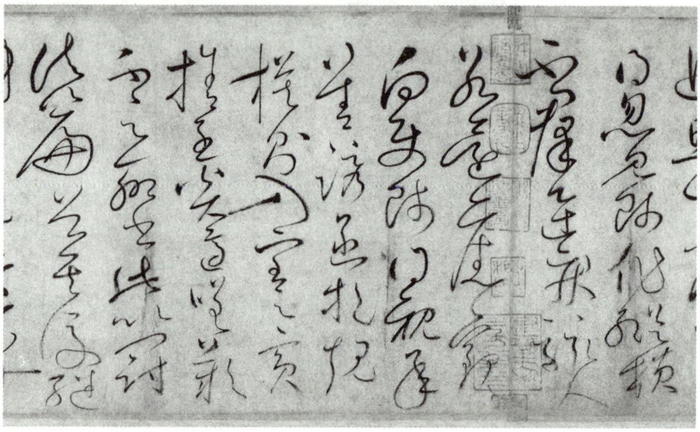

图 8-4-14 ［唐］怀素（书）《自叙帖》（中国台北故宫博物院藏局部）

2. 汉字印刷体

（1）宋体（明朝体）。现在所称的宋体实际上正式形成于明代，是明代印刷出版中常用的字体形式而非宋代（如图 8-4-15），因此我国港台地区以及邻国日本等地将宋体称为“明体”或“明朝体”。

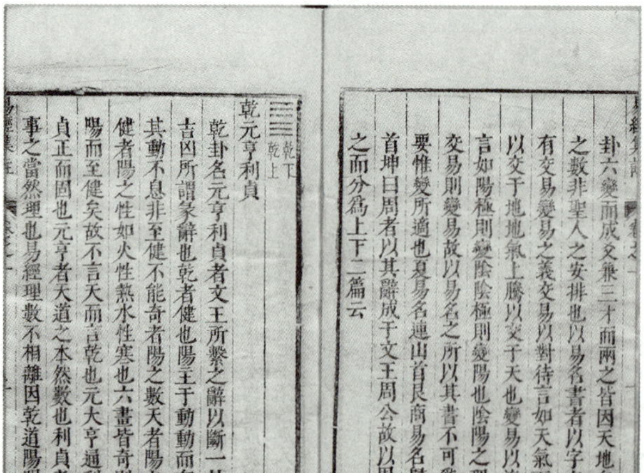

卦六變而成爻兼三才而兩之皆因天地自然
之數非聖人之安排也以易名書者以字之義
有交易變易之義交易以對待言如天氣下降
以交于地地氣上騰以交于天也變易以流行
言如陽極則變陰陰極則變陽也陰陽之理非
交易則變易故以易名之所以其書不可爲典
要惟變所適也夏易名連山首艮商易名歸藏
首坤曰周者以其辭成于文王周公故以周名
之而分爲上下二篇云

乾下乾上
乾元亨利貞
乾卦名元亨利貞者文王所繫之辭以斷一卦之
吉凶所謂彖辭也乾者健也陽主于動動而有常
其動不息非至健不能奇者陽之數天者陽之體
健者陽之性如火性熱水性寒也六畫皆奇則純
陽而至健矣故不言天而言乾也元大亨通利宜
貞正而固也元亨者天道之本然數也利貞者人
事之當然理也易經理數不相離因乾道陽明純

图 8-4-15 ［明］明刻本《周易集注》（日本内阁文库藏）

随着明代出版业的发展，雕版刻工逐渐将楷书的圆润笔锋等造型点简化为三角形的装饰（如图 8-4-16），这样不仅能够提高雕刻效率还能起到抗磨损的作用。在文字上增加装饰角的现象在西方也有，被称为“衬线”。同时，汉字横多竖少，为了能够保证刻版印刷的清晰和刻字的结实，宋体字多横细竖粗、横平竖直、几何感强。

图 8-4-16

宋体发展至今已有千年历史，作为一种衬线字体，它造型经典雅致，沉稳内敛，可读性强，具有强烈的人文气韵和历史厚重感（如图 8-4-17）。

方正书宋

图 8-4-17　方正书宋简体

（2）仿宋体（宋朝体）。现在的仿宋体是近代人仿照宋代的书刻字体复刻而来的，并不完全是宋代的书刻字体，故称“仿宋”。宋代的雕版印刷多以唐楷为范本进行刻制（如图 8-4-18），故仿宋体具有楷书的风格特质，横竖笔画粗细均匀，字形修长秀美，既有历史文化底蕴，又有现代清丽气质（如图 8-4-19）。

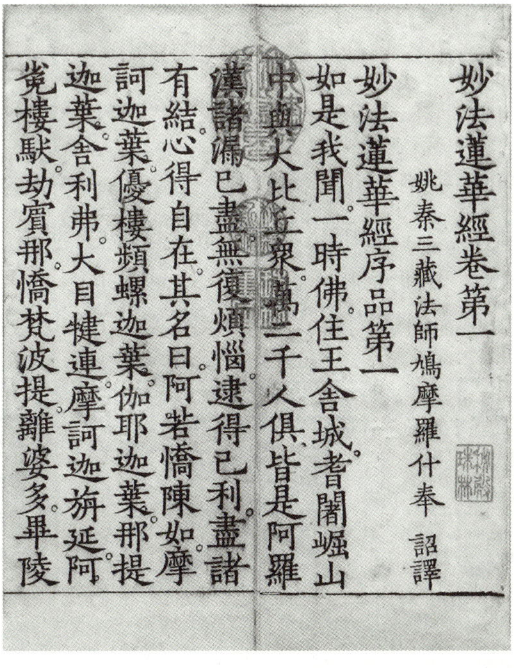

妙法蓮華經卷第一
姚秦三藏法師鳩摩羅什奉 詔譯
妙法蓮華經序品第一
如是我聞。一時佛住王舍城。耆闍崛山
中。與大比丘衆萬二千人俱。皆是阿羅
漢。諸漏已盡。無復煩惱。逮得己利。盡諸
有結。心得自在。其名曰阿若憍陳如。摩
訶迦葉。優樓頻螺迦葉。伽耶迦葉。那提
迦葉。舍利弗。大目揵連。摩訶迦旃延。阿
㝹樓馱。劫賓那。憍梵波提。離婆多。畢陵

图 8-4-18　［宋］宋刻本《妙法莲华经》（中国台北故宫博物院藏）

方正仿宋

图 8-4-19 方正仿宋简体

（3）黑体。黑体的历史比较短，一说来源于日本，是明治维新时期借鉴西方无衬线字体的风格而设计的字体。黑体没有衬线元素，笔画粗细相等，字形方正均匀，稳定有力，具有较强的视觉冲击力，常用于标题。旧式黑体（如图 8–4–20）为了解决印刷时笔画末端着墨少的问题会进行喇叭口的设计。而新式黑体则取消了这一设计，更为几何化，整体平衡匀称，更具现代感（如图 8–4–21）。

方正黑体

图 8-4-20 方正黑体简体

思源黑体

图 8-4-21 思源黑体简体

三、汉字的结构要素与风格变化

1. 中宫

中宫即九宫格最中间的一格。九宫格是临摹书帖的一种界格，相传为唐代书法家欧阳询所创。中宫的紧缩和外扩会影响汉字的风格和气质（如图 8–4–22）。通常情况下，中宫紧凑的汉字内紧外松，更加秀丽雅致，人文气息更浓，符合传统东方审美。中宫外扩的汉字笔画分布均匀，更为通透均衡，厚重朴素，几何感也更强，更具现代美感。

图 8-4-22

2. 重心

重心不是汉字字面的中心点，而是汉字在视觉上的重心。重心的高低会影响汉字的气质。重心位于正中的汉字平稳、自然。重心偏上会使汉字看起来更高更窄，相应会产生挺拔、高贵、俊秀之感。重心偏下时，汉字看起来会更扁更方，显得敦厚、朴素、踏实（如图 8–4–23）。

图 8-4-23

3. 字重

字重指的是字体笔画的粗细。字重越轻，汉字越显轻盈灵秀，字重越重则越显沉稳（如图 8–4–24）。字重也是影响汉字辨识度的重要因素，字重过轻和过重都会导致汉字辨识度下降，尤其是在放大或缩小的情况下。

图 8-4-24

四、西文字体的分类及审美特征

拉丁字母源自希腊字母，英文、法文、德文以及我国的汉语拼音都属于拉丁字母。与汉字不同，以英文为代表的拉丁字母是一种表音文字，共 26 个字母，并有大小写之分。西文字体可大致分为衬线字体、无衬线字体以及手写体等，不同的字体类型也有不同的审美特征和风格气质。

1. 衬线字体

西文的衬线字体与汉字的宋体、魏碑体相似，来源于早期的平头笔书写和碑刻，字母笔画的两端带有装饰性的衬线。衬线字体通常造型端庄中正、古典优雅，笔画粗细对比强烈，带有浓厚的西式传统韵味。

衬线体可进一步划分为旧衬线体、过渡衬线体、粗衬线体、现代衬线体等。旧衬线体（如图 8–4–25）轴线倾斜，左上右下细笔相对，粗细过渡缓和，可读性强。过渡衬线体（如图 8–4–26）轴线垂直，笔画粗细的反差较大。粗衬线体（如图 8–4–27）的衬线粗重，整体类似打字机的形式风格，笔画粗细几乎没有变化。现代衬线体（如图 8-4-28）使用了发丝衬线，笔画粗细对比极强，风格时尚，具有现代感。

TRAJAN

图 8-4-25 Trajan

Times New Roman

图 8-4-26 Times New Roman

Rockwell

图 8-4-27 Rockwell

Bodoni

图 8-4-28 Bodoni

2. 无衬线字体

西文的无衬线字体类似汉字的黑体，没有装饰性的衬线，造型简洁有力，直率浑厚，充满现代美感。

无衬线体大体可以分为旧式无衬线体、新式无衬线体、人文无衬线体和几何无衬线体等。旧式无衬线体（如图 8-4-29）架构粗犷，笔画粗细对比较强，笔画末端有曲线设计。新式无衬线体（如图 8-4-30）是目前标准的无衬线字体，笔画笔直且粗细变化不明显，字母开口紧凑，曲线柔和。人文无衬线体（如图 8-4-31）也称为古典无衬线体，具有较强的书法气质、更强的笔画粗细变化和可读性。几何无衬线体（如图 8-4-32）基于几何形状，用直线和圆来表现字母的线条，拥有最现代的外观和美感。

Franklin Gothic

图 8-4-29 Franklin Gothic

Helvetica

图 8-4-30 Helvetica

Optima

图 8-4-31 Optima

Futura

图 8-4-32 Futura

3. 手写体

西文的手写字体（Script）大都具有极其复杂而又流畅的线条和装饰美感，也会因为平嘴笔和尖嘴笔等书写工具的差异而产生不同的审美趣味。如笔画是菱形、华丽厚重、优雅正式的哥特体（Gothic）（如图 8–4–33），笔势倾斜、瘦长秀丽的意大利体（Italic）（如图 8–4–34），线条繁复流畅、优美庄重的铜版印刷体（Copperplate Script）（如图 8–4–35）等。西文手写体具有抽象美感和装饰功能，但可读性稍弱，常用于品牌设计等相关领域（如图 8–4–36）。

Fraktur

图 8-4-33 Fraktur

Bodoni Italic

图 8-4-34 Bodoni Italic

图 8-4-35　Copperplate Script

图 8-4-36　电影《音乐之声》标志（1965）

五、文字的编排

文字形成的句子和段落需要有序、清晰地排布才能够实现传情达意和制造美感的要求。文字的编排主要与字距、行距等间距以及文字整体的编排形式有关。

1. 间距与断行

汉字是大小均匀相近的方块字，但拉丁字母的结构形态高扁方圆各不相同。在数码设备上进行文字编排工作时，大部分字体已经预置好了合适的字间距，只需输入指令就能够再均匀放大或者缩小，能够满足大部分的工作需求。不过，在进行标题等较大且重要的文字设计时，还需根据相邻汉字的肩腔空间以及拉丁字母的形态差异等进行仔细的视觉调整，以保证字距的合理和舒适，如图 8–4–37 为多邻国标志的字距设计。

图 8–4–37　多邻国标志的字距设计

当下的汉字阅读习惯是横排时自左向右、从上到下，竖排时自上而下、从右到左。西文基本只有横排，阅读时自左向右、从上到下。在正常字距的情况下，汉字的行距以字高的 3/4 为宜，拉丁字母的行距以字高的 1/2 为宜。为了保证文字清晰可读，无论横排还是竖排，行距都应大于字距，否则会难以辨别阅读方向（如图 8–4–38）。字距加宽时，行距也应适当加宽，以保证易读性。

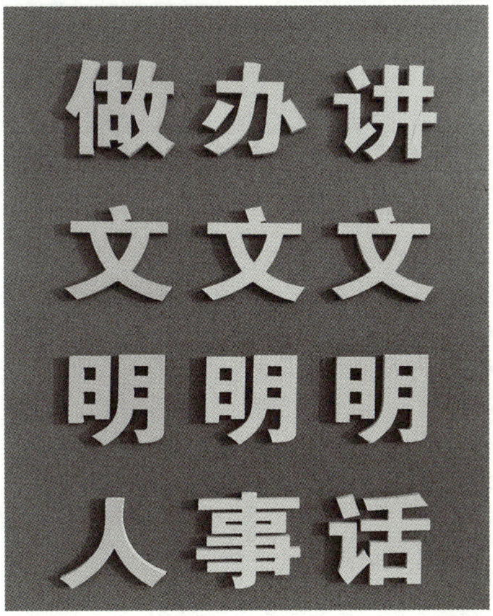

图 8–4–38　难以辨别阅读方向的文字设计

在文字的编排中还应注意断行问题，以增强阅读的流畅性，提高文字整体的规范度。如一个完整的词语不能从中间断开，分布在两行的尾部和头部；标点符号不能单独占一行，也不能放在行首等。上述情况可通过微调字距以及适当增删文字等方法来规避。

2. 文字的编排形式

文字的编排形式是指文字在画面中的排列和分布方式。合理的文字编排不仅能够保证阅读体验，更能够创造流畅舒适的视觉美感。美国的金柏丽・伊兰姆（Kimberly Elam）在《文字排印设计系统》一书中总结了轴线式、放射式、涟漪式、随机式、网格式、行进式、模组式、双边对称式 8 种文字编排方式（如图 8-4-39），充分展现了文字编排的基本原则和可能性。

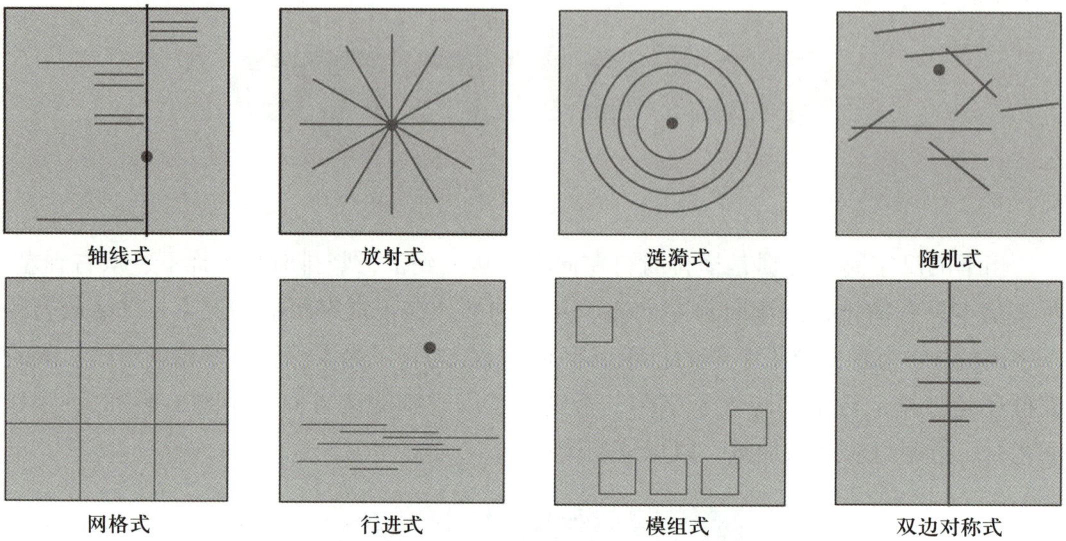

图 8-4-39　金柏丽·伊兰姆提出的 8 种文字编排方式

其中，轴线式系统是将所有文字元素放在画面中一条轴线两侧的编排方式。放射式系统指的是所有文字元素从画面中的一点向外延伸开来。在涟漪式系统中，所有文字元素呈圆弧状从中心向外扩散。在网格式系统中，文字元素按照垂直和水平划分的画面网格进行排布。模组式系统则将文字元素分为卡片样单元，再进行整体组合。以上这几种文字编排方式相对更为常见和实用。

本章思考题

1. 广告创意表现的基本原则有哪些？
2. 透视的基本规则是什么？焦点透视和散点透视有何区别？
3. 色彩的三要素色相、纯度、明度分别指什么？
4. 汉字书体和印刷体主要有哪些？它们各有何审美特征？
5. 广告创意人员在进行文字编排时应注意什么？

拓展阅读

第九章

广告文案创意

学习目标

1. 理解文案在广告创意表现中的重要角色和功能。
2. 掌握短文案和长文案的不同写作技巧。
3. 学会文案修改的要点和方法。
4. 了解文案翻译的一般原则和常用方法。

第一节

认识广告文案

一、广告文案的概念

从字面上来理解，广告文案就是广告中用来表现内容信息的语言文字。狭义的广告文案仅指受众能够直接感受到的广告中的文字，如品牌的价值口号、平面广告中的文字、社交媒体上的公关文章、视听广告中的对白、电商直播的话术等。广义上，广告文案则包括广告活动中所有需要用语言文字进行表现的部分，如广告受众无法直接看到听到的策略分析、传播方案，甚至沟通提案等。同时，新媒体赋予了每一个个体发声的能力，"文案"一词本身也不再局限在广告营销领域，包括个人社交动态在内的几乎所有用于传播沟通的文字都可以称为文案。文案成为最大众化、成本最低的传播工具。

广告文案也是专业广告机构内部的一个创意工种。广告文案工作的核心是在广告策略的指导下，将品牌信息转化成利于传播沟通的文字。文案工作除了写作，还需要辅助完成一些调研分析、创意构思、方案撰写、素材整理、拍摄跟组等工作，可以说，文案是一个几乎贯穿创意制作全程的综合性较强的工种。

具体的广告文案可以大致划分为短文案、长文案、视听文案等。短文案包括各类标题、口号、命名。长文案包括各类长文，如公众号文章、公关稿件等。视听文案主要包括短视频、长视频、音频、H5 等故事化的创意脚本。其他文案还包括宣传册文案、品牌社交媒体文案、品牌网站文案、包装文案、活动邀请函文案等广告创意传播活动中需要进行的专业化创意写作内容。

二、广告文案的基本结构

广告文案是一种策略性文字，它的结构比文辞技巧更为重要。

传统的广告文案结构对应经典的 AIDMA 模型，分为标题、副标题、正文、口号、随文 5 部分。标题在显眼位置负责用巧妙的创意吸引受众注意（Attention）。副标题对主标题进行一定的补充和解释，进一步激发受众兴趣（Interest），引导其视线向正文过渡。正文对标题中的利益、承诺或悬念进行论证和揭示，充分唤醒受众的欲望（Desire）。口号常在品牌标志旁边、文章的尾部或视频的最后一个镜头中出现，用富有哲理性且朗朗上口的语言进一步传递品牌价值，加强品牌记忆（Memory）。随文则用具体清晰的购买信息呼吁受众行动（Action），简化决策流程，降低购买成本。这种文案结构涵盖了一个广告应包括的所有信息，搭配完整，逻辑清晰。

随着新媒体的不断发展和网络消费等消费方式的变化，广告文案的结构变得更加灵活。依据具体广告的目标，标题、副标题、正文、口号和随文并不一定都要具备。但与此同时，“标题”的重要性被充分强调，以在最短的时间内从信息海洋中脱身而出，抓住受众的注意力。甚至有的平面广告仅有一个标题或指示行动的随文，唯一的目标就是吸引关注，推进行动。“随文”从原本的购买信息转向引导搜索行为和提供相关话题词条，增加分享和讨论热度，以支持购买行动。

三、广告文案与美术的关系

大部分的广告作品都是由文案和美术共同构成的。虽然“读图时代”已经到来，图像在媒介生活和广告活动中的地位越来越重要，但文案依旧有其不可替代之处。好的广告文案往往具有极强的可记忆性和穿透力，能够直击人心，并且可以跨越历史成为数代人的共同记忆，其传播价值甚至要超过图像。同时，文字相比图像更偏向逻辑思维，具有更强的影响和改变认知的功能。一个词语、概念、句子一旦被重新定义和接受，就能够真实地影响生活实践，如图 9-1-1 中的文案“唯有美食与爱不可辜负”已经成为流行语和许多人的生活指南。

图 9-1-1　下厨房“唯有美食与爱不可辜负”

文案与美术需要彼此配合，二者搭配才能构成一个基本的创意小组。在各自开始创意执行之前，文案与美术需要一起讨论出一个核心的创意概念，之后再基于此进行文案的细化和美术的呈现。这个创意概念本身通常也需要用文字语言来进行表达，并确保文案与美术对该表述不会产生分歧。优秀的文案工作者需要具有一定的美术基础和设计思维，在进行文案写作时也要考虑到视觉画面的呈现。文案与美术之间充分互动、互助，才能生产出好的广告创意作品。

第二节
好文案的三个关键

一、价值感

好文案的第一个关键是要将利益点或卖点转化成能够直接满足目标受众相关需求的具体可感的价值，且这种价值描述需要熟悉、形象。比如，“OPPO 独立自主研发的闪充技术，拥有 18 项专利，将最快充电速度提升 4 倍”是明确的产品利益点，但“充电 5 分钟，通话 2 小时”（如图 9-2-1）却将这个点转化成了能够被受众听懂和感知的价值和承诺。又如，努比亚的“800 万像素潜望式长焦镜头”也是产品利益点，但“可以拍星星的手机”（如图 9-2-2）则减少了消费者理解艰涩利益信息的成本，且营造了隽永的美感。

图 9-2-1　OPPO“充电五分钟，通话 2 小时”

图 9-2-2　努比亚“可以拍星星的手机”（2014）

在此基础之上，消费者的购买行为从根本上来说不仅是为了满足当下的具体需要，更是为了达到未来的某个目标，购买和消费产品的行为只是实现这个终极目标的手段。比如，手机快充不仅是为了通话，更是为了能随时随地与所爱之人联络，满足爱和寻求支持的需要。购买洗碗机不仅是为了洗碗干净快速，也是要利用节省出来的时间去做更多的事情，满足自我实现的需要，于是洗碗机变成了“妈妈的时间机器”（如图9–2–3）。

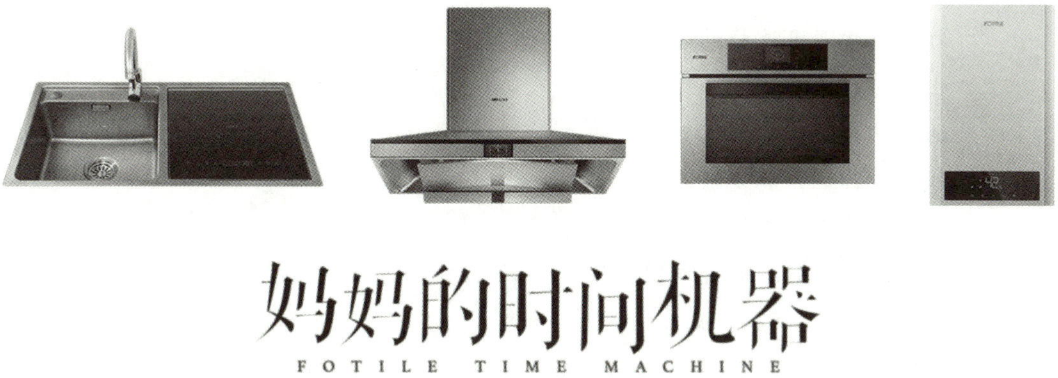

图 9-2-3　方太“妈妈的时间机器”（2017）

在注意力资源稀缺的时代，受众只会为那些能够为自己提供具体价值的内容停留。因此，广告文案应尽可能站在目标受众的立场进行价值挖掘。最好的方法就是真实地去使用、体验和感受，理解并且解决目标消费者的难题和痛点。

在终极价值方面，基于马斯洛的需求层次理论，人的价值追求大体可归纳为以下关键词，文案创意写作可以参考比对以下词语，抓住这些终极的人性追求进行创意化的表达。

（1）自我实现（梦想、愿望、能力、成长、好奇、平静、心灵、自由、眼界）。

（2）尊重（自信、自我接纳、包容、平等、善良、容貌、财富、地位、权力、人与自然）。

（3）爱与归属（家、亲情、爱情、友情、感情、陪伴、支持）。

（4）安全（健康、财产、就业、止损）。

（5）生理需求（生存、性）。

二、对象感

广告文案面对的是真实具体、有血有肉的受众，而非毫无感情、冷漠死板的数据。好的广告文案应当具有饱满的对象感，不仅诉说对象明确，更能够用生动可亲的语言拉近与目标受众群体的距离。对象感包括以下三个方面。

1. 目标感

在进行文案创作时，创作者首先要明确广告的目标群体和沟通对象，并在文案创作的全程都将目标受众群体放在心中，着力解决他们的问题和痛点。目标对象明确的文案更精准也更能打动人心。比如，哔哩哔哩《后浪》的文案直接与年轻一代展开对话，诚挚地展现了青年人与时代之间的连接与共鸣，表达了对年轻人的敬意和祝福：

……
你们有幸遇见这样的时代
但是时代更有幸
遇见这样的你们
我看着你们，满怀敬意
向你们的专业态度致敬
你们正在把传统的变成现代的
把经典的变成流行的
把学术的变成大众的
把民族的变成世界的
你们把自己的热爱变成了一个和成千上万的人分享快乐的事业
……

图 9-2-4　哔哩哔哩《后浪》

广告文案写作需要确立传播目标、遵循传播策略，与策略人员、客户等充分沟通，或者直接对目标人群展开提问和调研，对他们进行更为准确和具体的描述，从而用能与之直接对话的语言进行创意表现。基本的目标人群描述维度包括:(1)人口特征(年龄、性别、教育程度、工作性质等)。(2)消费特征(收入、消费水平、金钱观等)。(3)社会特征(婚姻状况、家庭构成等)。(4)兴趣爱好(娱乐方式、媒介习惯等)。

2. 对话感

广告文案不是文学创作,文案的目标是迅速且高效地与目标受众群体进行沟通对话。因此,文案写作要尽可能"说人话",表达需要简单、流畅、口语化(如图 9–2–5),营造人与人面对面交流的感觉,而不是用华丽的辞藻和生僻的用词来凸显文学造诣。后者虽然有营造距离感、神秘感和高贵格调的考虑,但在多数情况下还是会造成一定阅读难度,也难以形成记忆。

图 9–2–5 滴滴出行广告文案(2023)

创意人员可以用"先说后写"等方法来提升文案的对话感,也就是假想自己正在与目标受众对话,先把自己想表达的东西说出来并进行录音,再在录音的基础上进行修改和调整。先说后写的方法不仅能够提高文案的对话感,也能够在一定程度上起到发散思维、激发创意的作用。

3. 共鸣感

对象感的第三个方面是共鸣感。共鸣原指一根弦的振动使得另一根弦也随之振动,引申为个体的某种处境、情绪、思想等会引起其他个体相同或相近的反应。强烈的共鸣感能够使品牌或产品与目标受众成为"共同体",增进目标受众的认同与忠诚,使其自发地转发、分享和推荐。

营造共鸣感的具体方法包括以下几种。

（1）描绘熟悉的场景。描绘目标受众熟知的具体的场景、画面和生活经历，能够使其“感同身受”，产生代入感，而不要冷冰冰地告知和推荐。如支付宝十周年广告片《账单日记》（如图 9-2-6）的文案描绘了一个年轻人的十年人生变化，配合温暖的旁白和色调，营造出极强的共鸣感：

图 9-2-6　支付宝《账单日记》（2014）

2004 年，毕业了，新开始
支付宝最大支出是职业装
现在看起来真的很装

2006 年，3 次相亲失败
3 次支付宝退款成功
慢慢明白
恋爱跟酒量一样都需要练习

2009 年，12% 的支出是电影票，都是两张连号
全年水电费有人代付

2012 年，看到 26 笔手机支付订单
就知道忘带了 26 次钱包，点了 26 次深夜加班餐

2013 年，数学 23 分的我，终于学会理财了
谢谢啊，余额宝

2014 年 4 月 29 日，收到一笔情感转账
是他上交的第一个月生活费

每一份账单都是你的日记
十年，3 亿人的账单算得清
美好的改变，算不清

支付宝，十年知托付

（2）借用受众的语言。直接借用受众的语言来表达不仅是对其语言的借用，更关键的是理解他们话语背后的真实生活处境和想法，用饱含同理心的文字进行广告文案的再创作。如 2021 年，哔哩哔哩在五四青年节发布的《我不想做这样的人》（如图 9–2–7），收集了全国 955 位初中生对人生的理解，形成了极具真实感和感染力的文案：

那些想从我们身上看到中国未来的人
亲爱的父母、师长、前辈
其实我还不知道想成为什么样的人
但能和你们分享的是 我不想做什么样的人

我不想做一个拿着锯子的人
随时随地 把人群锯成两半
这一半是女人 那一半是男人
这一半是盟友 那一半是对手
对手赞同的 我们必须反对
对手反对的 我们必须赞同
不论对错 只争输赢

我不想做一个浑身带刺的人
嘲讽别人的成功 嘲笑别人的失败
看不惯过得比他好的人 看不起过得没他好的人
一肚子抱怨和借口 凡事不是自己的错 都是别人的错

我不想做一个流水线上制造出来的人
没有独立的人格 只有预定的人设

没有闪光的才华 只有抛光的流量
没有精彩的作品 只有热闹的八卦

……

当我变成父母、师长、前辈的时候
希望我的孩子能对我说
我想成为你这样的人

图 9-2-7 哔哩哔哩《我不想做这样的人》(2021)

（3）使用圈内的暗号。每个群体都有自己独特的文化，他们会使用只有圈内人才能理解的语言、文字和符号，这也是圈子内专属的“梗”。广告文案使用这些暗号能够直接让目标群体产生兴趣和共鸣。如 2021 年抖音推出的刘德华出道 40 年直播《这平常的一天》，其广告（图 9-2-8）组合了很多只有粉丝才能够看懂的文字和符号，邀请粉丝根据这些线索推测参与直播的大咖是谁。文案不仅充满了趣味性，也让粉丝觉得自己与其他人不同，产生一种专属的团体共鸣。

三、单一性

广告文案创意的单一性与广告创意的基本原则——简明性原则是一致的，也就是一则广告一次只讲一个主题，把一个核心信息做到极致、简单、清晰、好记。不断发展的新媒体稀释了人们的注意力，在这种情况下，广告必须让人能一眼就看到核心信

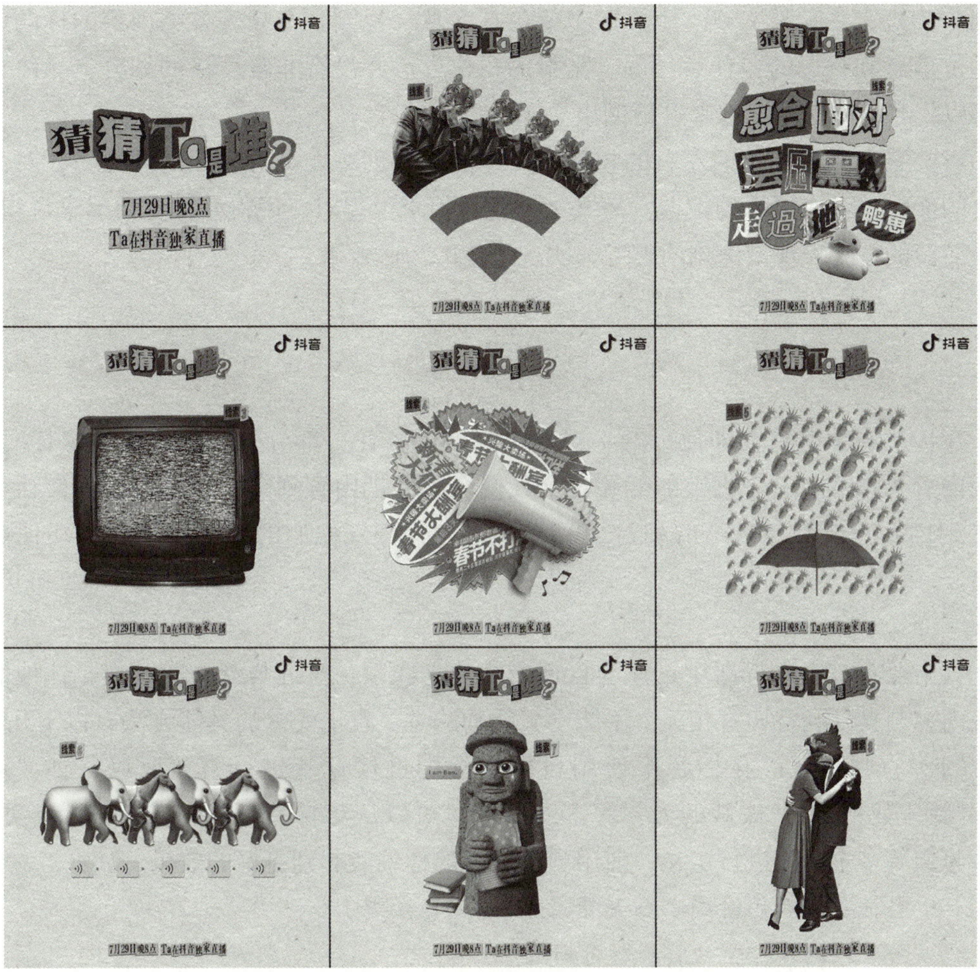

图 9-2-8 抖音《这平常的一天》广告（2021）

息，太多的信息点会大幅冲淡广告文案的冲击力和穿透力。即使是在直播这样有较为充足的时空资源支撑沟通的媒介环境中，文案诉求依旧要保持单一性，至少要做到一主多辅，否则很难被人记住。

为广告文案“瘦身”的方法除了在开始创作之前确定一个核心的诉求点之外，还可以在文案创作完成之后进行检查修改，逐步删除与核心诉求点无关的内容，力求简明和单一。

第三节
短文案写作方法

广告文案依据不同的标准可以划分为很多类型。按照文案长度的不同，广告文案可划分为短文案和长文案。短文案主要包括文章、视频、音频等各类内容的标题以及传达价值感和哲思的各种口号等。文案的写作方法并没有非常严格的划分，具体写作时可以将各种方法结合起来进行创作。

短文案通常是一句话左右的长度，因此更考验创意人员对人性的洞察力，对文字组合的能力以及对语感的把握。短文案不仅要追求说得对、说得好，更要追求说得妙，用最简短的文字表现最深刻的思考，实现最优的沟通效果。

一、标题写作方法

在传统媒体时代，即使标题不够好依然能够留住一部分受众。但在新媒体时代，即使内容再精彩，一个失败的标题也会让受众瞬间把内容划走。好的标题需要让受众感受到内容、产品与自己的利益切身相关，充分激发他们的好奇心，并调动他们的情绪。

1. 直击受众

直击受众就是在标题中迅速与目标受众建立联系，拉近与受众的距离，让他们产生该内容与自己利益切身相关、不能不关注的感觉。直击受众的具体方法有以下几种。

（1）直呼标签。在标题中使用目标受众的群体标签进行直接呼唤，如“年轻人”“新手妈妈”“爱做饭的人”等。人群标签可以从年龄、职业、爱好、社会关系、地区习惯等多个角度进行定义，使用当下流行的标签能起到更好的效果。如：

当代年轻人的时尚令人大开眼界。（每日豆瓣）

爱做饭的人老得快？（南周知道）

这可能是新手妈妈最需要的母亲节礼物。（InStyle 优家）

第一批 00 后打工人，浑身上下只有嘴是硬的。（Vista 看天下）

（2）一二人称。在标题中多使用“你”“我”能够更快地唤起同情和共鸣，对话的口吻也更有亲切感，能够在一定程度上降低受众的防备心理。如：

你是否相信：小城市里也有大梦想？（三联生活周刊）

如果你也受够了朋友圈里这种标题党。（果壳）

给我 100 万，我都不吃一口香菜。（腾讯医典）

我们，真的会休息吗？（潮汐 App）

（3）“扎心”金句。使用直击受众心理痛点的“扎心”语句作为文案标题，把受众心里潜藏的情绪用一种别样的方式表达出来，往往能够起到引发心灵共振的效果。如：

有的人 25 岁就死了，只是到 75 岁才埋葬。（人民日报）

人到 30+：钱有了，朋友没了。（GQ 实验室）

最后一批 90 后也秃头了。（浪潮工作室）

（4）引用原话。引用或改编受众的原话是快速激发共鸣的好方法，也能在第一时间让受众产生“与我有关”的强烈兴趣。如：

“孩子不吃饭，饿一顿就好了？”答案出人意料，父母别再做错了。（凯叔讲故事）

“工作两年涨薪 1K，跳槽一月涨薪 8K”：跳槽涨薪的三大秘诀！（智联招聘）

好烦，选清华还是选北大啊？（GQ 实验室）

2. 揭示利益

揭示利益即在标题中开门见山地将结论告诉受众。在信息的海洋中，人们普遍是没有耐心的，直接揭示利益能够减少阅读和消化信息的成本，也能使关键信息第一时间传播出去。揭示利益可以使用两种不同的方法。

（1）点明结果。用简短有力的标题直接说明利益点或结论。如：

面对暴雨，依然从容不迫。（蔚来）

舒化黑科技，拯救腹愁者。（舒化）

你的选择，不需要被所有人理解。（简单心理）

（2）自问自答。先用提问的方式描述场景、问题、痛点，引起受众的兴趣和共鸣，再给出答案，对应前文说明利益点，使文案的后半部分更有吸引力和说服力。如：

有没有分分钟变美的方法？换个眉形“变张脸”。（VOGUE）

蜜雪冰城过 2 万店秘笈：基本功，才是面对变化的底气。（罗辑思维）

3. 设置悬念

设置悬念是最常用来引起受众好奇心和兴趣的文案写作方法。设置悬念的具体技巧包括以下几点。

（1）疑问设问。疑问设问也就是把话说到一半就结束，提出问题不给答案或者答案只给到一部分但不给具体细节，吊足受众的胃口，引导他们阅读或观看。如：

女明星们下班后都做什么？（RIO 锐澳鸡尾酒）

Long time no see 真是中式英语吗？（多邻国）

很努力却“瘦不下来”，元凶是身体里这种激素？（Keep）

还在饱受失眠困扰吗？这 8 种方法能让你睡个好觉。（36 氪）

疑问设问的方法很考验受众的耐心，如果目标受众群体的媒介使用时间相对充足则可以更多地使用，否则应该谨慎。

（2）颠覆常识。颠覆常识也就是在标题中描述一个与常识相反的事实或观点，以此达到触动目标受众认知的效果，激发他们的兴趣。如：

今天，不想加油。（蔚来）

长知识，小孩刷牙后不漱口是对的！（usmile 笑容加）

伴侣越来越不爱你，可能是你“教”的。（壹心理）

我十年没上班，过得很好。（GQ 中国）

（3）使用对比。将事物或现象放到标题中进行对比，着重凸显前后的矛盾和冲突，往往能够引发人们一探究竟的强烈欲望。如：

毕业十年，发现大家的差距越来越大。（每日豆瓣）

40 块一杯的酸奶，和 4 块一杯的有什么区别？（Keep）

4. 外部借力

外部借力是提升标题文案的关注度和可信度的简便易行且容易起效的方法，具体包括以下几种。

（1）名人专家。借用名人、明星、知名专家、热点人物、权威机构的名字或流传较广的语录以及市场知名度较高的品牌名等进行写作。如：

中国牛！跟着谷爱凌，一起比牛，越来越牛！（蒙牛）

百余位北大教授推荐：影响人生的书单。（北京大学）

中国女篮，“豆”是好样的。（植选植物奶）

伊利携手中国航天共同发布“中国专利 太空菌株”。（伊利）

（2）社会热点。在标题文案中引用近期的社会热点事件、流行语等是最简单的借力技巧。模仿新闻标题的风格进行文案写作也能够达到相似的效果。如：

真“香”预警。（元气森林）

多肉葡萄竟然有两副面孔？（HEYTEA 喜茶）

博物馆里，是一代又一代人的“显眼包”。（央视网）

5. 使用数字

使用数字不仅能够提升文案的可信度，也会让标题整体上更有呼吸感，更为醒目。如：

100 种新职业：冷门但赚钱。（一条）

全球票房近 60 亿，国内排片不足 5%，为何却引网友刷屏热议？（二更）

99% 的孩子不想让爸妈看到的一篇文章……（网易游戏）

关于我用 37 天瘦 27 斤的不运动减肥法。（薄荷健康）

二、口号写作方法

广义上的口号包括传达品牌核心价值的品牌口号、热点话题标签、海报文案，以及其他各类表现品牌价值观念和呼唤目标受众的短句等。口号文案的写作和标题写作有相似之处，但比标题的要求更高一些，因为口号中的价值观、信念感更丰富。好的口号文案不仅有趣好记，更具有穿透人心的力量。

1. 重新定义概念或关系

口号文案通常具有较强的观点性，这些观点不仅要从目标受众的生活中提炼而出，而且要高于甚至扭转他们的一般性认识。重新定义受众熟悉的概念或事物之间的关系，同时使用具有新意和陌生感的口号，使受众产生共鸣和兴趣，进而主动思考。

（1）高于常识。这种口号文案在概念的解读上比一般性理解更高一个台阶，对常识重新加以解释，延展它的广度和深度，没有超出常识但高于常识。如：

别说我柔弱，在我身上只有柔，没有弱。（潘婷）（如图 9-3-1）

敢傻就是我的本事。（黑松沙士）

能者多劳的劳，应该是酬劳的劳。（科颜氏）

赚钱只是过程，买到的东西才是劳动的成果。（虾皮购物）

性别不是边界线，偏见才是。（珀莱雅）

图 9-3-1 潘婷“别说我柔弱，在我身上只有柔，没有弱”（2021）

（2）突破常识。突破常识的口号文案对相关概念的解释不在人们通常理解的框架之内，而是从另一个认知体系之内选择一个角度重新解释。如：

“家”之所以是宝字头，是因为每个犄角旮旯都有宝贝。（闲鱼）（如图 9-3-2）

搓的是身体，洗的是灵魂。（大润发）

所谓“特立独行”，是因为还没人听懂。（虾米音乐）

别说你爬过的山，只有早高峰。（Mini）

图 9-3-2 闲鱼“‘家’之所以是宝字头，是因为每个犄角旮旯都有宝贝”（2022）

（3）反转常识。反转常识也就是将人们普遍认知中两个相关概念的关系进行倒置，从而形成一种符合常识但又颠覆常识的玩味效果。如：

自律给我自由。（Keep）（如图 9-3-3）

花钱是一种投资，投资不算是花钱。（虾皮购物）

值得尊敬的不是你做什么，而是把什么做到值得尊敬。（104 人力银行）

图 9-3-3 Keep“自律给我自由”（2016）

2. 前后关键词形近意远

这种口号文案通常由前后两个半句组成，两个半句各围绕一个关键词，这两个关键词的构成形式相似，但意思不同。文案利用两个关键词之间的反差来形成特殊的韵律，创造出新鲜感。意思相近也可以产生类似的韵律，但反转效果稍弱一些。如：

最大的阻力，给我们最大的动力。（华为）（如图 9-3-4）

我们家的财神，就是每个人都有省钱精神。（全联经济美学）

去征服，所有不服。（北京现代）

别赶路，去感受路。（沃尔沃）

有汰渍，没污渍。（汰渍）

不放手，直到梦想到手。（黑松沙士）

年轻人不怕菜，就怕不吃菜。（波蜜）

将所有一言难尽一饮而尽。（红星二锅头）

晚报，不晚报。（北京晚报）

先诚实，再成交。（永庆房屋）

把认真，做到成真。（远雄人寿）

图 9-3-4　华为“最大的阻力，给我们最大的动力”（2023）

3. 对比、押韵、谐音、比喻等

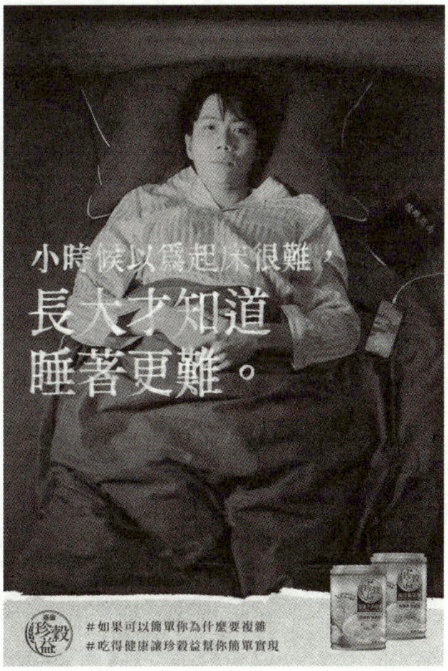

图 9-3-5　珍谷益“小时候以为起床很难，长大才知道睡着更难”

（1）对比。对比法通过前后半句的反差来表达深刻的含义。如：

身未动，心已远。（旅游卫视）

童年有趣，成年有酒。（泸州老窖）

小时候以为起床很难，长大才知道睡着更难。（珍谷益）（如图 9-3-5）

懂得越多，能懂你的就越少。（江小白）

人生很短，可是周一很长。（But Lab）

（2）押韵。押韵能够制造朗朗上口的语感。写作时可以先完成较容易的半句，根据结尾字的韵母去查找能够押韵的字，再从中挑选完成另外半句的创作。如：

每条旅行建议，都是亲身经历。（小红书）（如图 9-3-6）

生活总有一些重量，但也总有一个能接住你的地方。（顾家家居）

付出不是牺牲，是我想过的人生。（台新国际商业银行）

携程在手，说走就走。（携程）

只晒不卖，请别见怪。（闲鱼）（如图 9-3-7）

心里慌，来许昌。（快手）

图 9-3-6 小红书“每条旅行建议，都是亲身经历”（2023）

图 9-3-7 闲鱼“只晒不卖，请别见怪”（2022）

（3）谐音。谐音即两个字读音相同但字形不同。利用品牌名、核心价值等进行谐音化创作是制造幽默和趣味的一种易行的方法。如：

每一步都算“树”。（富邦金控）

做好准备，有“事”无恐。（和泰产险）

每一天，“美”一天。（民生银行）

“姜”你征服了吗。（安慕希）

（4）比喻。巧妙的比喻需要将品牌与目标受众的生活关联起来，在制造共鸣的同时产生幽默和趣味。如：

人生就像腌酸菜，头上是压力，脚下是水潭。（大润发）

人生的曲折就像没泡开的泡面。（全联超市）

4. 口语化行动指令

口号文案的创作有时并不需要表达深刻的观点或理念，而是要给目标受众构建消费场景和产品联想，让他们能够在产生相关需求的时候立刻想到这个品牌或产品。此时，用简单、口语化、表达流畅的祈使句式是最有效的。如：

累了困了，喝东鹏特饮。（东鹏特饮）

怕上火，喝王老吉。（王老吉）

找工作，上58同城。（58同城）

要旅游，找途牛。（途牛）

支付就用支付宝。（支付宝）

5. 使用关联句式

口号文案写作是一项要求较高、难度较大的工作，创作人员时常会陷入思维定式。在表达的观点已经明确、口号写作的目的已经确定的情况下，可以多尝试套用不同的关联词语，不仅能够提高写作效率，也有助于拓宽创意思路、激发创作灵感。常用的关联句式有：

不是……，而是……

真正的……是……

……并不是……

不要……，只要……

没有……，只有……

哪有……，只是……

别说……，只管……

就算……，也……

既然……，就……

所有……，都……

与其……，不如……

只要……，就……

有人……，有人……

每个……背后，都……

比起……，更……

我……，但我更……

即便……，也……

如果……，那就……

……越多，……越少

有多……，就有多……

第四节

长文案写作方法

长文案包括传统媒体与新媒体上各种形式的长文、平面广告中篇幅较长的文字等。视听广告的创意脚本在广义上也属于长文案写作，但其叙事性更强且需要视听媒介的配合，与单纯的文字写作相比具有特殊性，故本书在视听广告创意部分再作具体讨论。

长文案篇幅长、内容多，需要对短文案进行说明、解释、加强，起到进一步唤醒欲望、深度说服并引导行动的功能。一般来说，长文案写作至少要包括 4 个内容要点：（1）描绘。描绘目标受众熟悉并且令其烦恼的问题场景、憧憬的理想状态。（2）承诺。承诺能够帮助受众解决问题或者实现愿望。（3）说服。通过有力的论证来证明承诺的可实现性，完成说服。（4）号召。回顾问题与承诺，提供便捷的实现渠道，号召受众立刻行动。

一、长文案基础架构

相比短文案的简短直接，长文案需要通过层层深入来完成说理。这就要求长文案必须要有一个清晰的逻辑架构和流畅的篇章布局。如果缺少这样的骨架，哪怕文采飞扬也难以实现广告文案与目标受众有效沟通的目的。基础的文案架构包括横向展开、纵向展开和曲折展开三种。当然，文案的架构是自由的，只要能够完成目标，文案可在此基础之上自由创意。

1. 横向展开式

横向展开式架构也就是“总—分—总”结构。开篇先明确这篇文案的核心观点和结论。然后再围绕这个观点提出 3 到 5 个并列的分论点进行论述，或用几个典型案例来证明核心观点的正确性。最后，在分别论证结束之后，再回到核心观点，进一步提升结论的价值。

横向展开式模板主题突出、逻辑简单、行文顺畅，适用于观点性较强，论述感明显的文案。

横向展开式文案需要在第一句或第一段就将核心观点或利益点“亮”出来，观点需要新鲜、有趣、反常识，利益点需要简单、直接、有力并且能够有效解决目标受众的实际问题。

在分论点的论述中加入更多事实细节、数据，引用相关人物的原话能够让论证过程更有说服力。

结尾部分需要回归标题，浓缩观点，再次展示利益点。或者升华主旨，从具体的事物中抽象出具有哲学感的理念，进一步引发目标受众的共鸣。

2. 纵向展开式

纵向展开式架构按照“是什么—为什么—怎么办”的纵向逻辑层层递进。开篇先描述受众熟悉的场景以及遇到的烦恼和问题，接着分析这个问题的症结所在，尽可能找到本质性的原因。最后，提出解决办法并引导受众行动。

纵向展开式模板具有很强的针对性，适合目的性强、行动和策略感明显的文案。

纵向展开式文案的开头需要进行生动的场景搭建，尽可能加入事实和细节，详细还原受众熟悉的画面，让受众产生代入感，激发他们的强烈共鸣。

在原因分析的过程中，需要保证讨论的聚焦性。虽然造成某种问题的原因必定是多方面的，但文案可着重选择从一个与产品或服务相关的角度切入讨论。如分析外语学习难的问题，辅助记单词的产品就可以着重从单词记忆方法的角度切入，而真人辅导产品则可以突出缺乏语言环境的问题。

纵向展开式文案的结尾更突出行动指令性，在交代解决方案之后，引导目标受众进行分享、转发、关注、购买等行动。具体写作时，“请转发”“请分享”“快下单”等干巴巴的语言容易引起反感和压力，可以设置一些开放性的问题或者提供一些方便的行动渠道，友好真诚地与受众互动。

另外，纵向展开式写作不需要做到三部分面面俱到。针对能找到新角度分析的问题就可以侧重“为什么”，针对能提出新方法或使用新工具的问题就可以突出“怎么办”。

3. 曲折展开式

曲折展开式文案用讲故事的方法来传达一个观点、说明一个道理，可以按照“目标—阻碍—努力—结果—意外—转折—结局”的总体结构来安排，讲述主人公突破局限，战胜难题，实现目标的故事。曲折展开式的关键就在于“曲折”，低开高走、反复受挫的故事更能凸显人物的成长和结局的可贵。

曲折展开式文案具有很强的叙事性和代入感，适用于企业家传记、品牌故事、研发历程等历时性文案的写作，或者从自己或其他普通人的视角出发去讲述真实的成长故事。开头可以设置悬念，勾勒现状，引起受众的兴趣。结尾部分适合升华主旨，或巧妙转折实现颠覆效果，或表达坚定的理想追求，或提炼某种价值观念，或真诚祝福受众。

需要注意的是，文案写作的最终目的不在于讲一个完美的故事，而是要通过故事表达品牌观点。这个观点通常在文案的最后点明，起到升华主旨和加深印象的作用。当然，这个观点也可以作为文案整体的叙事线索。

二、其他小技巧

1. 多分段

长文案篇幅较长，并且大多数时候受众都是在较小的移动终端屏幕上进行阅读的，因此必须尽可能保证可读性，提高受众的阅读体验。

在不分段或少分段的文案中，一大片文字粘在一起会给人造成视觉压力，降低阅读欲望。多分段能够使文章的观点和逻辑更为清晰。每句话自成一段还能不自觉地形成一种类似现代诗的韵律和美感。

2. 用小标题

小标题不仅能使写作思路更清晰，提高文案创作的效率，也能够提高受众的阅读体验和阅读效率，是新媒体长文案中不可缺少的组成部分。小标题并不一定非要是章节要旨，核心语句、人物原话、关键数据等也可用作小标题，起到调节视觉节奏的作用，但几个小标题的形式应尽量统一，以保证阅读体验的完整性。

3. 多用过渡词

在短文案写作中，过渡词基本都是转折的，目的是制造一种熟悉但又陌生的新鲜感和趣味性。在长文案写作中，过渡词的使用主要是为了连接。适当的过渡词能够让句与句、段与段之间的连接更为顺畅、舒适、自然，减少生硬感。常用的过渡词包括“首先”“其次”“则”“当然”“值得一提的是”“更重要的是”“关键在于”“更何况”“在某方面”“试想”等。

4. 适当重复以加强韵律

在平面广告的长文案写作等特定情况下，可以在每段的开头使用同一句话，各段分别用不同的证据或案例来佐证这句话。这样的重复可以不断强化核心观点，使受众牢牢记住这句话。同时，它也能够强化全文的整体感，形成一种类似排比的特别节奏，让阅读的体验更加顺畅和舒适。

第五节 文案的修改方法

一、广告文案修改的要点

“三分写作，七分修改”，好的文案几乎都不是一步到位的，而是经过反复修改完成的。检查和修改对于文案写作来说尤为重要。修改需要写作者站在读者的角度再看文案，不留情面地删改。文案修改应遵循先整体后局部，先主旨后句子的原则。在校对修改时需要注意主题观点、架构层次、句子结构、关键信息、媒介形式等几个方面。

1. 主题观点是否明确

修改校对的首要工作是检查文案的主题观点是否清晰、明确、有力，能否让受众方便快速地理解文案要传达的关键信息。同时，要确保文案的主题观点没有偏离广告目标，也就是不跑题。另外，检查过程中觉得啰唆多余以及与主题相去甚远的内容要大胆删除或合并，给文案“瘦身”，让核心的观点“锋芒毕露”。

2. 架构层次是否清晰

清晰流畅的文案架构对于受众理解信息和提升阅读体验来说是非常重要的。检查修改时可以代入读者身份对文案的整体架构进行审视，体会整个过程是否顺畅，得到的结果是否合理。同时，没有小标题的长文案应尽可能补充小标题以减少受众思考行文逻辑的时间，让他们把更多的注意力花在理解关键信息上。

3. 句子结构是否合理

广告文案写作应尽量写短句，少写或不写长句。复杂的长句并不能彰显文采，反而容易出现结构不完整等语病，造成阅读障碍或者产生歧义。完整的句子结构至少包括“主语”“谓语”“宾语”三个部分，检查时需要注意有没有将“通过”“基于”等介词放在句首而导致句子没有主语等情况。另外，也应将被动句式改写为更简单顺畅的主动句式，如“让营养更易被人体吸收”就没有“让人体更易吸收营养”来的自然。

4. 关键信息是否准确

文案中的关键信息包括品牌名的规范写法、地名、数字、价格等。这些关键信息应仔细检查核对，避免出现错别字、格式不统一、标点误用等问题。另外，也应注意尽量少用生僻字等。

5. 媒介形式是否适配

文案修改也应检查最终的呈现效果。平面、户外广告的文案需要考虑版面和广告牌的大小，要根据最终的呈现效果对文案的字数等再作调整。在网页、手机等新媒体中发布的长文，也要根据阅读效果调整段落长短等，减少受众滑动操作的成本。视听广告的旁白也应当与画面匹配，并且做到清晰可辨识，不会产生听觉上的歧义等。直到最终发布，广告文案都一直处于修改过程之中。

二、广告文案修改的技巧

1. 刷牙修改法

本书第四章第三节“创意的形成过程”提到过刷牙修改法。这个方法也适用于广告文案的修改。它具体是指已经写好的文案不要立刻修改，而是先搁置一段时间，让创作者的大脑从紧张的专注状态中脱离出来，给潜意识一些整理消化的时间。回过头来再看，往往能发现很多之前没有发现的问题，可能也会有一些新的更好的想法迸发出来。

2. 打印修改法

打印修改法是指创作者在电脑上检查自己完成的文案时，视觉惯性会让人眼忽略一些细节问题。把文案打印出来，在纸面上检查，能够产生一定的陌生感和距离感，这时错别字、标点等细节问题会更加凸显出来。

3. 朗读修改法

朗读修改法也就是在修改文案时不要在心中默读，而是读出声来，调动眼睛、嘴巴、耳朵一起参与到文案的修改过程中。朗读能够帮助创作者解决文案的节奏和韵律问题，更快地发现文案中不顺口的地方、不流畅的语句和生硬的转折。

4. 他人建议法

文案修改到自己满意的程度之后，如果还有时间可以请他人阅读，听取他们的感受和建议，最后再进一步完善。如果有可能的话，应尽量听取目标受众群体的修改意见，从而使文案更为精准。

第六节
文案翻译的方法

翻译也是广告文案写作的一部分，伴随我国产品和品牌出海，汉语的广告文案经常需要翻译成其他语言。而国外广告在我国的传播也需要将外语的广告文案翻译成汉语。广告文案翻译除“信”“达”“雅”外，还有其特殊的原则和方法。

一、广告文案翻译的原则

1. 准确性

广告文案都有明确的信息点和传播目标，文案翻译的首要原则就是要准确无误地用另一种语言将这些关键信息传达出来。如果关键的利益点没有翻译出来，语言再华丽动人也没有意义。

2. 自然感

自然感是指文案翻译要遵从目标语言文字使用习惯，文案的用词、语序、语法等要观感舒适，读起来不别扭。

3. 通俗性

通俗性要求文案翻译尽量使用通俗易懂的词汇和短句，不使用生僻字、生僻词，原文中的长句也可以拆分翻译成短句。

二、广告文案翻译的方法

1. 直译法

直译法忠实于原文，基本上属于逐字逐句直接翻译，在文案的句式结构与意思的层面都尽可能做到翻译前后的一致。这种方法适用于处理原本意义就比较明了、不太会产生歧义且句子结构简单的文案。如：

服从你的渴望。Obey your thirst.（雪碧）

我就喜欢。I'm lovin'it.（麦当劳）

我们领先，他人效仿。We lead，Others copy.（理光复印机）

新一代的选择。The choice of a new generation.（百事可乐）

构建万物互联的智能世界。Building a Fully Connected，Intelligent World.（华为）

乐享非凡。Enjoy the extraordinary.（VIVO）

让天下没有难做的生意。To make it easy to do business anywhere.（阿里巴巴）

激发创造，丰富生活。Inspire Creativity，Enrich Life.（字节跳动）

技术宅拯救世界。Tech otakus save the world.（米哈游）

2. 意译法

意译法相对直译法而言更为自由、灵活，不追求文案形式的相近，更致力于意义表现的精准和生动。因此，意译法翻译的文案更能从目标语言的角度出发组织词汇，也会更地道，更有可读性。如：

Ask for more. 渴望无限。（百事可乐）

Begin your own tradition. 代代相传，由你开始。（百达翡丽）

Think different. 不同凡响。（苹果）

This is how. 知其道，用其妙。（西门子）

Delighting you always. 感动常在。（佳能）

为发烧而生。Just for fans.（小米）

微笑前行。Inspiration Ahead.（OPPO）

喜悦发生。Live Joy.（喜茶）

永不止步。Keep Moving.（安踏）

智能，为每一个可能。Smarter Technology For All.（联想）

3. 创译法

创译法是带有一定创造性的翻译。使用创意法翻译的文案几乎与原文没有什么关系，很难找到与原文对应的词汇和结构，但是却能够传达与原文相近的概念或感受。如：

Connecting people. 科技以人为本。（诺基亚）

Leap Ahead. 超越未来。（英特尔）

记录美好生活。Make Your Day.（抖音）

去发现，无限可能。Spark More.（腾讯游戏）

让进步发生。Make It Happen.（钉钉）

蔚来已来。Blue Sky Coming.（蔚来）

4. 增译法

增译法也就是超额翻译，是指对原文的某些关键内容进行扩展和补充，或者直接将隐含的深意揭露出来，达到超越原文的效果。如：

Sense and Simplicity. 精于心，简于行。（飞利浦）

Elegance is an attitude. 优雅态度，真我性格。（浪琴）

A diamond is forever. 钻石恒久远，一颗永流传。（戴比尔斯）

Good to the last drop. 滴滴香浓，意犹未尽。（麦斯威尔）

Fly Better. 飞悦卓越。（阿联酋航空）

5. AI 翻译

随着人工智能等技术的不断进步，使用翻译软件进行翻译已经成为一种常态。虽然目前智能翻译工具在艺术语言处理的能力上还有所欠缺，但其提供的翻译依旧可以作为参考和进一步优化的基础。

另外，也可以利用翻译工具的结果进行广告创意。如宝马 2023 年春节推出的《“译”起快乐》就是从春联的“机翻”错误创意而来。在贺岁短片《“译”起快乐》（如图 9–6–1）中，一位春联印刷厂老板因为使用翻译工具而把“招财进宝，马到成功”翻译成了“Lucky money into BMW to success”（幸运的钱全都装进 BMW 里带我迈向成功），并做成了双语的春联、红包、窗花、年画、烟花等，送到了世界各地人们的手中。虽然翻译是错误的，但是这个创意自然生动、幽默好玩，有效传达了宝马“悦”的品牌主题。

图 9–6–1　宝马《“译”起快乐》（2023）

本章思考题

1. 你如何理解广告文案与美术的关系？
2. 在广告文案写作中，如何把具体的利益点转换成目标受众可感的价值？
3. 广告口号常用的模板有哪些？你如何看待广告口号与常识概念之间的关系？
4. 在翻译广告文案时需要注意哪些问题？

拓展阅读

第十章

平面广告创意

学习目标

1. 认识不同媒介载体上平面广告的基本要求和特征。
2. 理解平面广告常用的创意模板及基本构图方式并能将其运用到广告创意实践中。
3. 掌握品牌标志设计的基本原则和常用设计技巧。
4. 了解包装设计的基本概念和设计原则。

第一节
认识平面广告

一、平面广告的概念

平面广告是相对于空间装置、视听等形式而言的在长宽二维平面内用静态图像进行信息传达的广告形式。传统意义上的平面广告大多以印刷媒介为主要载体，如报纸、杂志、手册、户外广告牌等。随着新媒体技术的发展，平面广告也频繁地出现在各种电子屏幕和终端上，除了静态图像，GIF 格式的动态画面也可以被纳入平面广告的范畴。广义上的平面广告还包括品牌设计、包装设计等以平面图形元素为基本手段与目标消费者进行沟通的内容。

平面广告的历史相当悠久。从古代的招幌、招牌、裹贴纸，到近代的报纸广告、路牌广告、月份牌广告（如图 10-1-1），再到现在形式多样、载体丰富、创意精彩的平面广告，它始终凭借着自己简单直接、接触便捷、成本低、覆盖广、表现形式多样等优势在广告行业中占有一席之地。优秀的平面广告创意能够在一幅画面之中浓缩一个充满戏剧张力的故事，或者给观看者带来感同身受的通感体验，不仅能够与目标受众有效沟通和互动，更能够带去忍俊不禁的幽默趣味和美的享受，甚至能够起到一定的环境装饰作用。

图 10-1-1　广生行有限公司月份牌广告（20 世纪 20 年代）

二、平面广告的分类与特征

依据不同的媒介承载形态，平面广告可大体划分为报纸广告、杂志广告、户外广告、新媒体平面广告等类型。不同的媒介承载形态有各自的特点，相应的平面广告也具有不同特质、优势和规范化要求。

1. 报纸广告

（1）报纸广告的特点。报纸是最古老的大众媒介。虽然报纸的生存空间越发狭小，在覆盖率和及时性上远不如新媒体，但报纸广告仍然具有个性优势。报纸广告的特点包括：

① 成本较低。相比其他形式的广告，报纸广告的成本通常是比较低的，但这并不意味着报纸广告的收益也较低。某些具有稳定发行渠道和阅读群体的报纸，如《人民日报》《光明日报》等党报，仍然是相关广告最优的创意载体。

② 连续性强。报纸基本都是每日发行，具有较强的连续性。这为报纸广告的线性创意提供了条件。报纸广告不仅可以通过连续刊登相同内容的方式不断加深品牌印象，可以通过每日连载差异化的内容完成线性创意叙事，还可以在故事中加入曲折、反转，借助报纸的连续性让广告深入人心。如2020年，日本《东京新闻》上的系列创意报纸广告“香香来我家的那天”。每年5月4日，东京都立上野动物园都会免费开放，但是2020年由于疫情人们只能待在家中。为了让人们能够看到大熊猫“香香”，《东京新闻》从5月4日到5月6日在报纸上刊登香香等身照片的局部，只要人们连续购买这三天的报纸就能拼出一张香香的等身照，把香香“请到”自己家中（如图10–1–2）。

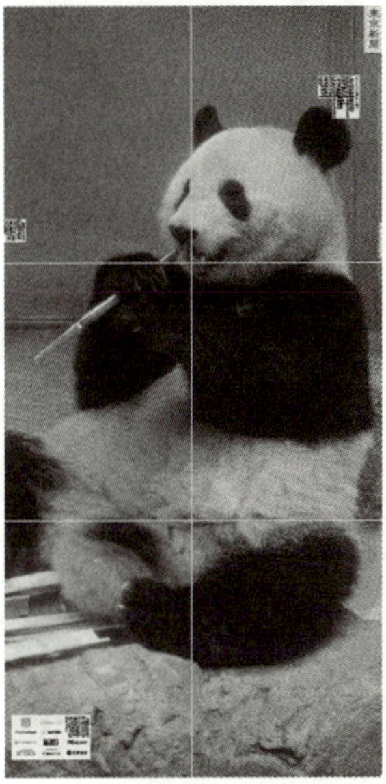

图10–1–2 《东京新闻》“香香来我家的那天”

③ 权威度高。报纸新闻相比杂志、新媒体而言具有更强的专业性、真实性、客观性，因此报纸普遍具有较高的权威度，这也在一定程度上提升了报纸广告的可信度。同时，由于报纸的权威感，一些幽默的、具有颠覆性的、充满想象力的广告在报纸上也会因为反差感而获得更好的创意效果（如图10–1–3）。

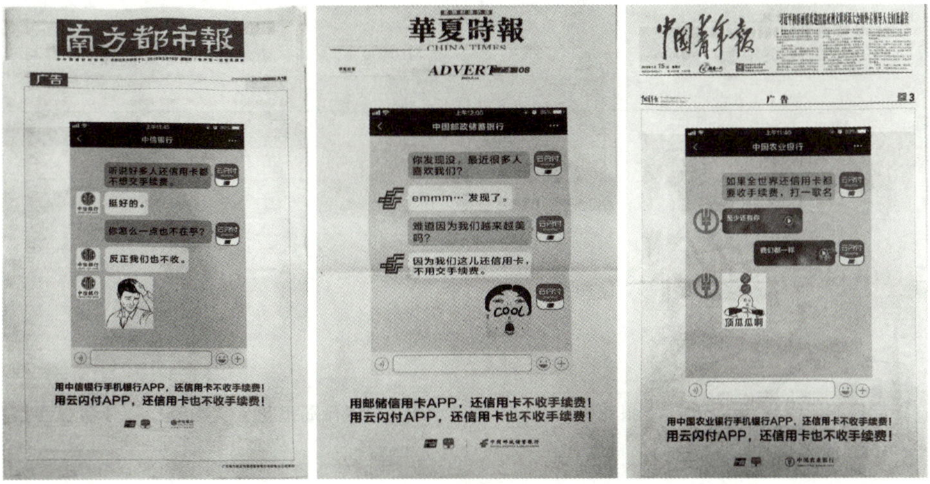

图10–1–3 云闪付报纸广告（2019）

（2）报纸广告的版面形式。通常情况下，报纸广告的版面形式（如图 10-1-4）大致可分为跨版、整版、半版、双通栏、单通栏、半通栏、报眼、报花、中缝等。其中，“版”指的是报纸一个完整的版面，“栏”指的是报纸版面中等距划分的排版空间。报眼广告即报纸报头旁边的广告，虽然面积不大，但位置十分显眼。报花广告是指每个栏目或专题尾部的装饰图案，大小如邮票一般。中缝广告即刊登在一张报纸两个版面中间位置的广告。

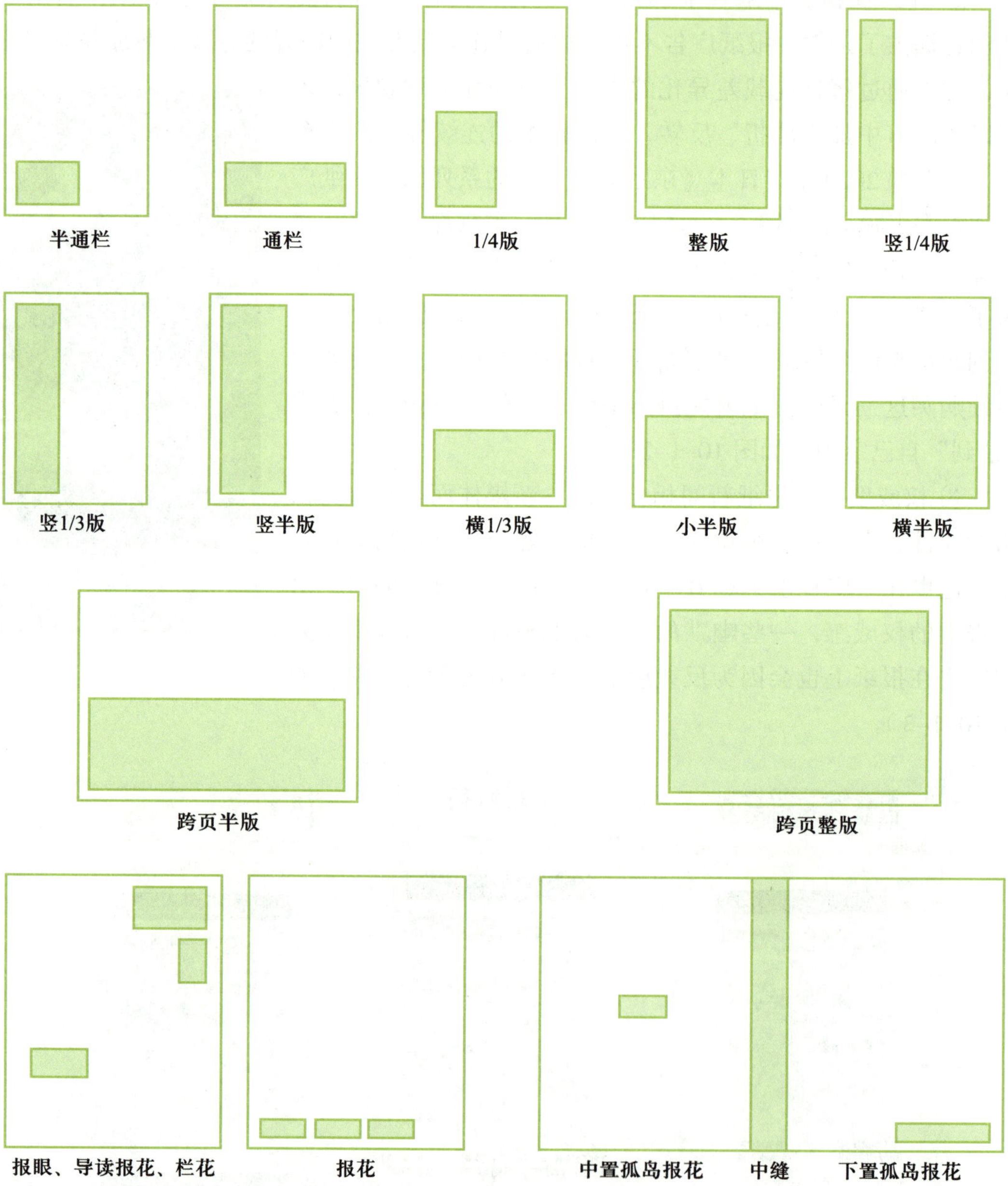

图 10-1-4　常见报纸广告版面形式

每份报纸都有自己的广告版式要求，不同位置和大小的广告版面价格也有所不同。报纸广告应根据相关报纸的广告版面要求进行具体创意。

2. 杂志广告

（1）杂志广告的特点。杂志广告有以下特点：

① 针对性强。杂志虽然与报纸一样属于印刷媒体，但杂志的类型划分更明显，时尚类、财经类、文艺类、社科类等不同类型的杂志有各自特定的读者群体，因此杂志广告具有更强的受众针对性。

② 印刷精美。杂志广告一般都使用质地较好的纸进行彩色印刷，表现力较强。另外，杂志版式比报纸版式更为灵活，在分栏、出血、留白、字体等方面的设计发挥空间更大，这也让杂志广告能够更具美感，画面表现更为精彩。

③ 留存时间长。与看完即弃的报纸不同，人们通常会将印刷精美的杂志保留下来反复阅读。因此，杂志广告也拥有了与目标受众反复接触的机会。相对地，杂志广告需要更强的创意性和表现力，最好使读者每次看到都能获得一定的新鲜感。

（2）杂志广告的版面形式。杂志广告的版式大致包括全页整版、全页加对面 1/2（或 1/3、1/4）页版、半页版、双页满版等。广告位置包括封面、扉页、内页、封底等。与报纸广告一样，不同的杂志都有各自的广告版式要求，广告创意需依照其具体要求进行。

在设计杂志广告时，需要注意广告与前后内容的联系。同时，也可以利用夹页、折页、立体剪纸、变形等方式在平面中制造立体感和翻页时的互动体验，从而进一步吸引读者的注意力，增强广告的表现力（如图 10–1–5 和图 10–1–6）。

图 10–1–5　DHL 快递杂志广告

3. 户外广告

（1）户外广告的特点。大多数户外广告都是以平面的形态设计，在户外立体的装置上呈现，如路牌广告、灯箱广告、车体广告、电梯广告、墙体喷绘广告等。由于身处户外，它的特点也是非常明显的：

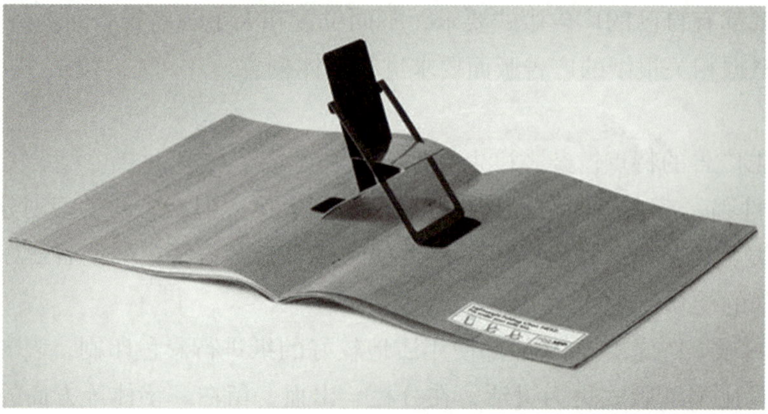

图 10-1-6 Nha Xinh 家具杂志广告

① 地区针对性。户外广告能够与特定地区内的受众进行稳定且频繁的接触，具有较强的地域人群针对性。这就要求户外广告在地理位置和形式内容的选择上必须从目标受众的生活圈出发。

② 强迫观看性。户外广告具有一定的强迫观看性，人们很难完全避开，即便匆匆一瞥也可能留下印象。因此，户外广告的触达率很高。但也应注意不能过度干扰受众的正常生活，否则会引起厌恶情绪。

③ 持久性。户外广告完成后通常都会保留很长时间，是一种成本较低、全天候、持续收益较高的广告形式。优秀的户外广告甚至能够成为区域地标，对当地居民的生活、文化等方面产生持久的影响。

（2）户外广告创意设计的要点。户外广告创意设计应注意以下几点：

① 考虑行人的观看体验。大多数户外广告面对的都是行走中的人，在创意设计时必须依据广告与受众的距离、观看视角的仰俯以及周边环境等来处理文字的大小、色彩等，保证受众能便捷、安全、准确地看到广告传达的核心信息。

② 注重简洁和冲击力。户外环境中能够分散受众注意力的因素很多，且行动中的人几乎不会专门停下来观察一则广告。因此，户外广告必须要坚持简洁、单纯原则，信息越少越好（如图 10-1-7，图 10-1-8）。文字安排做到醒目、简单、好记。

③ 与周边环境相适配。户外广告的造型和大小应当与其周围的环境和建筑风格相协调，不能为了标新立异而破坏城市视觉环境的整体性。当然，户外广告也可以利用环境因素进行创意（如图 10-1-9，图 10-1-10），以趣味性和幽默感来吸引关注。

4. 新媒体平面广告

新媒体的发展拓展了平面广告的应用空间，门户网站、搜索引擎、社交媒体、各类 App 中各种形态的品牌展示广告、信息流广告、开屏广告，以及品牌自行发布的海报等都可以视作平面广告的新形态。总的来说新媒体平面广告具有以下特点：

图 10-1-7　旁氏（POND'S）面部磨砂膏户外广告（2006）

图 10-1-8　宜家（IKEA）户外广告（2023）

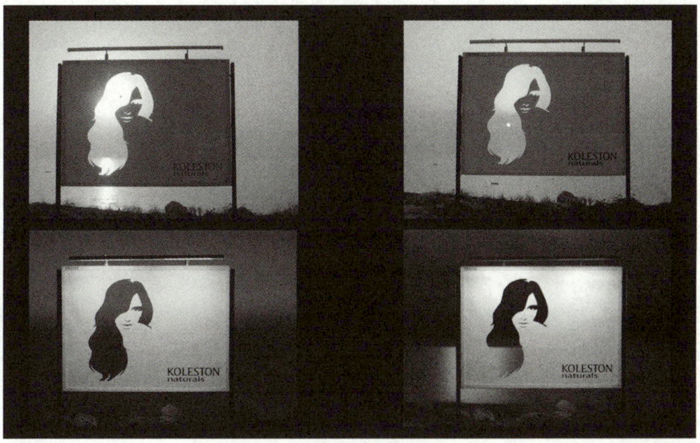

图 10-1-9　德国 Koleston Naturals 染发剂户外广告（2007）

图 10-1-10 奥乐齐超市地铁广告（2023）

（1）入口性。新媒体上的平面广告更多地承担了入口的功能，目标受众能够通过点击相应广告进入下一级页面了解详细信息或者参与更多营销传播活动。因此，平面广告的重点更偏向激发目标受众的兴趣和关注，信息点越少越精越好，力求简洁。

（2）动态化。新媒体上的平面广告不再全都是静态的画面，而是结合了一定的动态元素，形成了一种动静结合、更生动也更有冲击力的创意形式。

经典案例

（3）情感性。新媒体上的平面广告更偏向情感诉求，尤其是品牌在社交媒体上自行发布的海报等内容，往往通过极具共鸣感的文案和视觉设计唤起目标受众的底层情感和认同，或者凭借重复调性相同的创意内容强化品牌个性（如图 10-1-11）。

图 10-1-11 京东“作家笔下的家乡特产”社交媒体海报（2023）

（4）兼容性。新媒体的各个平台和终端设备具有差异性，广告的像素尺寸和文件大小必须符合相应要求才能发布。同时，不同设备的显色技术不同，会导致广告产生一定色差，因此在广告创意过程中创作者应注意调整细节。

第二节
平面广告的创意模板

平面广告创意虽然看似天马行空，充满了想象力，但也并非无章可循。优秀的平面广告创意通常来自几个基础的创意模板，遵循着一定的共性规则和原理。参考这些模板进行创意能更快地将信息点视觉化、戏剧化，更容易制造出令人惊叹的创意效果。

一、极端场景

极端场景模板也就是人为创造一个极端的、荒谬的、几乎不可能发生在现实生活中的场景，从而将产品或服务的卖点以一种超现实的故事性画面表现出来。

极端场景模板可以用一句话概括为“就算……，我们依然……”。其中前半句补充荒诞的场景，后半句补充产品或服务的卖点信息。如“就算彗星撞地球，我们依然安全”“就算世界末日，我们依然准时送达”“就算世界末日，我们的延保服务依旧有效（如图 10–2–1）”等。

图 10–2–1　在线购物平台 Allo 广告（2020）

二、极端后果

极端后果模板就是在平面广告的画面中展示使用了产品之后或者没有应用产品的极端的、夸张的、不可能发生的戏剧后果，从而表现产品或服务的价值。极端后果模板需要构想一个极具画面感的使用场景。

使用了产品之后的场景可以用一句话概括为“我们的……太……，以至于……都……了”。省略部分分别补充产品或服务、卖点信息、作用对象和结果，如“我们的菜刀太锋利，以至于菜板都直接切断了（如图 10–2–2）”“我们的鞋油太亮，以至于警察都可以用它当射击时的反光镜了（如图 10–2–3）”“我们的辣酱太辣，以至于桌子都被烧穿了（如图 10–2–4）”“我们的棒棒糖真无糖，以至于蚂蚁都不吃（如图 10–2–5）”“我们的锁太安全，以至于门都没了（如图 10–2–6）”等。

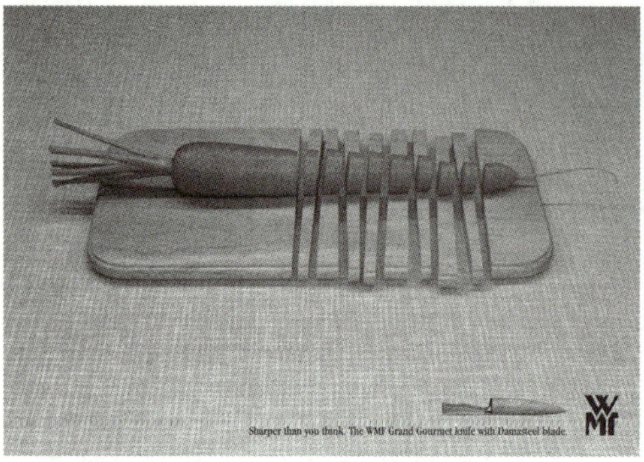

图 10–2–2　WMF 刀具广告（2005）

图 10–2–3　Nugget 鞋油广告（2005）

图 10–2–4　Calve 辣酱广告（2010）

图 10–2–5　珍宝珠（Chupa Chups）无糖棒棒糖广告（2016）

图 10–2–6　欧派防盗门广告《门都没有》（2020）

没有使用产品的场景可以概括为“……都已经……了，还不使用我们的……”。前半句主要表现由于没有使用产品或服务而导致的结果以自然引出产品，广告画面也主要表现前半句。这个模板需要将产品或服务的卖点反向强化，如“急救人员都已经被口气熏到要自救了，还不使用我们的漱口水”“鞋子都已经挤进另一双鞋子了，还不使用我们的鞋柜来拓展空间”“你网购的宠物都已经生命垂危需要一整个救护队了，请拒绝网购宠物而选择领养”等。

三、跨界竞争

跨界竞争模板就是打破边界，将目标受众认知中另一领域里把相关卖点做到极致的东西与自家产品或服务联系起来，从而将卖点信息形象化、夸张化。

跨界竞争模板可以概括为“甚至……都不如（都在用）我们的……”。前半句需要补充同样以这个卖点著称但是并不属于同一领域也不可能发生竞争关系的产品或服务。如“甚至消防车都在用我们的快递去火场救火”（如图 10-2-7），以此来突出快递的快。

图 10-2-7　联邦快递（FedEx）广告《消防车》（2000）

四、形象类比

形象类比模板就是将产品或服务与具有相近卖点属性的事物在广告画面中进行比对和组合，从而直接完成信息点的视觉转化，让卖点特征尖锐化。形象类比的具体创意手法又可以分为同形同构、异形同构、元素置换三种。

同形同构是指将两个或两个以上形状相似的事物进行组合，制造一个看似真实、实则荒诞的新事物。该手法通常选择一个事物作为基础元素，将它的局部替换成形状相似的其他东西。同形同构不是两个事物的生硬拼凑，而是利用它们之间形状的相似性来制造一种协调、有趣的新形象。（如图 10-2-8，图 10-2-9，图 10-2-10，图 10-2-11）。

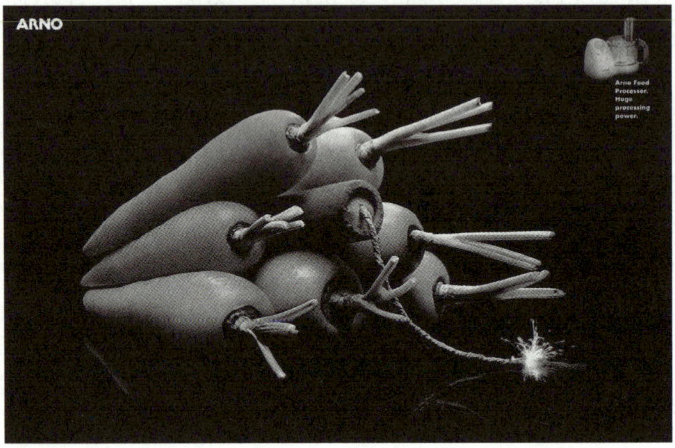

图 10-2-8　Arno 食物料理机广告（2007）

图 10-2-9　Lenor 衣物柔顺剂广告（2012）

图 10-2-10　秘鲁冲浪基金会公益广告（2018）

图 10-2-11　Spring Valley 果汁广告（2010）

异形同构是利用两个事物在意义和逻辑上的相似性，将他们组合在一起创造新的视觉体验的方式。异形同构的两个元素的外形并不相近，但结合起来却能凸显对创意内涵的表达。如图 10-2-12 为依云矿泉水的广告，把品牌推崇的“活出年轻（Live young）”的生活理念传递给了消费者。典型的异形同构的例子如美人鱼、半人马等形象，它们都由外形不同但逻辑相近的两个部分组合而来。

元素置换可以看作是同形同构的扩展，它是将两个相近的事物进行整体性融合的方法。最终形成的新形象具有其中一个事物的外形，又兼具另一个事物的功能，达到既和谐又冲突的视觉效果（如图 10-2-13 至图 10-2-16）。

图 10-2-12　依云（evian）矿泉水广告（2015）

图 10-2-13　好奇（Huggies）纸尿裤广告（2008）

图 10-2-14　Dermotriad+ 止痒软膏广告（2015）

图 10-2-15　Biedronka 食品广告（2017）

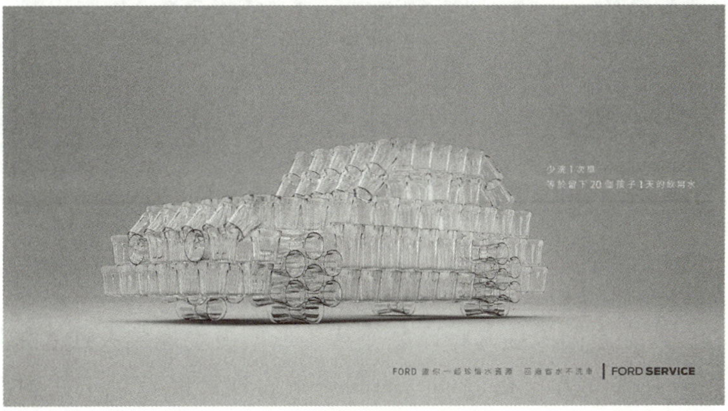

图 10-2-16　中国台湾福特六和公司“少洗一次车”节水公益广告（2023）

五、改变维度

改变维度就是在时间和空间两个维度上进行创意。

改变时间维度可以将未来可能发生的结果融合到现在的场景中，以产生一种戏剧性的效果（如图 10–2–17）；或者将不同时间点的人和事汇聚到同一个画面中，来表现产品的全覆盖性（如图 10–2–18）和特别的历史感（如图 10–2–19，图 10–2–20）。

图 10–2–17　联邦快递（FedEx）广告（2013）

图 10–2–18　麦当劳户外广告（2007）

图 10–2–19　闲鱼《闲鱼上“一卖相承”的宝贝》（2022）

改变空间维度是将产品或相关形象极度地放大或者极度地缩小，结合与其他参照物的对比或者与相近事物的联想来表现产品特征（如图 10–2–21 至图 10–2–24）。此外，以上下倒转、左右倒转、内外翻转来创造奇妙的视觉体验（如图 10–2–25），也属于改变空间维度的途径。

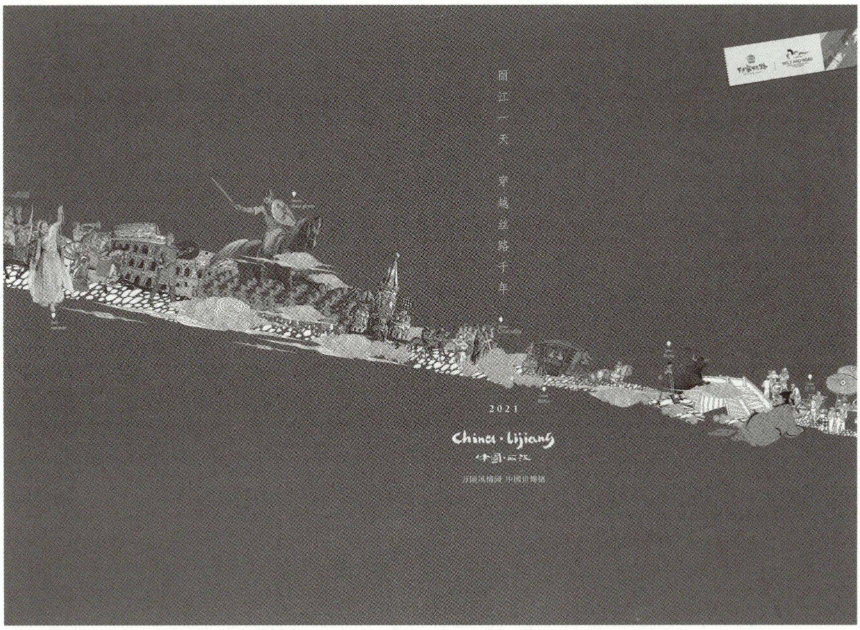

图 10-2-20 美林基业《丽江一天 穿越丝路千年》(2021)

图 10-2-21 简一瓷砖《地球的皮肤》(2020)

图 10-2-22 珍宝珠(Chupa Chups)棒棒糖广告(2022)

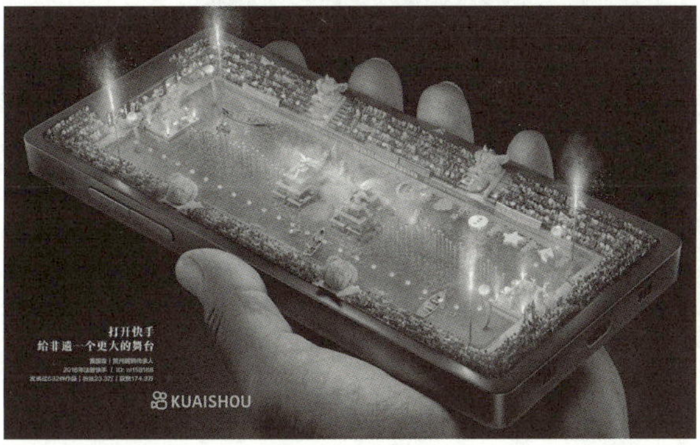

图 10-2-23 快手《打开快手 给非遗一个更大的舞台》(2023)

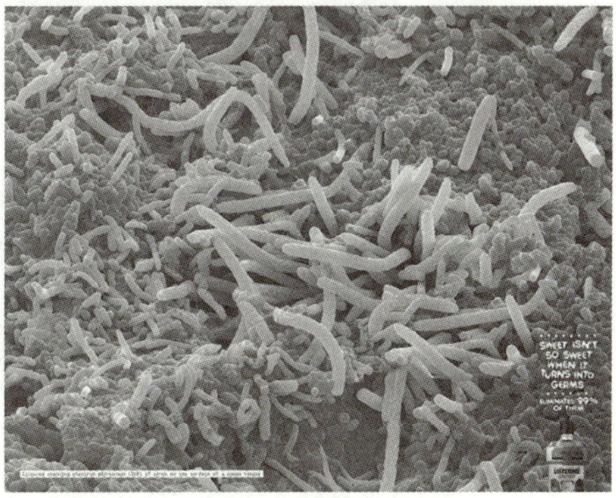

图 10-2-24 李施德林(Listerine)漱口水广告(2022)

图 10-2-25　凡士林（Vaseline）防晒霜广告（2023）

六、其他平面表现手法

除了以上创意模板提供的思路，平面广告的一些创意表现技巧还有正负形、矛盾空间、混维图形、歧义图形、异影、二次曝光、视错觉、延异等。

正负形即利用平面上图形的外轮廓，形成图形与外部空间互相借用、共同表意的创意方式（图 10–2–26）。矛盾空间是利用视错觉将三维空间中不可能出现的形体表现在二维的平面上[①]。

图 10-2-26　蔚来《森之语》（2023）

① 矛盾空间图形也称无理图形。

混维图形即在平面广告画面塑造的立体空间中加入一个平面媒介，或者在平面中构造立体空间，让这两个维度产生融通和互动，从而形成一种跨越维度的奇异观感（如图 10–2–27）。

图 10-2-27　第 15 届大广赛平面类一等奖

歧义图形是指通过场景中事物的组合与搭建形成一种多重表意画面的手法。观看者可以主动选择和解读，不同的人第一眼看到的东西是不一样的（如图 10–2–28）。歧义图形具有极强的神秘感和趣味性，对画面表现能力的要求也相对较高。

异影是指画面中的事物与其在水中的倒影或在墙上、地上的影子并不一致的创意手法，创意人员通常在影子的部分发挥创意，表现事物的本质或者人物的理想等，通过二者之间的反差制造引人思考的效果（如图 10–2–29）。

图 10-2-28　第 12 届大广赛平面类二等奖

图 10-2-29　第 12 届大广赛平面类一等奖

二次曝光是一种摄影技巧，简单来说就是将两张或多张照片叠成一张。它能够制造一种层层深入、梦幻交叠的视觉效果。平面广告创意可以借用二次曝光的思路，在事物的轮廓内部填入其他内容，起到设置悬念、引人入胜的作用（如图 10–2–30）。

视错觉是利用人眼的视错觉与真实情况的差异来完成广告创意的手法，通常用来警示人们不能完全相信眼睛看到的东西。

经典案例

延异展示的是一个事物演变为另一个事物的过程。这两个事物的外形并不一样，但变化后的事物是变化前事物的本质。二者的差异越大，越能够起到唤醒和吸引关注的作用（图 10–2–31）。

图 10-2-30 电影《让子弹飞》海报（2010）

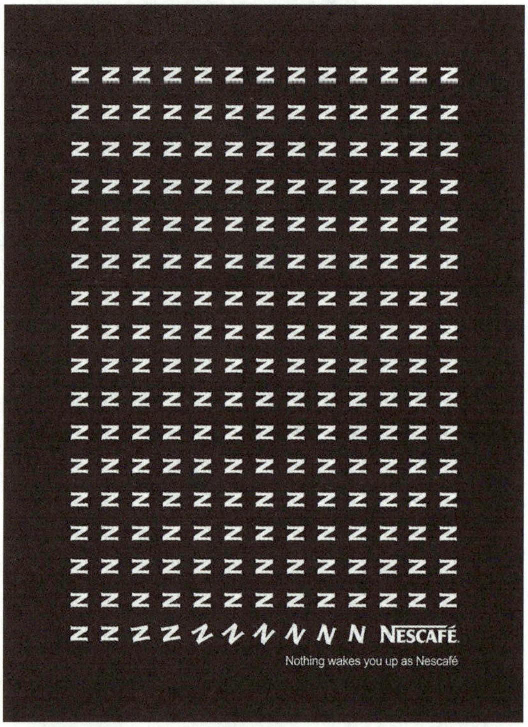

图 10-2-31 雀巢咖啡《Zzzzz》（2007）

七、文字型创意手法

文字型创意手法是指以语言文字为中心进行平面创意表现的一种方法。它能够更好地传达相对抽象的概念和情感，唤起目标受众情绪层面的共鸣。文字型创意手法包括文字形象化、纯文字、文字场景化等。

文字形象化就是将文字视作图形元素，对其整体或局部进行置换、变形、组合等处理，使文字具有某种形状，成为广告画面核心的视觉形象。具体创意方法包括：（1）对文字的局部进行变形、变色等处理，使文字本身的意义形象化（如图 10–2–32）。（2）改变文字的排列方式，在平面上构造形象（如图 10–2–33）。（3）让文字具有体积，创造一种立体的形象（如图 10–2–34）。

图 10–2–32　天猫《非遗不生僻》（2020）

图 10–2–33　韦士柏摩托车广告（2006）

图 10–2–34　珍宝珠棒棒糖广告（2013）

纯文字广告也叫“大字报”广告。这种创意画面的重点是只有文字，以较大字号文字辅以少量版式设计元素即可完成（如图 10–2–35）。纯文字型平面广告看似简单，实则对文案的要求很高。广告画面中除了文案没有其他东西，如果文案无法引起情感共鸣，就会立刻导致反感。具体的文案写作技巧可参考上一章。

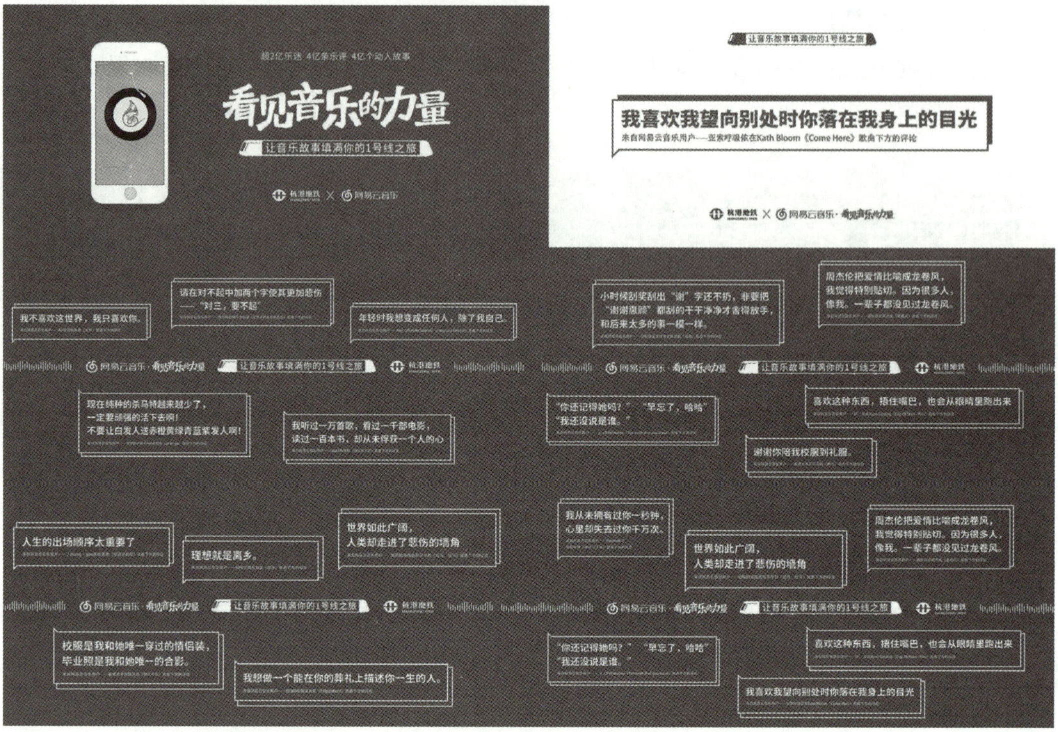

图 10-2-35　网易云音乐《看见音乐的力量》杭州地铁一号线乐评专列（2017）

文字场景化就是将极具共鸣感的短文案与相关的人物和场景搭配起来组成平面广告画面的方式。文字场景化方法要求文案写作深入人心。同时，广告画面中人物的选择和处理也必须具有典型性，能够代表目标受众群体并为其发声。

第三节

平面广告的构图方式

人眼同一时间所能聚焦的范围是非常有限的，而构图就是通过合理的画面安排来引导眼睛按照设计者安排好的视觉动线流畅、舒适、自然地获取画面中的信息点。合理的构图不仅是画面美感的重要构成部分，更能够提高广告信息的沟通效率。

一、三分线构图

三分线构图也被称为三等分构图或者九宫格构图，就是将一个矩形画面横向三等分，纵向也三等分，将画面中重要的信息点放在这四条线上或者四个交点上，来保证画面观感整体的舒适性（如图 10-3-1）。三分线构图是最基本的构图方式，但若一味往等分线上放内容而不考虑画面整体的平衡和变化，也会导致画面整体单调、乏味。

二、中心构图

中心构图是把最重要的信息点放在画面正中心的构图模式（如图 10-3-2）。中心构图简单、直接，能够给人很强的视觉冲击力，但是也需要注意处理中心位置的视觉元素与画面其他位置上辅助元素的平衡。同时，中心构图法也可以通过中心与四周的色彩、明暗的对比来进一步突出画面中心的视觉信息。

图 10-3-1　阿里妈妈《春瓷大赏》（2023）

三、对称构图

对称构图指将相同或相似的视觉元素安排在画面对称的左右两侧或者上下两侧（如图 10-3-3）。对称构图均衡、稳定、舒适。分布在画面两侧的内容如果能在保持外形对称的基础上形成奇妙的差异，也能够实现出人意料的创意效果。

图 10-3-2　粤盐《看不见海 却品得到鲜》（2020）

图 10-3-3　学院奖 2021 年春季征集大赛平面类金奖

四、三角形构图

三角形构图是假定画面中有一个三角形，将关键的信息点安排在三角形的三个顶点上的构图方法（如图 10–3–4）。三角形构图能够产生较强的动势感，正三角形相对稳定，倒三角形和斜三角形会使画面产生一定的紧张性和跃动感。

图 10–3–4　中国银联《通途》（2023）

五、引导线构图

引导线构图是利用画面中可视的直线、曲线，无形的视线、方向，明暗、大小、色彩等规律变化的动线将人眼聚焦到画面中最重要的信息点上的构图法（如图 10–3–5）。引导线构图法能够使画面增强动势、突出看点，也能够强化画面的立体感和纵深感。

图 10–3–5　李宁《丝路·探行》（2020）

六、框架构图

框架构图就是在画面中构造一个框架，把最重要的信息都放在这个框架之内。这个框架可以是门、窗、桥洞、肢体等自然存在的事物，也可以是人为设计的能够将关键区域与其他区域分隔开来的元素。框架能够快速聚焦视线，拥有与中心构图一样的突出作用。同时，框架构图也能够营造一定的神秘感和延伸感。

七、棋盘构图

棋盘构图指同类视觉元素有规律地重复，均匀地覆盖整个画面的方法（如图 10–3–6）。棋盘构图能够创造一种规律性的美感，需要凸显的关键信息点也可以通过差异化的处理从重复之中跳脱出来为人所注意。

八、分散构图

分散构图是让视觉元素围绕一个中心点向外相对自由地散布在画面中的构图方式（如图 10–3–7）。分散构图需要处理好分散的视觉元素之间的疏密安排，让整个画面均衡、舒适。

图 10-3-6　康王《为地球去“屑”》公益行动（2021）

图 10-3-7　阿里妈妈《春瓷大赏》（2023）

除了上述构图方式，还有动态对称构图、对角线构图、放射构图、L形构图、S形构图、十字构图等构图方法。不同构图方法的目的都是一样的，那就是让人眼能够更快、更准确地看到画面中最关键的信息。理解了这一点就不应拘泥于某个特定的构图方式，而是从整体上考虑画面的布置和安排。

第四节

品牌标志设计基础

品牌标志设计是品牌视觉识别系统设计（简称为“品牌设计”）的核心组成部分。品牌设计除了标志设计，还包括从标志设计衍生出的大量触点应用设计，甚至是空间设计、工业设计等。因此，品牌标志并不仅仅是一个图形符号，也是品牌最直观的外化形式，浓缩了品牌的价值观、理念、历史、文化、个性等。品牌标志几乎要伴随品牌的一生，是消费者品牌记忆的关键抓手，其重要性不言而喻。

一、认识品牌标志

1. 品牌标志的概念与类型

“标志”一词对应的英文为“logo”。品牌标志就是品牌为了使自己能够被消费者辨认而将名字、愿景、个性、价值观等一系列品牌内容进行的一种图形化处理的结果。一个完整的品牌标志通常由三部分组成，分别是图形符号、标准字和口号（图 10–4–1），有横向和竖向等多种基本组合样式。但不同的品牌在不同的应用场景中也会重新取舍和安排，没有严格的定式。

图 10–4–1　品牌标志组成

品牌标志可分为图形标和字标两种类型。图形标是以图形符号为主体的标志，通常需要辅以标准字，但标准字不需要过度设计，在常用字体的基础上稍作调整即可，标志的视觉焦点在图形部分。字标是以标准字作为主体的标志，其中的文字可以是品牌名、产品名或字母缩写等。字标基本就是名字，它的视觉体验比图形标更直接、清晰。

图形标示意

人眼在观察一个标志时有着基本的视觉认知顺序，人眼最先感知到的是色彩。色彩能够引发不同的心理联想，所以标志色彩的选择需要非常慎重。通常在标志设计的后半段，造型设计基本完成之后再选择色彩。在色彩之后，人眼会观察到标志的整体轮廓，一个有特点的轮廓能够比细节创意更快速地使人产生新奇感。最后，人眼才会关注和解读图形符号与标准字的含义。因此，创意人员在标志设计时可以参考色彩、组合轮廓、图形细节的顺序来合理安排投入。

字标示意

2. 辅助图形

标志的视觉认知顺序

辅助图形是品牌标志的延伸，目的是提高品牌标志的应用性。品牌标志通常被安放在广告的角落，但是辅助图形却可以通过对标志关键元素的重复或延展，大面积出现在广告中，来增强品牌辨识度，保持品牌形象的一贯性。

辅助图形的设计方法包括：（1）直接延展，即直接将标志的核心视觉元素进行局部截取、拉伸、变形（如图 10–4–2），或框架填充（如图 10–4–3）、拆分应用（如图 10–4–4）等。（2）图案延展，即将标志的局部延展成图案纹理进行应用，或打造品牌专属的个性图案（如图 10–4–5）。（3）演绎延展，即在标志核心视觉元素的外形（如图 10–4–6）或调性（如图 10–4–7）的基础上进行创造性的演绎应用。

图 10–4–2　塔吉特百货（Target Corporation）的辅助图形

图 10-4-3 天猫的辅助图形

图 10-4-4 MIT Media Lab 的辅助图形设计

图 10-4-5 便利店和厨邦酱油的辅助图形设计

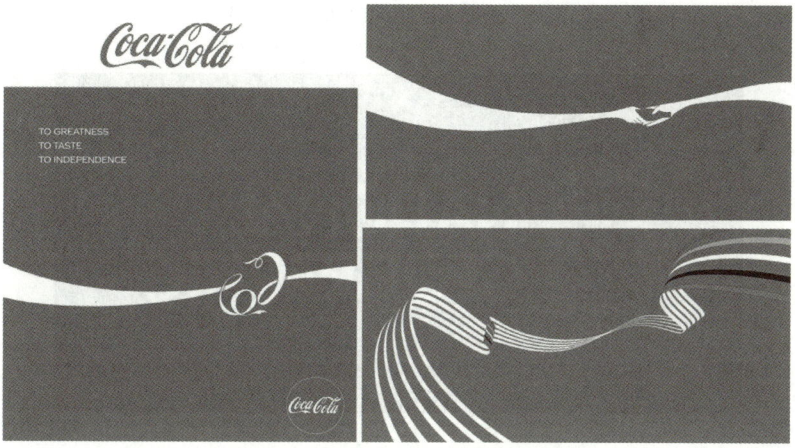

图 10-4-6 可口可乐的辅助图形

图 10-4-7 北京 2022 年冬奥会和冬残奥会辅助图形设计

二、品牌标志设计的原则

品牌标志的好坏没有固定的评价标准，但标志设计遵循一些经过时间检验的基本原则依然是有必要的。

1. 简单

简单首先指标志表意的简单。这意味着标志需要尽可能只传达一个信息点，它的创意应该能用一句话“这代表了……”就说清楚。复杂的、需要将创意点挨个解释的品牌标志也意味着观看者需要为理解它付出时间和脑力成本，这样的品牌标志很容易被淹没在信息的海洋里。

简单也意味着形式的简单（如图 10-4-8）。品牌标志需要应用到大小不同的场景和各种物质载体上，也会以喷绘、写真、雕刻等不同工艺去呈现。形式简单的标志更能在各种尺寸、各种媒介、各种工艺条件下都清晰可辨识。

图 10-4-8 国家地理品牌标志

2. 独特

独特指品牌标志需要尽可能与同行的竞争对手之间有所区别。人脑对具有特性的事物记忆度更高，在简单的基础上做到独特就会更容易让人记住。如在一众以单个圆形为母体的汽车标志中，奥迪的四个圈就具有较强的独特性（如图 10–4–9）。

图 10-4-9 以圆形为母体的汽车标志

3. 合适

合适是指品牌标志的观感体验需要在一定程度上符合人的心理预期，符合品牌所在行业或者产品本身的基本气质。如运动品牌（如图 10–4–10）就需要一种力量感、律动感，高端时尚品牌则要凸显高贵感、雅致感。

图 10-4-10 运动品牌的标志

4. 普适

普适是说品牌标志设计需要注意运用没有歧义的符号、色彩等，要避免可能出现的性暗示，以及对某些人群的歧视、伤害，也要避免触犯某些宗教、地域习俗和文化的禁忌。特别是应用于跨文化语境中的品牌标志设计务必谨慎，减少误解。

5. 可延展

品牌标志需要具有可延展性。除辅助图形之外，某些品牌标志需要能够基于自身扩展出更多相近的标志（如图 10-4-11），应用于更广泛的场合。同时，随着新媒体的发展，品牌标志也需要具有动态延展性，以方便用动画的手段进一步丰富品牌叙事。

图 10-4-11　杭州亚运会会徽及体育图标

三、品牌标志创意的技巧

品牌标志创意并不仅仅是完成一个图形符号，它的实质是发现品牌当前所面临的问题，并利用视觉化的手段加以有效解决。完整的品牌标志创意流程包括 5 个步骤：（1）调查。深入研究品牌面临的问题和机遇。（2）策略叙述。在充分了解品牌的背景之后，定义品牌的核心目标，并用一句口号或一段简单的文字进行叙述。（3）视觉转化。尝试将这个叙述转化成视觉图形。（4）设计实施。将创意转化的视觉图形结果落到纸面上。（5）发展。在应用过程中不断培养和赋予品牌标志新的生命力。

具体的品牌标志创意技巧包括以下几点。

1. 具象象征

具象象征手法指借用某个与品牌相关的事物形象来完成品牌标志设计（如图 10-4-12）。具象象征手法需要对相关形象进行高度抽象，并与品牌想要传达的信息相结合进行创意。常见的象征物有：山、水、树木、叶子、火焰、花朵、水果、动物、鸟类、人体及眼睛等局部器官、各种日用品、建筑、星球等。

2. 抽象类比

抽象类比则是利用圆、角、方等抽象的几何图形来表现品牌想要传达的信息（如图 10-4-13）。抽象图形更为简洁，但表意相对隐晦。常用的抽象元素包括：点、三角、圆形、菱形、莫比乌斯环、立方体、十字形、螺旋、漩涡、辐射、波形、星形、箭头等。

图 10-4-12 具象象征的品牌标志

图 10-4-13 抽象类比的品牌标志

3. 正负图形

正负图形是品牌标志设计很常用的一种方法，能够极大地提高标志的空间利用效率和趣味性。常见的正负图形处理方法包括：（1）在文字的字腔中放入其他图形（如图 10–4–14）。（2）在文字中间放入其他图形（如图 10–4–15）。（3）将文字切割形成形象表意（如图 10–4–16）。（4）在一个图形之中擦出另一个图形（如图 10–4–17）。

图 10-4-14 英国罗德信托品牌标志的 R 的字腔中有一只鹰

图 10-4-15 联邦快递的品牌标志在 E 和 x 之间的负空间中有一个箭头

图 10-4-16　微软数字广告大奖的标志，把字母“O”当成耳朵©当作眼睛就会发现一只老鼠

图 10-4-17　三角巧克力标志的雪山中有一只熊

4. 字母组合

字母组合是一种非常简易的品牌标志创意手法，即直接将品牌标准字或者品牌的首字母排列在一起构成标志。字母组合法简单易行，但在一定程度上显得太过平淡，这时可以通过加入一定的背景来增强图形感和品牌个性（如图 10–4–18）。

图 10-4-18　字母组合的品牌标志

5. 文字形象化

文字形象化就是在字母组合的基础上对文字做进一步的图形处理，使之成为形象化的表意手段。具体方法包括：（1）改变常规的字母排列方式，将多个字母融合在一起（如图 10–4–19，图 10–4–20）。（2）将文字的某个局部变形、变色或者增加一些元素来进行形象表意（如图 10–4–21，图 10–4–22）。（3）结合正负图形进行创意。

图 10-4-19　中信银行的品牌图形符号是字母 CITIC 的变形

图 10-4-20　上海地铁的品牌图形符号是字母 S 和 M 的组合

图 10-4-21 公益组织 Shelter 的品牌标志将 h 变形成房屋的形状

图 10-4-22 亚马逊的品牌标志加了从 a 指向 z 的箭头

第五节

包装设计基础

一、认识包装设计

1. 包装设计的概念与功能

从字面意义上理解，“包”即包裹、容纳，“装”即装饰、样式。“包装”作为一个组合词含有这两个层面的意思。“包”是从实用性出发，目的是保护内容物不被损坏，属于物质层面的概念。“装”则是文化层面的概念，是对事物进行点缀，使其外表看起来更有美感。包装是品牌和产品与消费者在物理空间相遇的重要一步，是实现商品价值和使用价值的重要手段。包装设计集中反映着品牌的理念、个性和对消费者心理的把握，融合了材料、美术、经济、市场、心理、传播等要素，是一项综合性较强的创意工作。

包装的功能包括：（1）保护功能。包装需要防冲击、抗挤压，保护产品不在运输过程中被物理性损坏。同时，食品等产品的包装还需要承担一定的防腐、保鲜、保质等功能。（2）便捷功能。合理的包装能够节约时间、空间，减少使用成本和体力消耗，提升产品体验的愉悦感。（3）信息功能。包装具有告知消费者品类、成分、日期、使用方法等基础信息的功能。（4）品牌功能。包装能够通过材料、造型、美术等各方面的综合设计来表现卖点，塑造品牌个性，传达品牌价值。（5）提高商品附加值（如图 10-5-1）。包装能够烘托产品价值，提升产品品位和格调，满足消费者的精神需求。

图 10-5-1 莱俪设计的香水瓶（1913）

2. 包装的材质选择

常用的包装材质有：纸、塑料、金属、玻璃、陶瓷、木料、布料、天然材料以及复合材料等。

其中，纸易于生产，加工方便，且可回收利用，是世界范围内最常用的包装材料。纸又可细分为铜版纸、瓦楞纸、白板纸、牛皮纸、特种纸等，不同克重的纸张也有不同的应用场景。铜版纸韧性较好，且色彩呈现能力较强，适用于礼盒、手提袋以及小型产品的包装盒、吊牌等。瓦楞纸成本低、强度高，常用于制作纸箱。白板纸面洁白光滑，有较好的强度，对印刷色彩无限制，是最常见的包装用纸。牛皮纸纹理自然、透气性好，且具有一定的减震能力，可用于食品包装。特种纸是表面经过加工形成特殊纹理的纸，成本较高，气质独特，具有较强的触感反馈。

纸张分类

塑料易成型，透明性好，着色度佳，耐冲击，防水防潮性能好，常用于盛装各种饮料、调料、化妆品等液体。但塑料难降解，容易造成污染，且部分塑料不耐热，对人体也有一定的危害。

金属包装强度高，且能够很好地隔绝空气、水汽和光线，金属的光泽也具有特殊的美感，但是需要注意一些金属容易生锈，稳定性相对较差。金属常用于茶叶、罐头、饮料等的包装。

玻璃具有较好的化学稳定性，且坚硬、透明、无味、无污染，又兼具较好的气密性和耐热性，主要用于酒类、饮料、食品、药物、化学试剂、香水等的包装。但是玻璃韧性较差，容易破碎，且重量大，印刷性能也较差。

天然材料主要是指可以直接用于包装的植物或动物的叶、皮、壳、纤维等。如竹、藤、草、棕榈叶、玉米叶、箬叶、笋叶、槲叶、芭蕉叶、高粱秆、麦秆、椰壳、葫芦、贝壳等。天然材料健康环保，能够带来真实、舒适的观感和触感，对它们进行巧妙的加工利用也能够提高产品的乡土气息和民族艺术感（如图 10-5-2）。

图 10-5-2　土鸡肉包装

二、包装视觉传达设计的基本原则

包装设计主要由容器造型设计和视觉传达设计两部分构成。

包装的视觉传达设计是对包装表面的文字、图形、色彩、构图等要素进行综合设计，使包装真正具备信息沟通和品牌个性塑造的能力（如图 10–5–3）。包装视觉传达设计的基本原则包括能传达信息、符合产品调性、具备整体感和独特性等，大体上遵循视觉创意表现的基本原则。创意人员在设计包装时应以品名、卖点、成分等关键信息的有效沟通为第一要务，注意处理好包装造型和材料的工艺关系。

图 10–5–3　今麦郎“拉面范”包装

三、包装容器造型设计的原则与方法

包装容器造型是三维空间的立体造型，需要考虑包装容器的材料特性、内部空间、外部造型、使用过程、触感体验等，做到形式美与实用性相统一。

1. 包装容器造型设计的原则

（1）符合产品特性。包装容器的造型设计需要符合内容物本身的物化性质，起到有效保护产品的作用。如需要避光保存的药品、化妆品等应选择深色玻璃、陶瓷等能够阻光的材料。啤酒、碳酸饮料等内部气压较高的产品适于采用能够分散压力的圆柱体设计（如图 10–5–4）。薯片等易碎的膨化食品则需要在袋形包装内充入惰性气体来实现减震的目的。

图 10–5–4　可口可乐经典玻璃瓶

（2）使用便利性。包装容器造型设计需要以人为本，符合人体工学，充分考虑到消费者使用的场景和使用时的便利性，做到易开启、易闭合、易取用、易收纳、易携带、易持握等，优化推、拉、翻、拧、扣、挤等体验。某些需要定时定量使用的特殊产品，如药品、化妆品等，也可以通过分装（如图 10-5-5）、添加刻度、固定泵量等方式来提高产品的易用性。

（3）艺术性与趣味性。包装容器造型设计应当符合产品属性和品牌调性，并在此基础上增添恰当的形式美感和视觉趣味（如图 10-5-6）。这也是包装在装饰层面、文化层面的基本要求，影响着消费者对产品和品牌的第一印象。在新媒体时代，“高颜值”的包装造型是激发消费者分享欲的利器，基本上只有好看或有趣的东西才能产生广泛的社交影响。

图 10-5-5　LemonBox 定制维生素每日一包分装

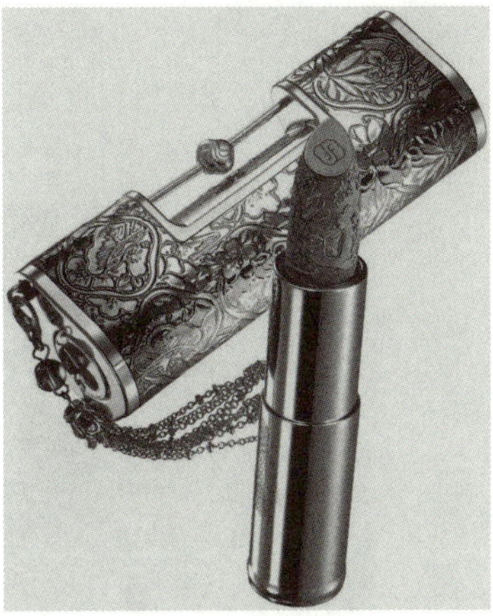

图 10-5-6　花西子口红“同心锁”包装

（4）可行性与经济性。包装容器造型设计需要能够满足大规模批量生产的加工制作要求，能够顺利“开模”“出模”，不应刻意追求夸张特异的造型。同时设计人员也需要从加工成本、材料价格、工艺水平、产品定价等多方面核算容器生产的成本，使产品包装具有一定的经济合理性。

2. 包装容器造型设计的方法

（1）模拟仿生。模拟仿生法即容器造型模拟某一人物、动物、事物等，模拟的对象可以是产品本身的原料或特性（如图 10-5-7）、产品名、产品的生产者、产品的目标消费者喜欢的形象（如图 10-5-8），或者产品使用场景中的关键事物等。设计人员在模拟设计时需要尽量抽象、简练，避免过度追求逼真还原，尽量突出容器造型的设计感。

（2）附加同构。附加同构的造型设计方法与平面广告设计中的同构类方法相似，都是指将形态相近或逻辑相近的形象组合在一起形成新形象的设计方法。在包装容器造型设计中，附加一些相关的装饰部件就能够完成同构设计。这类包装不仅构思巧妙，也能够强化主题，具有较强的趣味性和感染力。（如图 10-5-9 至图 10-5-11）

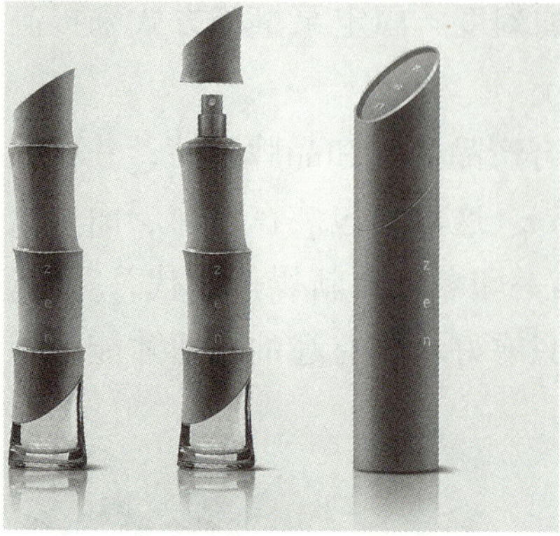

图 10-5-7　Zen 香水包装

图 10-5-8　QQ 星酸奶包装

图 10-5-9　AGRRR monsters 玩偶包装袋

图 10-5-10　THE BROOMS 扫帚包装

图 10-5-11　Hrum-Hrum 坚果包装

（3）透空。透空法就是在容器的基本造型上设计透明的孔洞，让消费者能够透过包装直接看到里面的内容物（如图 10-5-12，图 10-5-13）。透空法不仅能够使包装设计更具直观性，给消费者一种安心感，也能够制造一种虚实相生的特殊美感。

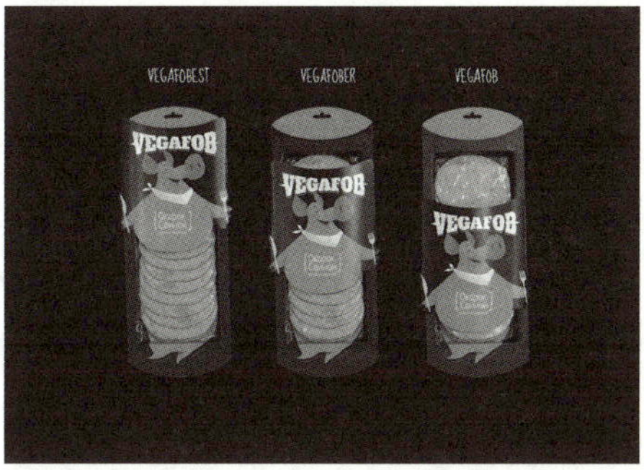

图 10-5-12　Vegafob 切片香肠包装

图 10-5-13　Pchak 坚果包装

（4）特异造型。特异造型就是对常规的几何形体加以弯曲、扭转、切角等处理，从而人为制造差异性和视觉焦点的方法（如图 10–5–14）。特异造型容器的加工成本比常规造型要高，更适用于高定价的产品。

（5）体块组合。体块组合就是把两个或两个以上的基本几何形体进行组合形成新的造型。巧妙的体块组合设计不仅能够提高包装空间的利用率，而且能够增强使用过程中的互动体验感。常见的体块组合有 6 个等边三棱柱组成六棱柱（如图 10–5–15），以及长方体之间的相互组合等。

图 10-5-14　AROMASE 洗发水包装

图 10-5-15　鸡蛋包装

四、包装设计的发展

1. 智能包装

随着信息化技术和材料技术的不断发展，包装也在向智能化迈进。智能包装融合了通信工程、印刷技术、信息科学、化学、物理学、生物学、材料学、传播学等多学科的技术成果，赋予包装信息追溯、实时感应、自动调控、智能提醒、创意交互等功能。智能包装应用的关键技术包括无线射频技术、二维码技术、传感器、AR/VR/MR、智能油墨、智能涂料、印刷电池等。

智能包装包括材料型智能包装、结构型智能包装和信息型智能包装等。

材料型智能包装主要运用光电、温敏、湿敏、气敏等功能材料，如可以通过包装色彩的变化来提醒消费者食品是否变质（如图 10–5–16），储存条件是否合适等。

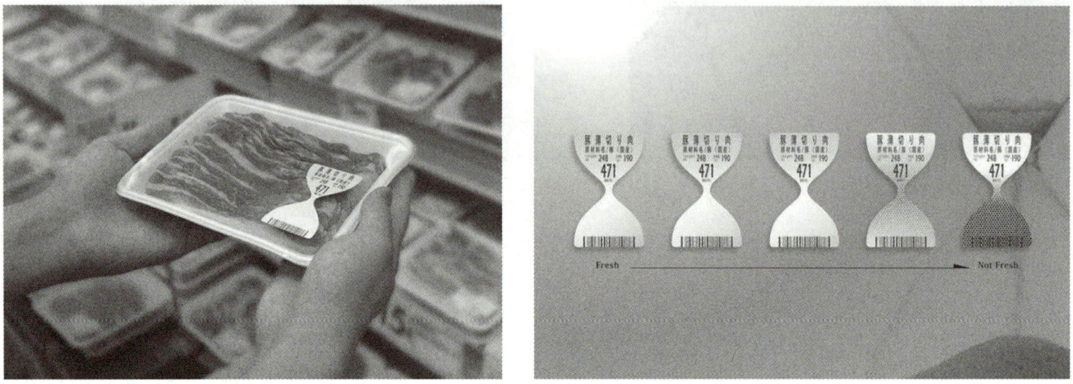

图 10–5–16　包装上的新鲜度指示标签及其使用方式

结构型智能包装是通过包装的内部结构设计来使包装在不同的使用场景中自动进行结构改变，以更好地满足消费者的使用需求。如加入超过 85 摄氏度的热饮就能够自动变形弹出隔热手握层的魔法纸杯（如图 10–5–17）等。

信息型智能包装主要指运用无线射频技术、二维码技术等来记录和显示内容物在储存、运输、销售过程中相关信息的包装形式。

2. 绿色包装

绿色包装就是对自然环境和人体健康无害，能够重复利用的，符合可持续发展理念的包装。绿色包装遵循 4R1D 的设计原则：（1）减少材料（Reduce）。绿色包装推崇减量化设计，能减则减，减少资源浪费。（2）可重复使用（Reuse）。绿色包装追求重复使用，以减轻环境压力，节约生产成本，也包括创意包装的新用途。（3）再利用（Recycle）。回收废弃的包装再生利用，如再生纸、再生塑料等。（4）能量回收（Recover）。通过焚烧废弃包装发电等，以最大限度减少包装废物对自然环境的污染。（5）可降解（Degradable）。使用可降解的无毒材料设计包装。

绿色包装的材料主要有纸、生物塑料（以玉米、甘蔗、马铃薯、木薯等植物为原料制成的无毒可降解塑料）、玻璃、金属、木料以及其他天然材料等。除材料之外，绿色包装设计在结构设计上也追求简易化、可替换、易替换（如图 10–5–18），在加工工艺上也通常会注意节能减排，减少废水、废气、废渣的排放。

3. 体验包装

体验包装追求的是打动消费者的心灵。它更多地关注人本身，关照人的情感需求，基于对包装材料、造型、色彩、图形以及使用方式等的设计，使包装能够唤起消费者较强的情感共鸣，获得愉悦的使用体验。体验包装可大致分为感官体验包装、情感体验包装、交互体验包装等。

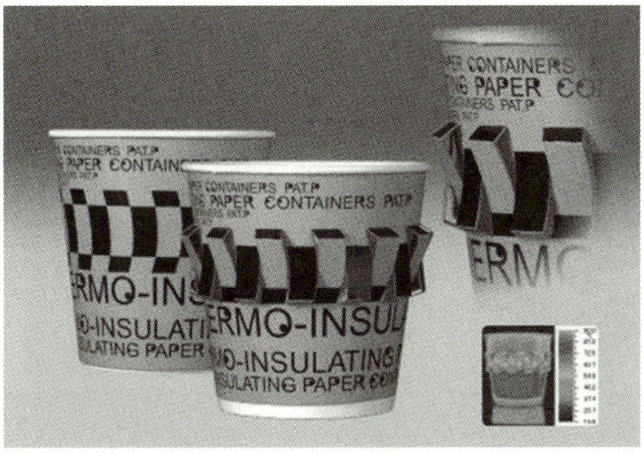

图 10-5-17 热变形魔法杯

图 10-5-18 Carton + Pump 皂液替换装置

感官体验包装在包装设计中充分调动消费者视觉、触觉、听觉、嗅觉等综合的感官，激发消费者的情绪活动，致力于使他们在积极的生理感受中建立品牌联想。包装的造型与视觉设计、材料的触感、开启和闭合的声音、包装与桌面等其他事物碰撞的声音、开启时散发的气味等都在感官体验包装设计的范畴之内。

情感体验包装则追求直接激发消费者的心理共鸣，满足消费者的爱、归属、尊重、自我实现等情感需求。情感体验包装设计最简单的思路是使用短文案直接唤起消费者的情感共鸣。不仅如此，也可以通过包装设计的仪式感、美感、调性、档次、气派、个性等赋予消费者地位、身份、品位和情趣方面的情感认同（如图 10–5–19）。

图 10-5-19 可尔必思“相遇瓶”（饮料喝完后，包装插画中相对的两个人就能相遇）

交互体验包装让包装从单向的信息输出转向与消费者双向的互动，赋予了包装游戏性、工具性、改装性（如图 10–5–20）、可创作性（如图 10–5–21）等。包装不再仅仅是内容商品的附属物，而是获得了一定的主体性和功能价值。当然，交互体验包装在设计时必须与商品属性、调性和功能相结合，以提升商品使用的愉悦感、趣味性为终极追求。

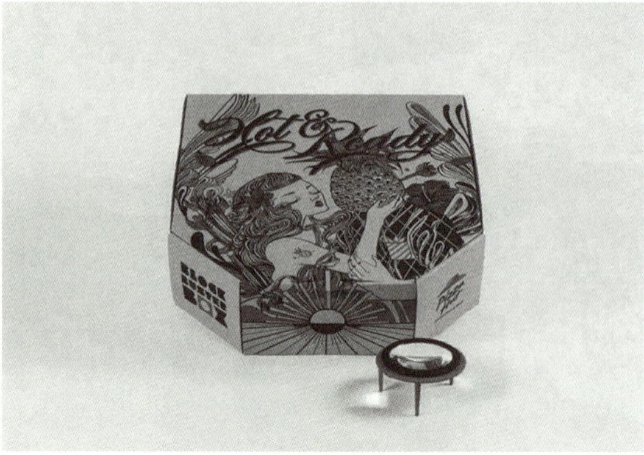

图 10-5-20　必胜客可改装成手机投影仪的比萨盒

图 10-5-21　消费者在星巴克咖啡杯上的自发创作

本章思考题

1. 你如何理解平面广告在新媒体时代的价值?
2. 平面广告的创意模板有哪些?
3. 请结合实例谈一谈好的品牌标志具备哪些特征?
4. 如何才能使包装设计更具体验感?

拓展阅读

第十一章

视听广告创意

学习目标

1. 认识视听传播的基础知识。
2. 理解视听广告剧本创作的基本原则与常见叙事原型。
3. 掌握从剧本到故事板的媒介形态转换过程与方法。
4. 掌握视听广告的常见创意模板并能够在创作中灵活运用。
5. 了解短视频与播客等视听平台的内容生态和基本广告形式。

第一节
认识视听广告

一、从广播电视广告到视听广告

视听广告即以视频和音频为信息传播介质的广告形式。在大众媒体时代，电视和广播是主要的视听媒介，“电视广告”“影视广告”“广播广告”等是使用更为广泛的概念。

随着数字媒体技术的不断发展，视频、音频媒介从固定在家庭中的传统电视、广播拓展到更为个人化和网络化的智能移动终端上，传统的“广播电视广告”已不完全适应现在的媒介生态。相对地，打破媒介形式的限制，从更根本的感官角度出发的视听广告概念更为宽泛和灵活。它突破了传统媒介时代的思维范式，提供了更多广告创意的可能。

“视听广告”一般指融合了声音表现在内的、以视频为存在形式的广告。严格来说，视听广告也包括仅以音频为表现手段的广告。作为一种综合的广告艺术形式，视听广告和电影、电视艺术一样，融合了文学、戏剧、美术、表演、摄影、音乐、数字艺术等多种媒介形式，具有极强的形象表现和叙事能力。

相比拥有数千年历史的文字和静态图像，视听语言的发明只是最近一两百年的事情，但是视听媒介在当下媒介环境中的位置已经越发重要，视听广告是当下最为重要的广告形式之一。现代视听广告能够依靠先进的媒体技术制造逼真的“梦境”，让人们从现实生活中暂时抽离和解脱，获得超越现实的体验和趣味。视听媒介都是“时间性”的媒介，它们每时每刻都在流动，作用于人们此时此刻的感受，以直观的视听符号完成说理、激发情绪、引导心流、制造记忆。

随着视听媒介技术的不断发展，原本单向传播、线性叙事的视听广告也开始拥有双向性、互动性的功能与特征。在这些广告中，受众可以通过选择剧情走向等交互方式决定故事的发展，在游戏化、沉浸式的体验中认知广告信息，提升品牌好感。如招商银行 App 的互动视听广告《来！坐！》（如图 11-1-1）就以“第一视角拍摄 + 互动式选座”的形式展现了年轻人去亲戚家吃饭，经历“七大姑八大姨”热心关怀的故事。进入广告界面之后，受众可以主动选择座位，不同的位置会引出不同的话题和内容。最后，在受众不知所措之时，招行财经专家出现，给年轻人提供感情、理财和创业建议。这种互动视频颠覆了财经行业古板、乏味的刻板印象，是一种有趣、有用的沟通传播方式。

图 11-1-1 招商银行《来！坐！》(2019)

二、视听广告的三大表现形式

1. 说明型

说明型广告通常在广告中再现消费者面对的问题，直观展示产品或服务的独特定位、卖点与优势，以平铺直叙的方式直接向消费者传递关键的广告信息。传统影视广告时代形成了 5 秒、15 秒、30 秒等对广告时长的限制。说明型广告能够在最短的时间内说明最关键的问题，适用于延续了广告时长限制的媒介场合，如传统电视广告、视频贴片广告、电影映前贴片广告等。

说明型广告常见的表现形式包括：（1）解决问题痛点。重演甚至夸大消费者遇到的难题，紧接着提出解决方案。（2）建构生活场景。再现消费者的日常生活场景，融入产品或服务，以拉近与消费者的心理距离。或者建构一种理想化的生活场景，将产品或服务与这种理想生活建立联系。（3）名人专家推荐。借助影星、名人或相关专家的光环效应来说明产品信息，增强品牌魅力。（4）数据对比实证。通过实验、数据、对比等方式来证明产品或服务的可信度和可靠性。

2. 故事型

故事型广告即讲故事，通过完整的人物塑造和情节叙事将产品信息以及品牌的观点、理念和价值蕴含在电影化的视听语言之中。故事型广告可以是虚构的也可以是真实的，可以是幽默的也可以是温暖的，可以描绘幻想世界也可以记录现实社会。当今，物质文明高速发展，人们的精神世界却被碎片化的媒介内容不断稀释，物质和精神

“过饱与饥饿”共存的时代到来，比说明型广告更长的故事型广告成为品牌传播的必要之选。通过讲述品牌故事，关怀个体困境，回应时代问题，塑造共同梦想，故事型广告能够充分调动消费者的情感，建立品牌忠诚，甚至形成社会话题，引发二次传播。

例如，2021年恰逢中国共产党建党百年，共青团中央在五四青年节联合知乎出品的《重逢》以讲故事的方式回答了“这一代年轻人，还有不计生死的血性吗？”这一时代问题。这则长达15分钟的广告通过绕错路的奶奶的视角串联了在中印边境冲突中牺牲的年轻战士的故事。她本来要去河南红桥镇桃源村探望已故孙子的未婚妻，却意外到了上海虹桥，来回路上得到当代年轻人的热情帮助。广告用真诚的叙事和真挚的情感激发了当代年轻群体的爱国情怀和时代共鸣，引发了传统主流媒体、社交媒体的大量传播。

共青团中央 × 知乎《重逢》

3. 音乐型

音乐型广告没有具体的情节和叙事，更多地凭借动听的音乐旋律和绚丽的视觉效果来塑造一种奇观化的感官体验。音乐型广告侧重对品牌调性与个性的传达与塑造，注重对色彩的创新性利用以及音乐的节奏配合，强调视听表达的新鲜性、趣味性、奇特性，达到引人入胜、让人欲罢不能的效果。如2018年苹果家庭智能音箱HomePod的广告《欢迎回家》，运用欢快的音乐、流畅的舞蹈以及绚丽的色彩和奇妙的视觉表现，通过实景拍摄的手段展现了疲惫上班族听到HomePod播放的音乐后重新焕发活力的场景。广告将HomePod产品的用户体验充分视听化，达到了一定的艺术高度。

苹果 HomePod《欢迎回家》

三、视听广告的制作流程

1. 前期筹备

视听广告的制作涉及广告主、广告代理公司、制作公司、导演等各方面的协调配合。在前期筹备阶段，制作公司需要经过多次制作前会议（Pre Product Meeting，PPM）来逐步确定广告的剧本、分镜头故事板、影调色彩、演员、场景、灯光、服化道、摄影（包括特殊摄影设备的需求）、音乐、配音等细节，并制订详尽的拍摄日程计划。

2. 拍摄制作

经过严密详尽的筹备之后，广告开始进入拍摄期。视听广告的拍摄工作是一个复杂的协同性工作，人员、设备、场景、道具、后勤保障等需要合成一个有机的整体，各司其职，有效管理。视听广告的拍摄周期一般都比较短，往往只有几天时间，因此拍摄前需要做好周密筹备，以确保拍摄过程更流畅。拍摄工作一般先从大景别开始，照看搭建好的场景不被弄脏，然后再从大景别到小景别进行逐个镜头拍摄。实际的拍摄过程需要根据现场条件、导演要求等灵活调整。

3. 后期制作

前期拍摄停机之后，广告开始进入后期制作阶段，包括剪辑、特效、调色等工作。视听广告的剪辑大致包括粗剪、修改、加字幕、配音等四个步骤。剪辑需要遵循逻辑性、连贯性、运动轴线以及节奏性等原则，以保证视听广告叙事流畅、表意清晰、观感舒适。调色和特效等工作也需要在后期制作中完成。调色是提高视听广告影像质感的重要步骤，从色彩校正到风格化的调色，要使视听广告的色彩与品牌调性和广告策略达成一致，并具有引人注意的视觉魅力。调色通常是视听广告交付前的最后一步。

第二节
视听语言基础

一、画幅比

摄影镜头捕获和呈现的视觉画面是有选择的、二维的、局限的。超出画框之外的部分需要观众借助完形心理自行补全。画幅比（Aspect Ratio）也就是影像画面宽度与高度的比例，通常用“X : Y”的形式来表示。由不同的画幅比构造的画面的信息丰富程度是不同的，也会给观众带来差异化的观看感受。

1. 4 : 3（1.33 : 1）画幅比

4 : 3 画幅比是从早期影视作品使用的标准的 35 毫米胶片的画幅比例延续而来的，也被称为全画幅（Fullscreen）。随着有声电影的出现，为了给音频在胶片上腾出空间，有效画面的尺寸被压缩。1932 年，美国电影艺术与科学学院将被压缩的 1.37 : 1 画幅比定义为“学院画幅”（如图 11–2–1）。1.37 : 1 与 4 : 3（1.33 : 1）相近，故亦称 4 : 3 画幅比。在接下来的 20 年中，4 : 3 画幅比在好莱坞占据了统治地位。

图 11-2-1　电影《罗马假日》画幅比 4 : 3（1953）

4∶3 画幅比符合黄金比例，能够产生较为舒适的视觉效果。这种类似正方形的比例，能够以更为自然的方式引起观众对画面主体的注意，也更长于制造一种紧张甚至幽闭的感觉。相对地，相比更宽的画幅，4∶3 画幅比能够呈现的视觉内容有限，在宏大场面的描绘上有一定局限。另外，作为诞生较早的标准格式，4∶3 画幅比具有一种天然的复古怀旧的独特美感，因此受到许多追求艺术美学的创作者的青睐，如图 11–2–2 为 2021 年上映的由韦斯·安德森导演的电影《法兰西特派》，也采用了 4∶3 的画幅比。

图 11–2–2　韦斯·安德森《法兰西特派》(2021)

另外，4∶3 画幅比能够在现下任何比例的屏幕上完美播放，不会存在其他宽画幅内容在播放时遇到的上下黑边不统一等播放效果不理想的问题。

2. 1.85∶1 和 2.35∶1 画幅比

20 世纪 40 年代，电影院为了与延续了 4∶3 画幅比的电视竞争，推出了能够承载更多画面信息、营造沉浸观看体验的宽画幅电影。其中，1.85∶1 画幅比（如图 11–2–3）被称为遮幅宽银幕，是通过遮盖画幅顶部和底部生成的。2.35∶1 画幅比（如图 11–2–4）被称为变形宽银幕，主要通过变形摄影生成，使用特制镜头将水平视野压缩进 35 毫米胶片的可用负片区域，再通过变形镜头放映。

图 11–2–3　贾樟柯《山河故人》中的 1.85∶1 画幅比（2015）

图 11-2-4　陈凯歌《妖猫传》采用 2.35 : 1 画幅比（2017）

相对于 4 : 3 画幅比而言，这两者都有着更宽广的视野，能够展现更为宏大的场面，营造强烈的真实感与环绕感。不过，比较来看，1.85 : 1 画幅比不会过度分散观众的注意力，使他们能把重点放在故事与表演上，更适合叙事性强的视听内容。

3. 16 : 9（1.77 : 1）画幅比

16 : 9 画幅比处于前两者之间，是高清电视的国际标准，也是如今流媒体平台上常用的画幅尺寸，能够与各种不同的智能终端适配，具有较高的通用性。

16 : 9 画幅比与人眼的观看范围大致吻合，更具日常感。不过，这种画幅比在电影感和艺术氛围的营造上可能稍逊一筹。

4. 竖屏画幅

智能移动终端的普及导致越来越多的视听内容开始以竖屏形式出现。竖屏画幅（如图 11-2-5）与人眼正常的观看习惯不同，它的视觉信息承载力相对有限，但长于表现人物形象和具有较强纵深感的空间场景，所以，可以使用分屏等方法创造更多创意表达的可能。

图 11-2-5　华为竖屏短片《悟空》（2019）

二、镜头

镜头是指一段连续拍摄的人物或景物片段，是一段时空连续的运动画面。镜头是视听作品的基本组成单位。在前期制作中，按照分镜头脚本拍摄的一个个镜头被称为素材。后期剪辑制作时，镜头被有序裁剪和组接，配合声音，形成完整的视听作品。

镜头拍摄的基本要求包括：（1）平。除非为刻意制造差异化的视觉效果，通常情况下，视频画面要水平，不能倾斜，以求平稳舒适的观看体验。（2）稳。一般情况下视频拍摄要稳定，太过晃动的镜头不仅无法传达信息更会造成观看感受不佳。在拍摄时，可以使用三脚架、滑轨、斯坦尼康等辅助设备使拍摄更平稳。（3）清。视频画面要保证清晰，对焦、变焦清晰准确。（4）准。画面的构图、起幅、落幅都准确利落，不要有所犹豫。（5）匀。镜头内的运动，镜头的摇转速度、变焦速度、移动速度等通常都要均匀稳定，不要忽快忽慢。

以镜头是否移动为标准，可以将镜头划分为固定镜头和运动镜头。

1. 固定镜头

固定镜头是指在摄像机机位不变、镜头光轴不变、镜头焦距不变（“三不变”）的情况下拍摄的一段连续画面。固定镜头画面静止不动、视点稳定，符合人们日常生活中停留观看的视觉体验。固定镜头的特点包括：（1）善于表现静态环境和人物。（2）能够比较客观地记录和反映被摄主体的运动和节奏变化。（3）具有稳定、宁静、肃穆的心理感受。（4）能够产生一种“远”的感觉，更具历史感。

固定镜头的不足在于，如果被摄主体处于静止状态，画面会缺少变化，显得单调乏味。因此，拍摄固定镜头时需要注意增强画面内部的运动与结构变化，通过人物运动、出画入画、场景调度来增强镜头的动感和看点。

2. 运动镜头

运动镜头是在拍摄一个镜头的过程中，通过改变摄影机机位、镜头光轴、镜头焦距来拍摄一段连续的画面。在拍摄过程中，摄影机不同的运动方式能够产生不同的艺术效果，常见的运动镜头包括：

（1）推镜头。推镜头即摄影机向被摄主体推进，或者改变镜头焦距使画面框架由远而近不断向被摄主体靠近的镜头拍摄方法。推镜头能够产生视觉前移的效果，突出主体人物或重要的画面细节，产生节奏和动感。

（2）拉镜头。拉镜头与推镜头相反，是指摄影机逐渐远离被摄主体，或改变镜头焦距产生由近到远的视觉效果的一种后退式的拍摄方法。拉镜头能够产生视觉后移的效果，能够从点到面地表现出主体人物与环境之间的相互关系，产生由简到繁的画面结构变化。拉镜头能够产生由紧到松的心理感受，可以作为转场镜头或者结束镜头。

（3）摇镜头。摇镜头是指摄影机机位不变，但镜头水平摇动、上下摇动或上下左右复合摇动以完成镜头拍摄的一种方法。摇镜头就像人们转动头部环顾四周一样。一个完整的摇镜头包括起幅、摇动、落幅三个部分，拍摄时需要有明确的目的性，摇进画面的内容需要连贯且有变化和新意。摇镜头能用于跟踪人物运动，表现空间关系和拓展画面等。

（4）移镜头。移镜头是指将摄影机放在运动的工具，如滑轮或滑轨上，一边移动一边拍摄的方法。移镜头富于流动感和内部节奏，它的被摄主体可以不固定，景别和构图始终处于变化之中，便于交代复杂的空间环境和多层次的画面信息，给人身临其境的心理感受。移镜头的拍摄也需要有明确的目的，起落准确，移动平稳。

（5）跟镜头。跟镜头即摄影机始终跟踪着被摄主体进行拍摄的一种镜头拍摄方法，能够连贯地表现主体的运动，交代主体与空间的关系。跟镜头常用于人物拍摄，跟拍时景别基本保持不变，摄影师与被摄人物也保持相对一致的运动速度来实现稳定的画面效果。

（6）升降镜头。升降镜头是指摄影机借助升降装置，如摇臂、无人机等完成上下运动的一种拍摄方法。升降运动使画面视域能够不断扩展与收缩，形成了多视点、多景别、多角度的连续的变化效果。升降镜头的运动方式包括垂直升降、斜向升降、弧形升降、不规则升降等。

三、角度

拍摄角度是指摄影机在一定位置上的拍摄方向（如图 11-2-6）。不同的拍摄角度具有不同的视觉表现力。拍摄角度可以分为：（1）平摄。平摄指摄影机处于与人眼相当的高度进行拍摄的方法，这样的画面具有平和中正的感觉。（2）仰摄。仰摄指摄影机的位置低于被拍摄部分的位置高度，也叫“仰拍”。仰摄自下往上，被摄主体会显得高大挺拔、具有权威性和赞颂感。（3）俯摄。俯摄即“俯拍”，指摄影机位置高于被拍摄部分的位置高度。俯摄从上往下，常用于表现主体的卑微和压抑，营造阴郁的情绪；或者如同登高远望一样，表现宏大开阔的场面。

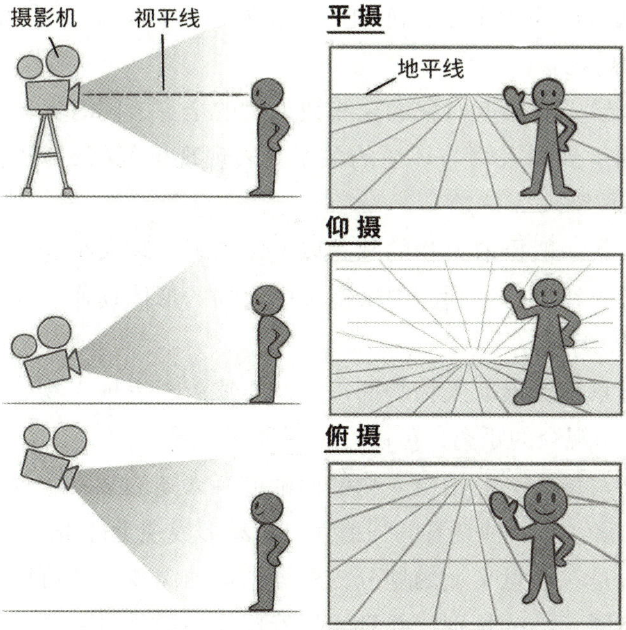

图 11-2-6　拍摄角度

四、景别

景别描述被摄主体在画面结构中所呈现出的范围和大小（如图 11-2-7）。摄影机和被摄主体之间的距离以及镜头的焦距共同决定了景别，不同景别建构的画面范围是不同的，适用于不同的场景和情绪表达。景别一般分为：

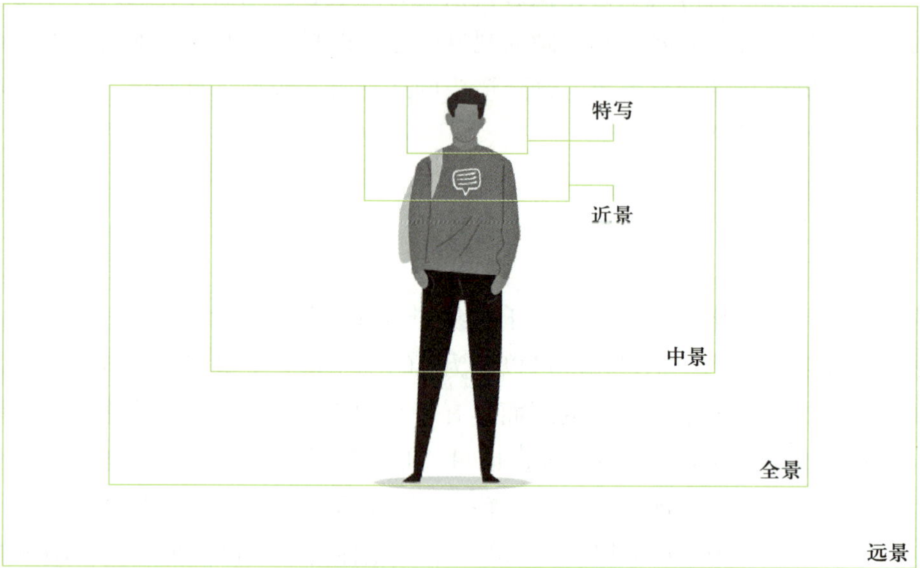

图 11-2-7　景别

（1）远景。远景也叫大全景，画面里人物处于大背景中，适用于介绍整体环境，表现辽阔、深远的景观。

（2）全景。全景一般摄取对象的全貌或人物的全身，同时保留出一定的活动范围和空间。全景适用于刻画人物与环境的关系，表现现场气氛，确定事件的空间范围，因此又被称为“定位镜头”。

（3）中景。中景一般摄取人物的膝盖以上，表现人物大半身的形体动作和人物之间的关系，是最长于叙事的景别。中景镜头中人物的形体动作、衣着、表情等都能得到展示，也可以兼顾环境。

（4）近景。近景镜头摄取人物胸部以上，能够清晰表现人物的面部表情和一些形体动作，拉近影像与观众的距离，可以产生一种交流感。

（5）特写。特写镜头一般拍摄人物的面部或者人体的某一个局部，以及物体的细部。特写表现力丰富，有一种观看的强迫性，容易形成视觉冲击。

这五种景别只是一般意义上的划分，根据拍摄的需要，还可以再分出大特写、中近景、中全景等不同大小的景别。并且，随着现代拍摄手段的进步，镜头景别越发复杂，一个镜头之内通常存在多种景别的连续变化。在什么情况下使用什么景别拍摄，需要根据剧情发展、画面构思、场景调度等的要求和条件具体确定。

五、影调

影调是影像画面中的明暗和层次关系，是创作者通过对光线的艺术性运用赋予影像画面的视觉氛围。影调是营造氛围、塑造形象、传达情绪的重要技巧，是观众对影像的第一感觉。所以，视听广告经常使用不同的影调来达到快速传情达意的效果。依据不同的划分标准，影调也可分为不同的类型。

1. 高调、低调与中间调

按照“亮灰暗”在画面中的比例关系，可以将影调划分为高调、低调和中间调。

典型案例

（1）高调。高调画面以浅灰、白色等亮度等级偏高的色彩为主，画面通透、干净。高调画面一般用来表现明亮、欢快、轻松、纯洁、舒畅的情绪。

典型案例

（2）低调。低调画面以深灰到黑色为主。景物经常沉浸在一片浓重的阴影之中，结构和轮廓都被淹没。低调画面在氛围和情绪的营造上与高调画面相反，常用来传达含蓄、神秘、肃穆、忧郁、哀伤、凝重等感受。

（3）中间调。中间调是最常见的一种影调关系，介于高调与低调之间，画面呈现中等灰度，有一定的明暗对比，相对接近现实世界的光照效果。中间调适合表现日常生活，但也容易陷入平庸和无趣。处理中间影调时，应处理好光影的层次关系和细节，增强画面质感，适当增大对比度，防止画面看起来发灰。

2. 硬调与软调

按照“亮灰暗”在画面中的强弱对比关系，可将影调划分为硬调和软调。

典型案例

（1）硬调。硬调画面一般有较高的对比度和较大的光比，主光多使用侧光或逆光，画面明暗对比强烈，结构清晰分明。硬调画面能够带来硬朗、粗犷、凌厉、冷峻、富有力量感的视觉效果。

典型案例

（2）软调。软调画面的明暗对比反差较小，影调层次过渡柔和，质感细腻。软调画面在视觉感受上具有含蓄、柔软、松弛、舒缓、温和的特点。

六、蒙太奇与长镜头

1. 蒙太奇

蒙太奇也就是镜头的剪辑和组接，指在视听影像创作中将不同的镜头有机地组接起来以完成叙事、表意、抒情的艺术手法。“蒙太奇”一词源自法语的“montage”，原本是建筑学用语，意为构成、装配、组合。蒙太奇的本质就是探索影像创作中镜头与镜头之间的连接所具有的表意功能。依据目的的不同，蒙太奇手法可以分为叙事蒙太奇和表现蒙太奇。

（1）叙事蒙太奇。叙事蒙太奇以交代情节和展示事件为主旨，按照事物的发展规律、内在联系和时间顺序来组接镜头、场面和段落。叙事蒙太奇又可以分为：

① 连续蒙太奇。沿着一条单一的情节线索，按照事件的逻辑顺序，有节奏地连续叙事。

② 平行蒙太奇。将不同时空（或同时异地）发生的两条或两条以上的情节线并列表现，分头叙述。

③ 交叉蒙太奇。同一时间不同地域发生的两条或数条情节线迅速而频繁地交替剪接在一起，各条线索相互依存，最后汇合在一起。

④ 重复蒙太奇。具有一定寓意的镜头在关键时刻反复出现，以达到刻画人物、深化主题的目的。

（2）表现蒙太奇。表现蒙太奇以镜头队列为基础，通过相连或相叠镜头在形式上或内容上的相互对照冲击，产生单个镜头不具有的寓意效果，以表现某种情感、心理或者思想。表现蒙太奇可以分为：

① 对比蒙太奇。通过镜头或场面之间在内容（如贫与富、苦与乐、生与死、高尚与卑下、胜利与失败等）或形式（如景别大小、色彩冷暖、声音强弱等）上的强烈对比，产生相互冲突的作用。

② 隐喻蒙太奇。通过镜头或场面的队列进行类比，含蓄而形象地表达创作者的某种寓意。

③ 心理蒙太奇。通过画面镜头组接或声画有机结合，形象生动地展示出人物的内心世界，常用于表现人物的梦境、回忆、闪念、幻觉、遐想、思索等精神活动。

④ 抒情蒙太奇。最易被观众感受到的抒情蒙太奇，往往在一段叙事场面之后，恰当地切入象征情绪情感的空镜头。

2. 长镜头

长镜头与需要多个镜头组接的蒙太奇相反，是一种将单个镜头时长拉长，在镜头内部完成场景变化和叙事的影像创意手法，有时也称“一镜到底”。镜头时长要达到多长才叫长镜头没有绝对的标准，一般多在 30 秒到 10 分钟之间。

长镜头拍摄的时长等同于其展示事件的实际时长，因而能够产生强烈的沉浸感和真实感，常用于跟随人物视角展现大范围的场景全貌、复杂的动作场面，或者展现人物不中断的内心转折等。长镜头尤其是运动长镜头的拍摄，需要极强的场面调度和时间把控能力，这也是长镜头引人入胜的原因之一。

七、声音

除了视觉元素，声音在视听语言中也有着不容忽视的作用。声音可以补充画面在信息传达上的不足、塑造人物形象、奠定情绪基调，能够使观众获得更完整的体验。

1. 声音的类型

（1）人声。人声不仅能够以语言的形式传递信息，人声本身的音高、音色、节奏、力度等也在传递着个性、情绪等信息。在视听广告中，人声主要包括：

① 画外音。画外音即旁白，起到解释、补充画面，塑造个性和氛围的作用。

② 对白。对白是人物之间或人物与自己的对话。对白是推进叙事发展、塑造人物形象和突出主旨的主要手段。

（2）自然音效。自然音效包括动作声、自然声、机械声、环境声等。自然音效不仅能够确立视听广告时空环境，也可以表达人物情绪、推进叙事发展，是声音创作中不可缺少的关键部分。

（3）音乐。视听广告中的音乐包括背景音乐、有歌词的主题曲等。音乐是营造氛围和塑造个性最有效的手段，视听广告或舒适、或紧迫、或时尚、或复古、或幽默、或严肃的氛围都可以通过音乐迅速锚定下来。同时，一首制作精良的广告歌曲如能够被广泛传唱、经久不衰，就能产生比文字更强的联想和记忆效果。

（4）品牌识别声。品牌识别声是品牌识别系统的组成部分之一，这个专属的声音能够有效塑造品牌形象，让消费者建立声音与品牌之间的联想，甚至成为广泛传播的“模因”。如英特尔（Intel）的“噔，噔噔噔噔”，虽然只有简单的5个音符却已经成为英特尔最重要的品牌识别符号之一。

2. 声画结合的不同方式

（1）声画同步。声画同步是最常见的声画结合方式，声音与画面内容一致，共同塑造完整的叙事空间，观众听到声音的同时也可以看到声源的画面。

（2）声画对位。声画对位是指画面和声音分别表达内容，从不同的方面说明同一含义的声画结构。在声画对位中，跟画面对位的可能是人声，也可能是音乐和音效。通俗地说，声画对位就是明亮欢快的画面就匹配轻松欢快的音乐，紧张激烈的画面就匹配节奏快速的音乐。

（3）声画错位。声画错位与声画对位相反，是指声音在情绪、气氛、节奏乃至内容等方面与画面对立，从而深化主题，产生强烈的视听冲击力。

第三节
视听广告的剧本创作

一、认识剧本

与电影界常说的“剧本是电影的基础”相似，创意剧本是视听广告的核心。创意剧本是用文字形式说明未来成型影片的文学样式。它是视听广告创意人员工作的蓝图，是视听广告创作的基础。

视听广告的创意剧本需要从洞察开始，洞察目标消费者需要解决的问题、普遍存在的问题，用创意故事去表现这些难题，提供不同的创意解法。视听广告的剧本故事编写需要在创意策略的指导下进行，通常不是完全天马行空的，而是来源于消费者的真实故事、社会新闻故事或者经典的 IP 故事改编等，是以一定的社会观察为蓝本的艺术创作。剧本的主题通常绕不开爱、勇气、自我、自由、改变与成长、幽默、魅力等。

剧本的最终目标是呈现视听作品，因此需要从视听思维的角度来创作，突出画面感。基本要求包括：（1）可视性强，用视觉化的语言来表达。（2）场景和画面的描述准确、具体、干净，避免模糊笼统。（3）运用好画外音、对白等声音元素。（4）注意段落之间的转场处理。

二、剧本创作的三幕结构

自戏剧诞生以来，剧本写作都倾向于三幕式结构（又叫作戏剧性结构、冲突性结构）。无论是在古希腊的悲剧还是莎士比亚的戏剧中都能找到三幕剧的影子：开端、发展和结局，在第一幕引入故事，设置问题，在第二幕发展故事，在第三幕将问题推至高潮并给予解决，迎来结局。

下面以电影《小猪佩奇过大年》联合中国移动、丁香园、阿里影业推出的广告宣传片《啥是佩奇》为例，具体分析一下剧本创作的三幕结构。

《啥是佩奇》

1. 第一幕：开端

第一幕大约占视听作品总时长的四分之一。第一幕具有建制性的功能，需要交代故事发生的时间、地点、人物、社会关系，并且在结尾的地方通过引入一个“干扰事件”让主人公脱离日常稳定不变的生活状态，为主人公设置好冲突和目标。同时，第一幕也需要确定好整体的视听语言风格，为全片的视听语言奠定基调。

如《啥是佩奇》的开端部分（如图 11-3-1），广告的第一分钟，在农村的爷爷玉宝打电话给儿子大为问他过年什么时候回来，电话却被孙子天天接起。电话里孙子说想要“佩奇”。于是为了满足孙子的愿望，爷爷从日常的生活中脱离出来，开始寻找什么是佩奇。

图 11-3-1 《啥是佩奇》开端（2019）

2. 第二幕：发展

第二幕是故事的主体，主人公为了解决问题不断与困难作斗争，对抗难度逐渐加大，形势和情况变得更为复杂，人物关系也得到进一步的发展和呈现。创意人员可以在剧本的情节发展中设置 1 到 2 个转折点，来使叙事发生变化和起伏。直到故事的所有线索都汇集到一起，达到不可逆转的“不归点”。

在《啥是佩奇》中，爷爷接到电话后，开始通过查字典、问小朋友、在村广播站发问等各种方式和渠道去问什么是佩奇。他遇到了护发素“佩琪”、村民“张佩奇”、可以下的“佩棋”等，直到从村民老三媳妇口中得知佩奇是动画片里的红色小猪。然后他开始手工制造佩奇（如图 11-3-2）。

图 11-3-2 《啥是佩奇》发展（2019）

3. 第三幕：结局

第三幕的最终目标是解决问题。主人公会做出一个决定，这个决定可以是符合观众期待的，也可以是不符合观众想象的。总而言之，结局需要能够给第一幕提出的问题一个合理的、可接受的解释。冲突和问题解决的时刻，也就是故事完结的时刻。

爷爷再次打电话给儿子大为催促他回家过年，却得知他们不回来了。正在难过之时，儿子开车回来接他进城过年。饭桌上，爷爷拿出了用鼓风机做的粉色佩奇送给孙子做礼物（如图 11–3–3）。

图 11-3-3 《啥是佩奇》结局（2019）

三、七大叙事模板

在建构剧本故事时，有几个叙事模板可以作为出发点。英国记者克里斯托弗·布克尔在《七个基本情节：我们为什么讲故事》一书中总结了七个常见的故事原型，这些典型的叙事模式出现在不同的文学、神话、戏剧、歌曲和民俗作品中。

1. 战胜邪恶

主人公受到邪恶势力的威胁，联合伙伴与之作战。这个邪恶势力可以是真的怪物，也可以是象征性的。这个邪恶势力往往是强大的，看似不可战胜的，正因如此，英雄般的主人公的人格魅力才得以吸引观众。如《封神榜》《星球大战》《饥饿游戏》等都是这个类型。

2. 白手起家

这种情节一般是讲述一个人努力反抗压迫或者战胜逆境，最终获得回报的故事。

在这类叙事中，通常会有一个促使主人公变革的催化剂，推动故事向理想的方向发展，如《宝莲灯》《丑小鸭》《灰姑娘》等。

3. 任务与探寻

这种情节通常涉及一个人或者一群人，他们踏上由某项任务推动的旅程。这个任务可能是寻找宝藏、解救伙伴、探寻真理等。尽管一路上遇到很多坎坷，并且面临着彼此之间性格的摩擦与种种考验，他们最终还是取得了胜利和成长。如《西游记》《指环王》《夺宝奇兵》等。

4. 远行与回归

在这个叙事模板中，主人公通常奇迹般地到达一个陌生的地方，在那里经历了许多冒险与挑战，之后带着学到的经验返回了原本的时空，如《桃花源记》《爱丽丝梦游仙境》《千与千寻》等。

5. 重生

这是一个关于蜕变与新生的故事类型。在这个叙事模板中，主人公在一位智者角色的引导下，或者因为爱情、家庭、更大的善的启发等而成为一个更好的人。如《周处除三害》《青蛙王子》《美女与野兽》。

6. 喜剧

喜剧叙事并非踩到香蕉皮滑倒这样简单的搞笑，而是一个轻松愉快的故事，通常还是浪漫的爱情故事。在主人公尝试赢得胜利的过程中会遭遇一系列混乱、尴尬、滑稽、啼笑皆非的冲突和难题，但最终还是迎来了圆满欢乐的结局。如《救风尘》《西厢记》《温莎的风流娘儿们》等。

7. 悲剧

悲剧叙事通常是讲述主人公的某个核心特质、缺陷或者犯下的某个错误所带来的灾难。主人公试图获得某种被禁止或不被鼓励的东西，这将会导致情节走向困境，并最终出现悲伤的结局。如《窦娥冤》《罗密欧与朱丽叶》《麦克白》等。

四、剧本编写的过程

1. 撰写故事梗概

故事梗概也叫故事大纲，是一个故事的主要内容，也是描述基本情节发展的简要文稿。故事梗概需要交代清楚主人公面临的问题，冲突发展的主要过程和最终的结局，并且明确这个故事的中心主旨。故事梗概要能起到提纲挈领的作用，确定整个剧本的写作方向。在视听广告创意中，故事梗概也是创意方案中的一部分，确定了故事梗概才能继续推进视听广告的创意制作。

故事梗概的写作没有固定模板，只要能够说明基本的人物和情节发展即可，通常可包括以下几个部分。

（1）标题。标题即剧本和故事的名字，需要确保它能够吸引观众注意力。

（2）一句话概述。可以用类似“主人公是……，他遇到……，于是他……，在经过了……，他终于……，这时却……，不过最终他……。这个故事表达了……的中心思想”这样的模板来概述故事发展，厘清思路。

（3）主要角色。设定主人公及其他主要角色，如反派、导师、伙伴、爱人等。

（4）背景设定。说明故事发生的时空背景。

（5）基本情节。描述故事发生和发展的主要线索。

（6）转折点。明确第二幕发展中的几个情节转折点。

（7）高潮点。确定第二幕结尾剧情高潮点的主要内容和呈现方式。

（8）结局。设定结局的走向，即主人公的选择是否符合观众期待。

（9）中心思想。从故事中升华出中心思想，回应广告策略的要求。

2. 撰写分场景剧本

场景是视听剧本中最基本的戏剧元素。一场戏通常是指在同一时间、同一地点进行的一段表演，一般由多个镜头组成。几场相互关联的戏串联出一个戏剧段落。

分场景剧本需要准确描述故事所需的环境氛围和视觉形象，将场景布置和演员的表演具象化，重点是撰写每个角色的对白。如电影《姨妈的后现代生活》（编剧：李樯）的最后一场戏（如图 11-3-4）：

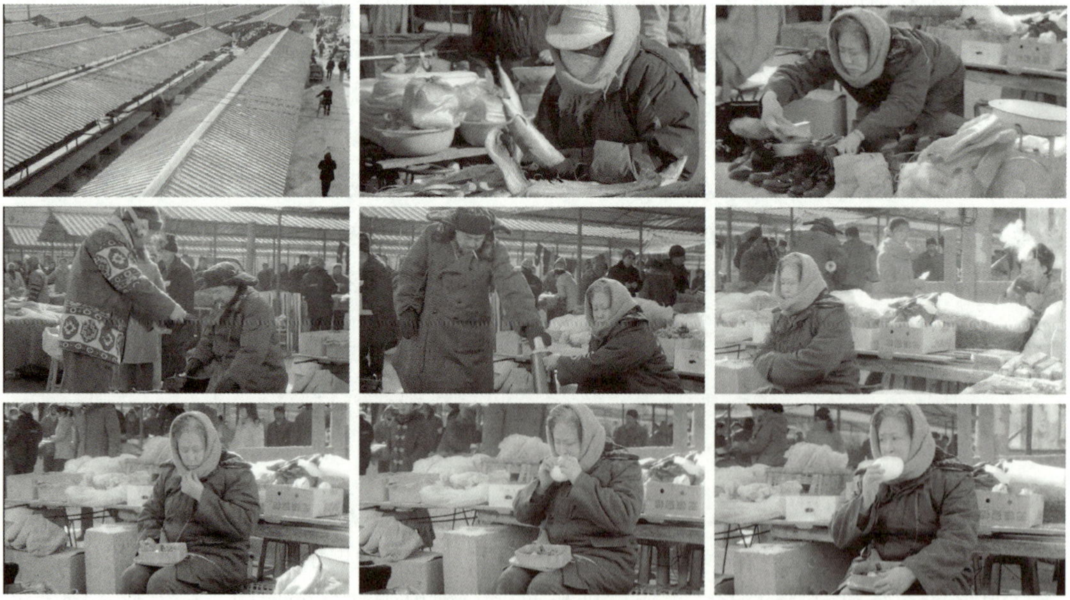

图 11-3-4　许鞍华《姨妈的后现代生活》（2007）

129 场　集贸市场 日 内 冬

一个大塑料顶棚的市场，人声鼎沸，挤满了卖各种商品的商家。

姨妈和丈夫卖鞋。

鞋都摆在一张行军床上。

姨妈坐在鞋摊后。丈夫在一旁倒腾纸箱。

过来一个人：皮鞋啥价儿呀？

姨夫：给你实价儿，一双60。

这人又问：是真皮的吗？

姨夫：是假的你拿来我吃了它！

这人坐下来试鞋。

姨夫抱起个纸箱走了。

旁边一个摊贩随手打开收音机调台，他停在一个京剧节目。

唱的是《锁麟囊》里的《春秋亭外风雨暴》，老潘也曾经唱过那段。

姨妈下意识地扭头看了那收音机一眼。

姨妈回过头，人有些迷惘，她从床下拿出一个铝饭盒，打开，拿出一个馒头就着菜吃起来。

画面渐渐隐去。

3. 撰写分镜头脚本

分镜头脚本是指将分场景剧本中涉及的场景、人物、对白与表演等内容再细分成一个个镜头进行编写，并注明摄影机的机位、角度、景别、镜头运动方式等。目的是给导演和摄制组工作人员提供基本技术资料，保证拍摄工作的有序性和可预测性。分镜头脚本可采用如下格式：

镜号	画面	景别	镜头运动	时长	字幕	音乐	说明

4. 绘制分镜头故事板

分镜头故事板是比分镜头脚本更形象化的表现形式，它通过一系列关键帧图画将文字脚本视觉化（如图11-3-5），能够为布景、拍摄、表演、摄影等提供更明确的指导。分镜头故事板也是广告创意团队提案时常用的沟通展示方式。

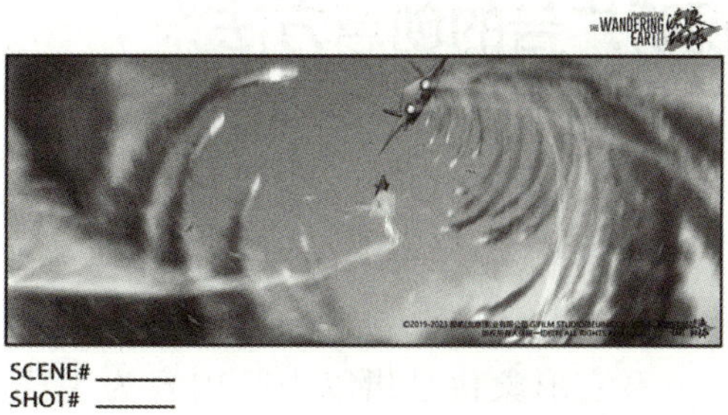

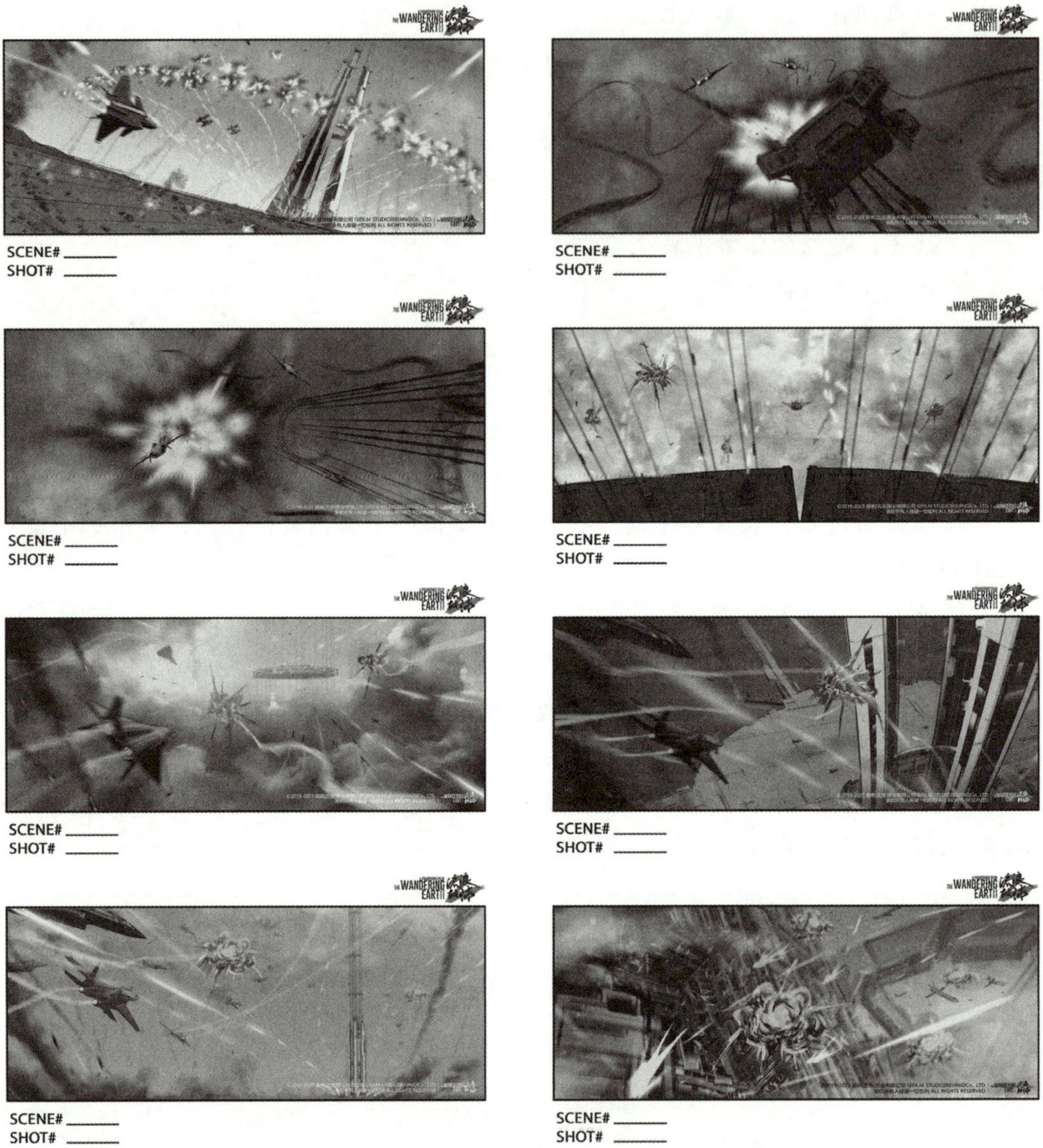

图 11-3-5　费学豪《流浪地球 2》分镜头设计（2023）

第四节
视听广告的创意方法

一、事实形象化

事实形象化是指以视听内容为手段将产品的卖点信息通过创意实验、行业对比、数据展示等方式形象化地展现出来，使抽象的信息变得直观，可见可听。如沃尔沃 FM 卡车的广告《史诗一字马》（如图 11-4-1）中，在两辆并排同时倒车的卡车之间，动作巨星尚格·云顿（Jean-Claude Van Damme）踩在后视镜上奇迹般表演了稳定的横叉，卡车“动态转向系统”的平稳与精确就通过这样的视听手段形象化地被展现了出来。

图 11-4-1　沃尔沃《史诗一字马》（2013）

二、创设极端场景和后果

与平面广告创意模板中的极端场景和极端后果一样，在视听广告创意中，也可以通过搭建荒谬的使用场景，将“不使用产品将带来的极端后果，使用产品能带来的极致结果”等产品和服务的卖点信息，以一种极具想象力和趣味性的方式表现出来。如味丹“多喝水”矿泉水的《找个理由多喝水——救命篇》（如图 11-4-2）展现了主人公因为喝水要抬起头，所以能够躲避掉从天而降的花盆、篮球、冰箱、卫星、雷电。该广告将“多喝水”的结果以一种极端幽默的方式呈现出来。

图 11-4-2　味丹多喝水《找个理由多喝水——救命篇》（2012）

三、运用陌生隐喻

陌生隐喻强调在广告核心信息与另一个看似毫无关联的事物之间强行建立联系，从而打破固有的认知范式，实现一种意料之外、情理之中的恍然之感。如 Groovetech 空气刀的创意广告《分手篇》将藕断丝连、拖泥带水的情侣分手与“不粘连，干净利落”的广告诉求结合在一起。前一秒还恩爱不已的一对情侣，下一秒一方提出分手，另一方立刻答应，以此来隐喻刀具的锋利不粘。

四、无关反转

无关反转即故事前面大篇幅的铺垫和最后的结果之间相距甚远，在前面的剧情发展中用一些经典的叙事套路去刻意迎合观众固有的认知期待，引导他们向错误的方向想象，然后在广告的最后揭示出不同的答案，产生一种无厘头的幽默感。如五芳斋 2018 年端午节的粽子广告（如图 11–4–3），前 3 分钟都在讲述一个少年回忆自己成长的热血故事，直到最后几秒才揭示这个少年是一颗糯米，他经历的磨难也是为了揭示“每一粒糯米，都来之不易”“糯好粽才好”的广告主张。

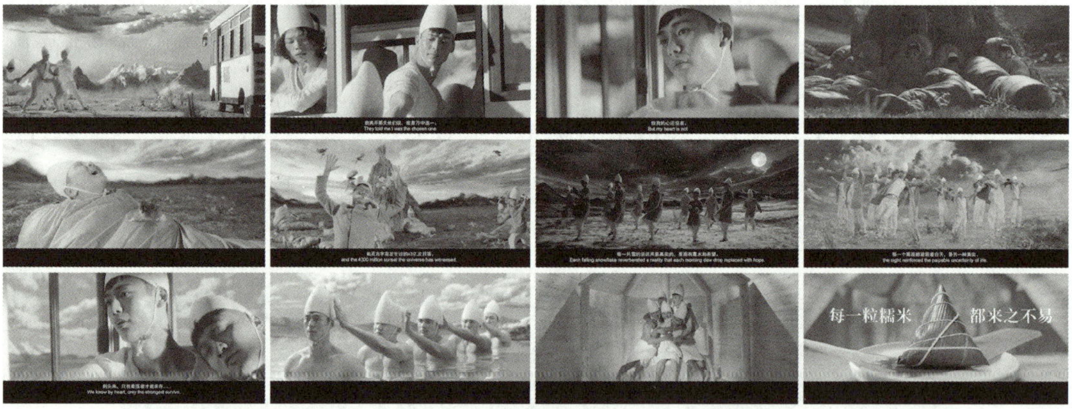

图 11-4-3　五芳斋《每一粒糯米，都来之不易》(2018)

五、真实改编

真实改编强调广告剧作的真实感和戏剧性，从与自身品牌价值相符的真实事件中提炼、改编出能够打动人心、与目标消费者产生情感共鸣的故事。如本章第一节提到的《重逢》即为真实改编的作品。

六、运用物的视角

物的视角是从广告产品或者其他物品的角度展开叙事，用一种观众不曾有过的旁观者的视角来观察已经被人们熟知并视为理所当然的东西，从而产生一些新的观点。这类视听广告通常从物的内心独白展开。如添柏岚（Timberland）广告《踢不烂的你》（如图 11-4-4）从鞋子的视角与主人公们一起感悟成长的本质；美团《剩饭的告别》从剩饭的角度展现了大家对剩饭的“伤害”和美团提供的“小份饭”服务；爱慕《她的故事，内衣记得》则从内衣的角度回顾了主人公成长的 30 年。

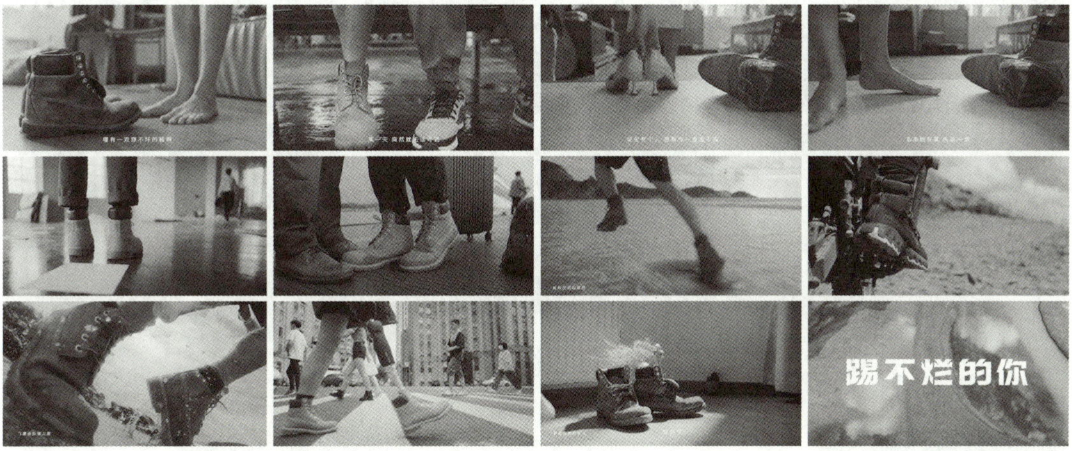

图 11-4-4　添柏岚（Timberland）《踢不烂的你》（2021）

七、旁白主讲

旁白主讲即由人物直接讲述故事或者使用画外音作为旁白。旁白主讲的视频一般会配合富有深意的文案脚本，以及合适的视觉画面，使声画形成有机的联系。其中，主讲人的存在也能够拉近与观众的距离，增强视听内容的真实感和可信度。如快手 12 周年的主题广告《生活一直向前》（如图 11-4-5）通过几位主讲人讲述的真实经历配合真挚的旁白叙述，表达了快手“生活一直向前”的主旨追求。

八、纪录片式拍摄

以纪录片的拍摄手法去展现真实的社会百态也是重要的广告创意形式。这种形式通常从消费者群体中挖掘合适的原型人物，围绕他们与产品和服务之间的互动关系展开叙述。纪录片式广告能够创造真实感和代入感，利于建立品牌与消费者之间的信任关系。如正新轮胎的广告《移动的家》（如图 11-4-6）拍摄了“卡嫂”——卡车司机妻子的跟车生活，用泪与爱并存的真实画面，让社会了解卡车司机家庭的辛苦日常，也体现出品牌以人为本的经营理念。

图 11-4-5 快手《生活一直向前》(2023)

图 11-4-6 正新轮胎《移动的家》(2021)

九、改编 IP

对经典的 IP 故事进行现实化、当代化的改编，不改变其中基本的人物关系，但将现实消费者面对的难题放到他们的身上，以此来催生一些奇妙的化学反应。如美团六一儿童节发布的《你是我的齐天大圣》(如图 11-4-7) 塑造了一个下班后失去法力的齐天大圣形象，他虽然没有强大的法力，但是却用美团服务宠爱着身边的人，广告在最后揭示齐天大圣就是生活中的普通个体。IP 联动合理生动，动画结合真人演出的方式也增强了视听广告的感染力。

图 11-4-7　美团《你是我的齐天大圣》(2021)

十、构建生活片段

这一技巧注重刻画实际生活当中的某一片段与产品之间的关系，用一些温暖动人的小细节来表现产品能够给人们的生活带来的利益点，以此点出广告主题。这样的生活片段需要贴近真实，不能生搬硬套，同时尽可能选择微小动人的切入点。如中央电视台公益广告《平安中国和谐为本——回家篇》(如图 11-4-8）截取了这样一个温暖的生活片段：晚归的女孩独自一人在黑暗的胡同里骑行回家时路过一个夜宵摊，摊主老人举起自己摊位上的灯为女孩照亮了前行的路。虽然这个片段非常简短，但却真实、动人，有效传达了“平安中国”的广告主题。

图 11-4-8　央视公益广告《平安中国和谐为本——回家篇》(2007)

十一、多点汇聚

多点汇聚也就是将多个人物的相关片段拼合在一起，共同说明一个主题。典型人物的片段需要有机地结合在一起，最后通过旁白或字幕的形式点明和升华这段广告的主题。此类广告片需要把控好剪辑的节奏，注意运用音乐充分调动起观众的情绪、引起共鸣。如联想品牌广告《开局》（如图 11-4-9）有机拼合了自主研发原子弹、开发北大荒、恢复高考、汶川救援、女排夺冠等历史片段，展现了几代中国人的燃情岁月，传达了联想提出“智慧中国”口号的理由——一切刚刚开局。

图 11-4-9 联想《开局》（2021）

十二、巧用 3B 吸引力

3B 即“美人（Beauty）”“婴儿（Baby）”“动物（Beast）”，被认为是广告最能获得感知效果和情感诱发力的三种视觉元素。3B 原则由大卫·奥格威提出，至今仍具有一定的参考价值。但随着时代的发展和人们伦理意识的增强，创意人员在使用这三类视觉元素构建视听广告创意时，一定要秉持真诚沟通的原则，注意是否会冒犯他人，是否违反了相关法律法规。

十三、借力名人

借力名人即借用明星、名人、专家等的光环效应来完成视听广告的创意。与其他形式一样，创意人员在使用这种创意技巧时需要注意是否符合广告策略的要求、名人是否与品牌调性相符，尽量规避可能存在的风险。同时，也需要注意创新视听效果，避免单调老套的说教。

十四、融入音乐歌舞

音乐与歌舞也是视听广告常用的创意表现方式。音乐是最具情绪唤醒力的媒介，尤其是流行歌曲通常简单易懂、朗朗上口。采用流行歌曲及舞蹈创作视听广告，很容易吸引受众的注意力，激发其参与欲望，推动内容的病毒式传播。如蕉下广告《惊蛰令》（如图 11-4-10），在歌者的歌声中，舞者在不断变换的自然空间中起舞，从森林到海边，从荒野到城镇，从冰川到盐湖，紧凑高亢融合秦腔的歌声和动感有力的舞蹈充分传达了“春雷动，万物惊”的惊蛰主题。

图 11-4-10　蕉下《惊蛰令》（2023）

十五、创造视听奇观

这类视听广告能够通过创新的影像和声音技术带给人非凡的视听体验，展现一个肉眼看不到的奇观世界，创造新奇的感官体验和强烈的视听震撼，让人耳目一新。如保时捷广告《极致驾驶》（如图 11-4-11）用穿越机拍摄了车手驾驶纯电动保时捷汽车在零下 30 摄氏度的芬兰和零上 30 摄氏度的阿联酋沙漠中疾驰的画面。穿越机拍摄的镜头效果极致丝滑，两个极端环境的转场剪辑几乎看不出痕迹，震撼的画面配合动感的音乐带给人超现实的视听感受。

十六、引人怀旧

人们总是相信过去的岁月比现在美好，回忆总会被加上一层淡淡的滤镜。怀旧风格的视听广告可以重现人们记忆里的人物、事物、景物、色彩、音乐、时尚等，激起观众的共鸣和讨论，给予人们以心灵抚慰，在对过去的怀念与品牌想象之间建立联系。如快手小店《来了》（如图 11-4-12）用怀旧的“旧市场”场面表现快手小店的“新市场”，用人们对过去的美好回忆来传达不变的人情和快手小店“实在人，实在货，实在价”的价值主张。

图 11-4-11　保时捷《极致驾驶》(2021)

图 11-4-12　快手小店《来了》(2022)

十七、善用动画

动画也是视听广告的一种创意形式，动画包括二维动画、三维动画以及黏土动画、剪纸动画、木偶动画等定格动画。动画本身具有一种童真感，更受儿童群体的欢迎，同时在创意表现上也更为灵活，能够表现出真人拍摄无法实现的情节和效果。在真人拍摄广告中加入一定的动画也是增强视听广告创意感的可行方法。如中国银联诗歌POS机动画广告《万物有诗》(如图 11-4-13) 用诗歌文字组成了山川、飞鸟、草木、涟漪，辅以水墨风格的演绎，实现了隽永动人的视听效果。

图 11-4-13 中国银联《万物有诗》(2020)

十八、意识流

意识流广告以抽象概念的表达为中心，常用大量的独白和舞蹈等缺乏情节的视觉表现来传达品牌在相关议题上的独到见解，在视听语言上就像流动的诗歌一样值得玩味。

十九、纯字幕呈现

纯字幕广告即全部用字幕来表现的广告。在用这种方式进行视听广告创意时，需要注意文字内容本身的深度和创造性，同时兼顾字幕视觉表现的设计感和声音节奏的配合。好的纯字幕广告并不会让人觉得无聊，反而会让人觉得充满了趣味。这种方式也常在流行歌曲的歌词版音乐录像带中使用。

二十、制作连续剧

视听广告创意也可以制作成连续剧的形式，以此来突破单则广告时长不够的叙事限制。这种连续剧形式也能够不断勾起观众的兴趣，让广告本身成为值得讨论的娱乐话题。需要注意的是，采取这种形式时，需要在每则广告结束时设置情节点，以持续勾起观众的兴趣。如益达广告《益达酸甜苦辣》、日本肌研极润广告《恋爱中的心动肌肤》等。

第五节
短视频广告创意

一、短视频的概念与特点

1. 短视频的概念与平台常见的内容原型

短视频是指视频时长较短、适合在移动终端和碎片化休闲状态下观看的、智能高频推送的视频内容。短视频的具体时间长度没有统一的规定，但通常认为是在 1 分钟以内。短视频内容短小、精练、社交属性强，并且操作简单、制作门槛低，适合快节奏生活的现代人的碎片化社交和娱乐需求。

短视频作为一种新兴的视听形态，与其他视频内容的区别并不仅仅是时间的长短。基于自身特殊的媒介物属性，短视频平台已经逐渐发展出了一些相对固定的内容原型。

（1）3B1F 主题。3B 即视听广告创意模板中提到的“美人（Beauty）”“婴儿（Baby）”“动物（Beast）”，1F 则是“美食（Food）”。在短视频平台上，这四类内容是较为常见的，它们能够快速吸引受众的感官，满足其娱乐休闲的需求。“美人”类表现为颜值类短视频，这类视频通常会配合时尚的穿搭造型、平台热门的背景音乐和快节奏的剪辑。萌娃和萌宠类短视频大多选择捕捉主体搞笑、可爱的瞬间。美食类短视频则会通过高质量的摄影和声音技术，实现令人垂涎三尺的视听效果。

（2）才艺展示。才艺展示类就是在短视频中向观众展示自我，常见的才艺展示包括：声乐、舞蹈、运动、武术、传统手工艺、绘画、配音等。这类短视频通常会结合流行热点进行创意展示，同时利用视听语言充分放大自身的才艺特点。

（3）口才吐槽。口才吐槽类短视频主要以搞笑风格为主，通过轻松诙谐、令人意想不到的方式评论社会热点话题，自嘲或是吐槽生活中的一些充满趣味的人和事。这类视频通常具有极强的个人风格，文字风格、论证逻辑、方言腔调、视听语言、口头禅等都可以形成差异化。

（4）情景短剧。情景短剧通常会通过创意和夸张的演绎来表现真实社会生活中的一些矛盾冲突，以充分引起观众的共鸣。这类短剧有一人分饰多角的形式，也有多个人物共同演绎的形式。内容上以搞笑幽默和吐槽为主，也有悬疑、职场和情感类的创作。

另外，“微短剧”基本上已经成为一种独立的视听剧集创作形式。这种形式类似传统的电视剧，但是单集时长仅有 3 到 5 分钟，剧情极其紧凑，充满反转，内容以家庭矛盾、豪宅斗争、逆袭复仇等为主。

（5）技能分享。技能分享类短视频以分享一些实用技能为目的，如烹饪、办公软件、编程、设计、外语、化妆、穿搭、育儿等。一个视频基本上只解决一个非常具体的问题，突出实用性和针对性。

（6）百科知识。百科知识类短视频会用一种有趣的方式来讲解各个领域的趣味知识，常见的有财经、动物、历史等。这类视频需要创作者具备一定的挖掘优质选题和创意表达的能力。

（7）剪辑解说。剪辑解说类短视频即通过对已有视频素材的剪辑、配音、特效处理等二次加工的方式，来实现创意表达。常见的剪辑解说类短视频包括影视解说、游戏解说、赛事解说等。解说类短视频通常言辞犀利、语速较快，以幽默搞怪的调性为主。需要注意的是，在未经授权的情况下，对已发表的影视作品等进行剪辑和二次创作存在一定的侵权风险。创作者应当遵守我国著作权法等相关法律、法规，向原作者购买版权，并合理引用，形成自己的独创性表达，避免侵犯他人合法权益。

（8）街头采访。街头采访是指在街头随机采访路人，通过他们的直接反应来制造戏剧化视听效果的短视频形式。街头采访的中心议题通常是当下社会的热点话题、语言能力或知识测试类话题以及一些无厘头的搞怪问题。

（9）生活记录。生活记录类短视频也叫“vlog（video blog）”，意思是影片播客或者影像日志。创作者用视频代替图文记录自己的日常生活，是一种类似个人纪录片的创作方式。不过，短视频平台上的生活记录类视频通常会展现一种差异化的生活日常，比如隐居深山、留学生活、特殊工作等。

（10）种草测评。“种草”就是给别人推荐好货以诱发购买。种草测评类短视频会通过实际体验、科学实验、专业检测等方法对一个商品或一类商品进行检测，然后向观众推荐最应该购买的商品或品牌。

2. 短视频平台的特点

（1）娱乐化。短视频具有高度的娱乐化特征，更适合承载和传播相对轻松有趣的内容。作为一种具象化的视听媒介，短视频本身在抽象和深度内容的传播上有一定局限。再加上时长较短，一些详细和关键的信息容易被忽略，这在一定程度上导致轻松、通俗、幽默、夺人眼球的内容成为短视频的生态基调。

（2）模因化。短视频的传播具有模因化的特征。“网络模因（internet meme）”，通俗地理解就是“梗”，是像基因一样依赖宿主，不断复制传播的文化基因。短视频平台已经成为当下重要的网络模因制造机，一则短视频一旦成为流量热点，就会引发大范围的“拍同款”、跟风、模仿。大量“热梗”从短视频平台生发出来，成为流行文化的一部分。

（3）商业化。短视频平台是高度商业化的。短视频生产者并不仅仅是内容创作者，也是希望能够将流量变现的商业价值追求者，因此热度与流量是他们的重要目标。平台需要内容生产者持续提供优质的内容以保证用户数量，内容生产者也需要平台提供的基础设置和网络效应，所以，短视频平台、内容生产者、短视频受众之间是一种具有复杂张力的依存关系。

另外，短视频平台与电商融合在一起，受众看到相关内容之后可以立即在电商板块采购下单，这是短视频平台商业化属性的另一种体现。

（4）广告原生化。原生广告的定义有很多，简单来说，原生广告可以理解为与传播内容本身融为一体的广告，也就是说这则短视频本身就是一支广告，它具有明确的商业传播目的。在短视频平台上，很多种草测评类的短视频就是为了推广某一产品或品牌，技能分享类的短视频也是为了引导受众购买课程深入学习，很多百科知识类的视频也会专门讲述某个品牌的品牌故事。总而言之，短视频平台具有极强的广告原生化特征。

（5）广告精准化、智能化。短视频平台依托强大的算法推荐机制，能够根据用户的浏览、点赞、评论、分享、购买等行为数据向广告主推荐与品牌调性和广告需求相符的优质内容生产者，也能够根据详细的用户画像数据，实现真正精准化的广告投放。同时，短视频平台能够提供智能化的运营工具，方便广告主监测广告传播效果，优化创意传播策略。

二、短视频平台的广告形式与创意要点

1. 短视频平台的广告形式

（1）信息流广告。信息流广告是短视频平台的原生广告，是结合了广告主广告传播目的的由品牌自己或者指定内容创作者发布的短视频。信息流广告夹杂在用户浏览的短视频中，从表面上看与普通用户发布的视频差别不大，不过根据《广告法》相关要求，此类广告视频需要明确标注“广告”“赞助”等相关字样。短视频信息流广告能够将广告内容与视频本身的内容相融合，通过软性形式传播广告信息，从而提高受众对广告的接受度。

（2）开屏广告。开屏广告是指在短视频 App 启动时第一时间展现的静态 3 秒、动态 4 秒或 5 秒的视频广告。广告主可以根据自己的需求去选择合适的展示形式。开屏广告展示时间短，且用户可以选择跳过，能在一定程度上降低受众的反感度，在受众无意识状态下完成传播。

（3）贴纸广告。贴纸是短视频制作时可以用来装饰画面的视频元素，包括静态贴纸和动态贴纸。贴纸广告即广告主将广告信息转化设计成可供用户使用的定制贴纸，来完成广告传播的目的。值得一提的是，结合增强现实技术的 AR 视频滤镜能够拍摄出虚实相融的奇妙效果。这种贴纸广告在短视频平台上已经十分常见。

2. 短视频广告创意的要点

（1）遵从习惯，提供竖屏内容。短视频基本都是为智能移动终端拍摄，所以通常采用竖屏构图，方便受众单手操作滑动浏览。因此在进行短视频广告创意时，也应尽

可能采用竖屏拍摄的方式，减少受众翻转手机观看的成本。竖屏不仅仅是把原本横着的视频翻转 90 度，如前文所说，竖屏构图能够更好地突出画面主体，并且适合表现具有一定高度感、纵深感的空间，也可以利用上下分屏等方式创造艺术化的表现效果。它的视听表达语言仍处于探索发展的过程之中，如图 11-5-1 即为别克竖屏美学系列贺岁微电影——第一辑《遇见你》，是“竖屏美学”上探索的新尝试。

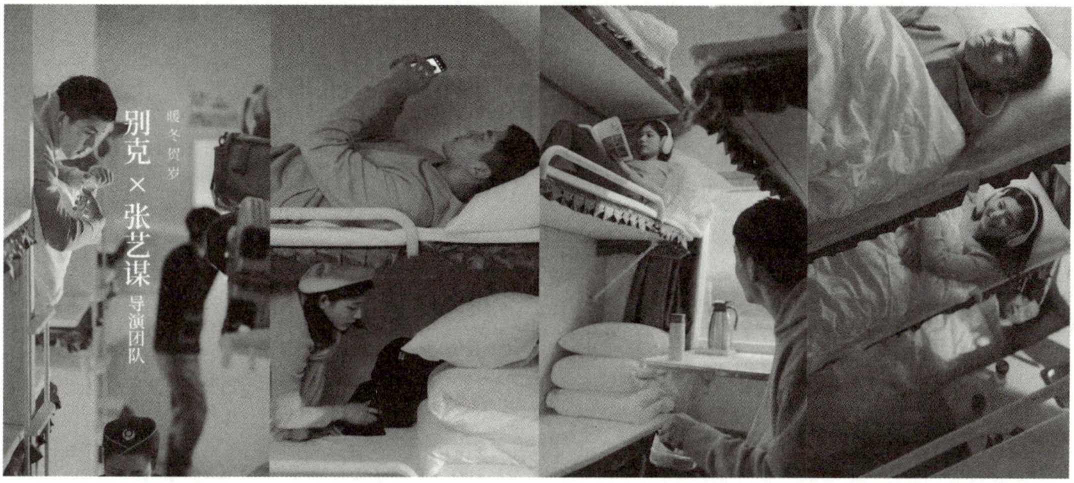

图 11-5-1　别克《遇见你》

（2）先抛痛点，抓住黄金 5 秒。短视频的前 5 秒基本上属于强制播放的状态，如果没能在 5 秒之内吸引到受众的注意力，把他们留下来，那么他们就很可能立刻滑走，后面的信息再精彩也没有用。因此，短视频广告创意需要通过设置悬念、提出问题、颠覆认知、抛出观点、展现激烈的矛盾冲突等方式，或者用富有冲击力的视听效果在视频的前 5 秒内把受众留住。

（3）好看为先，创造分享点。短视频首先需要是好看的，要有意识地为受众制造可供分享的点。好看可以是视频内容主体本身的好看，也可以是视频的视听效果极具可看性，或者不是通俗意义上的美，但却具有特殊的趣味性。当然，也可以是音乐有趣、好听、魔性，或者剧情充满了出人意料的反转。总之，短视频广告不能无聊和说教，需要具备看点和梗。

（4）理解模因，可玩可复制。短视频平台具有极强的模因传播性，因此短视频广告在创意时一方面要理解平台生态，借用时下最流行的梗，另一方面也可以主动制造简单、可玩、可复制的网络模因，进一步扩大广告传播的效果。比如，“过耳不忘”的音乐、简单易学的舞蹈、趣味性的独创文体、能激发目标消费者身份认同的话语表达方式、创造性的谐音改造、有趣的方言腔调等。

（5）精准洞察，回应社会情绪。短视频广告实际上就是一种情境化的内容营销，以贴近消费者的场景和情感为核心，用广告内容来实现产品或品牌与用户体验的双向渗透。并且，短视频平台上的大量视频本身也是以社会热点为创作基础的。因此，短视频广告更强调对社会情绪的深刻洞察，将广告融入戏剧化、情感化的故事，充分调动受众情绪，形成讨论热度。

第六节

播客与音频广告创意

一、听觉文化回归与播客广告

1. 播客的概念与特点

“播客（Podcast）”是苹果播放器“iPod”和广播“Broadcast”两个单词拆解组合而成的新词，可以理解为一种基于互联网和移动互联网传播的音频内容，即一种网络广播节目。作为网络音频自媒体，播客突破了传统广播由专业媒体机构进行内容生产和单向传播的限制，给予了受众内容生产与传播的能力。

收听播客的场景通常包括交通出行、居家起居、户外活动等。随着移动互联网、车联网、无线耳机、智能音箱、智能家居等软硬件设备的发展和语音交互技术的进步，以及现代社会大众普遍的知识焦虑和对情感陪伴的需求，以“播客”为代表的移动音频正处于听觉文化回归的浪潮中，其凭借自身的伴随感、在场性、交流感、私密性等特点，呈现出欣欣向荣的发展态势。

中文播客主要节目类型包括以下几种。

（1）文化沙龙式漫谈。主播邀请嘉宾针对某一话题展开开放式畅聊，请他们各自阐发自己的观点，打造一种沙龙式的自由开放的文化交互体验。谈论内容通常包括社会热点、文化、艺术、哲学思想等。这种文化漫谈通常不仅有硬核的科普知识，也有柔性的人文关怀和思想启发。

（2）垂直类知识分享。不同于沙龙式的漫谈，垂直类的知识分享节目通常聚焦财经、管理、人文历史等细分领域的专业知识，对其进行系统化讲解，吸引对此话题感兴趣的特定受众。这类节目的知识更偏实用，能够缓解大众知识焦虑，满足其开阔视野、学习有用技能等实际需求。

（3）生活化社交叙事。生活叙事类的节目通常以主播讲述相关生活经历为主，是一种非虚构的故事讲述，关注泛生活化的问题。内容形式上比较轻松，不会有需要学习和积累知识的压迫感。用户在收听他人故事的过程中会产生一种较强的参与感和共鸣感，能够从中获得社交陪伴、产生情感依赖。

（4）传统讲故事节目。这类节目一般以个人或多人讲故事的形式进行。在跌宕起伏的情节的基础上，辅以艺术化的人声表现和背景音效，营造出口语时代围炉夜谈一般的氛围感。

2. 播客等移动音频平台的广告形式

（1）视觉类广告。包括播客在内的移动音频平台上的视觉类广告包括 App 开屏页、首页、频道页、播放页、焦点图、推荐位等位置上以静态图文或视频形式展示的广告，收听前后的贴片广告，浏览过程中的信息流广告以及以节目海报、文字简介等形式露出的冠名与植入广告等。

（2）音频贴片广告。音频贴片广告是以声音形式在音频节目播放前后或者中间出现的广告。音频贴片广告可以分为主播原声和非主播原声两类。

（3）口播冠名与植入。冠名与植入广告除了视觉展示之外也常以主播口头播报的形式出现，主要内容通常为介绍冠名、感谢赞助、说明品牌活动信息、引导听众参与等。

（4）定制化原生节目。定制化原生节目即广告主与某个专业垂直领域的主播达成合作，以品牌或产品为内容主体进行定向内容生产与传播的节目。这些主播长年在某一细分领域深耕，积累了稳定的收听群体，是具有一定影响力和号召力的意见领袖。

（5）品牌电台。品牌电台即品牌主动投身到播客或其他移动音频平台，主动进行音频内容生产的播客形式。移动音频平台也推出了面向企业的“品牌电台”创建服务，为企业开通官方账号、制作专门的音频专辑提供便利。企业可以通过自制节目、邀约主播等多种方式，以声音为媒介发布企业动态、推广产品或服务、建构品牌形象。

二、音频广告的创意要点

1. 用特定声音引起注意并搭建场景

喇叭、警铃、闹钟、口哨、鼓掌或其他一些特定的声音会自然地吸引人们的注意。同时，与直观化的视觉信息传达不同，音频广告需要通过这些有特定意义或者令人惊讶的声音刺激来迅速搭建场景和听觉画面。尤其是在广告的一开始就利用这些音效，往往能够瞬间抓住人们的耳朵。吸引关注，编织故事，再次吸引关注，最后以高音调结束通常能够获得更好的广告传播效果。

2. 日常语音播报的创意转化

人们在日常生活中会经常听到各种声音播报，如公共交通的报站、飞机舱内的广播、图书馆的闭馆提醒、来电提醒、智能设备的语音反馈等。对这些已经为受众所熟知的播报进行创意改造，能够制造出一种熟悉又陌生的出人意料感。

爱慕《大可托付于我》（2021）

如爱慕抱抱内衣的音频广告《大可托付于我》从“胸部的每一天，都是一场低空飞行”这样的创意出发，改造了飞机舱内广播。“各位旅客，欢迎乘坐爱慕抱抱 CDE 航班，本次航班由家前往公司，飞行高度为 1 米 2，我们的飞机即将起飞，请调直缓压小肩带，并确认底围支撑背带已扣好。”广告创造性地用音频说明了内衣的承托能力强，将大众熟悉的声音范式用出了创意的效果。

3. 对话感与音乐情绪

相比朗诵、演讲等单向且非日常的声音，人们更喜欢听到友好清晰的对话式声音。在音频广告创意时，应尽可能用日常的语调、相对和缓的语速，并多使用肯定的表达。同时，注意使用合适的背景音乐来调动听众的情绪。当然，背景音乐声音太大会起到令人分心的反作用。

4. 使用品牌识别声

本章的第二节已经说明了品牌识别声的重要作用。在看不到画面的音频广告中，更应该注意合理运用品牌识别声，来强化受众对品牌的认知与记忆。

5. 关注受众使用场景

移动音频的使用条件是相对固定化的，通常包括起居、通勤、运动、读书、吃饭、睡前等碎片化的时间段。音频广告创意如果能够与这些特定的使用场景相结合，也能够实现更为精准的心灵触达，完成更好的沟通传播效果。

本章思考题

1. 视听广告的三大表现形式分别是什么？
2. 蒙太奇是什么？有何类型？
3. 视听广告的创意技巧有哪些？
4. 短视频有何特征？短视频广告创意需要注意的要点有哪些？
5. 你如何看待听觉文化的回归？

拓展阅读

第十二章

新技术与广告创意

学习目标

1. 认识计算广告并了解程序化广告创意的概念。
2. 了解生成式人工智能对广告创意工作的影响，并能够利用生成式人工智能完成创意实践。
3. 认识虚拟现实、增强现实、混合现实的基本特点及其在广告创意中的应用。
4. 了解元宇宙的概念及当前相关广告创意的形式。
5. 把握户外装置的几种类型及其创意特点。

第一节
计算广告与程序化广告创意

一、计算广告的概念与特征

1. 计算广告的概念

计算广告不是一种特定的广告形式或者广告业态，而是目前广告活动发展的一个全新阶段、高级阶段和必然阶段。计算广告的理念并不算新鲜，20 世纪 20 年代科学派广告的先驱之一克劳德·霍普金斯在《科学的广告》中就提出了基于科学方法和数据驱动的广告策略。如今，在大数据、云计算、人工智能以及区块链等技术的支持下，广告主能够更为全面地掌握目标消费者的相关数据，找到广告与消费者之间的最佳接触方式，基于对消费场景、广告形式、广告媒介、交互方式等各个方面的数据计算，达到真正的精准传播，实现最优的广告传播目标。计算广告的主要特征即为广告的精准性和广告传播效果的可测量性。

相比传统广告，计算广告着重于对程序化购买平台的应用，进而形成了程序化广告的概念。程序化广告是指广告主通过数据管理平台来设定目标用户，然后进行实时竞价（Real-Time Bidding，RTB），完成自主广告投放。计算广告的流程基于六大主要平台，包括需求方平台（Demand Side Platform，DSP）、供应方平台（Sell Side Platform，SSP）、数据管理平台（Data Management Platform，DMP）、广告交易平台（Ad Exchange，ADX）、动态创意优化平台（Dynamic Creative Optimization Platform，DCOP）以及广告验证平台（Ad Verification Platform，AVP）。其中数据管理平台是计算广告的中枢神经系统，能够围绕用户基本属性、地理位置、行为属性、渠道属性、价值属性、兴趣属性和终端属性等多维度数据，实现不同人、不同时空场景的精准触达。

程序化购买的大致流程为，当用户访问媒体时，这个媒体就可以通过供应方平台确定是否出售广告位。如果决定出售广告位，就需要向广告交易平台发送用户打开的页面信息和广告最低价等信息。广告交易平台收到这些信息后，会将这些信息通过需求方平台发送给广告主。广告主或者需求方平台通过云计算向数据管理平台询问用户信息。需求方平台告知广告交易平台是否需要这次广告展示机会以及最高报价。一般而言，广告交易平台会收到多个广告主的报价信息，通过实时竞价确定赢家并将赢家的广告物料通过动态创意优化平台传递给媒体。媒体收到广告交易平台发回的信息后进行广告投放。广告验证平台对这个交易过程进行监控和公证。

2. 计算广告的特征

（1）精确的用户洞察。数据是计算广告实现精准用户洞察的基础逻辑和底层驱动力。数据管理平台构建用户标签，完善用户画像，实现全链路的需求洞察和用户定向。计算广告能够通过对用户的精准识别和洞察实现阶段性、有针对性的广告投放，满足不同用户的差异性需求，激活新用户，推动边缘用户成为粉丝用户，为品牌持续积累关系资产。同时，计算广告能够通过对用户核心接触点的优化，打造精细化、个性化的用户旅程，从接触到了解，再到购买、体验和分享，每个阶段都有不同的数据洞察与追踪。

（2）智能化广告内容。智能化的广告制作是计算广告重要的内容生产方式。计算广告搭建内容中台来整合广告设计内容，通过主题、文案、字体、图形等广告元素的智能重组实现广告内容的自动生成与自动精准投送。如鹿班智能广告设计平台（如图12-1-1）通过对设计元素的结构化拆解和风格化学习，已经具备了较强的智能设计能力，包括一键生成海报、智能排版等。

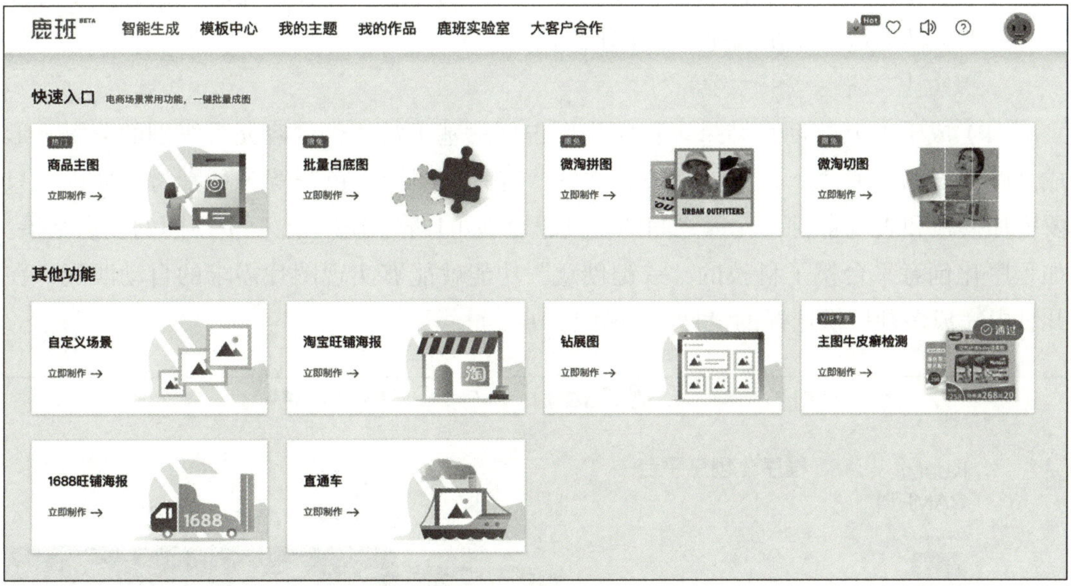

图 12-1-1　鹿班智能广告设计平台

（3）以智能算法为核心。智能算法是计算广告的核心。通过获取、优化算法模型，计算广告能够实现广告与场景、用户需求等的精准匹配，还可以基于数据管理平台上的标签化数据不断提升匹配的精准性和相关性。多元化的竞价广告算法也提升了广告投放效率及广告与场景的匹配度。

（4）动态化场景互联。场景互联是计算广告的关键驱动力。计算广告的特征之一就是对用户所处环境的洞察与理解，在此基础之上实现用户、广告与场景的智能匹配。场景链接着用户与广告，是三者的核心，它不仅能够为用户带来高临场感的品牌体验，也能帮助广告主从特定场景下消费者的动态反馈中获取更为细化的品牌认知，实现高质量的信息流动。

二、程序化广告创意的概念与特征

在计算广告时代，广告内容价值与用户价值的连接更加精准，广告更具个性。不同用户看到的广告内容有可能千差万别，同一用户在不同时空场景下所接收到的广告信息也有可能千差万别。程序化广告创意应运而生，它可以产生不计其数的创意组合，随时随地动态更新，真正做到个性化时代的“千人千面”“一人千面”。

1. 什么是程序化广告创意

程序化广告创意可以理解为基于大数据和人工智能等技术，对尺寸、色彩、文案、图形等广告创意元素进行优化组合，自动、快速生成适应不同设备、不同场景、不同消费者需求的广告表现内容，能够进行实时需求筛选与智能投放，并根据广告传播效果进行动态化调整的一个自动化、智能化的广告创意过程。程序化广告创意是一种技术、一种工具也是一种新型的广告工作流程。

2. 程序化广告创意的主要特征

（1）成千上万的创意结果。程序化广告创意基于对广告内容元素级别的分解，形成品牌、产品、概念、人物、情节、文案、背景、图形、色彩等各种素材。理论上只要增加模板和表现素材，元素之间的排列组合就可以产出成千上万个不同的创意结果。如程序化创意平台筷子科技的“一键创意”功能就能够实现图片需求的自动匹配，在几秒内完成多种可供选择的设计（如图 12–1–2）。

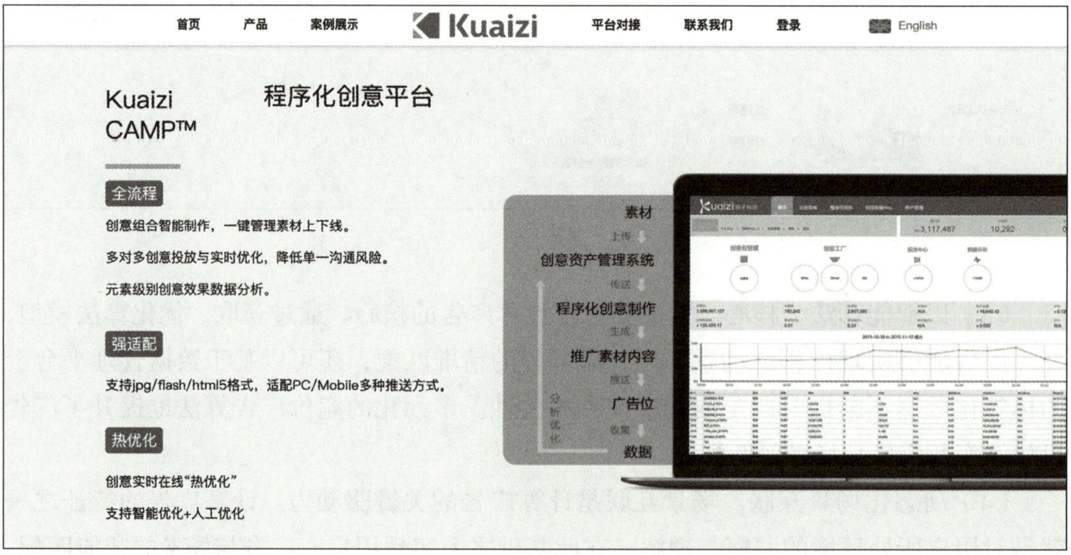

图 12–1–2　筷子科技程序化创意平台

（2）精准的个性与场景匹配。程序化广告创意无须一个中心化的大创意。在大数据的高效计算之下，程序化广告创意可以为每个用户在所处时空场景下精准画像，智能匹配个性需求，提供精细化、智能化、差异化的内容。

（3）广告效果的实时监控。程序化广告创意的后端可以借助动态优化技术，通过算法设定广告创意的优化逻辑，在投放过程中实时进行动态筛选，动态追踪不同元素组合的广告效果数据。通过对监测到的数据进行分析，系统能够自动优化素材组合和投放配比，对创意传播过程进行实时优化。

虽然程序化广告创意一定程度上让广告形式更为丰富多样，提高了广告传播的效率，但这样的广告创意方式只能保障逻辑上的准确性，无法保障广告的艺术价值和人文关怀。程序化广告创意虽然做到了“千人千面”，但从根本上来说依旧是复制粘贴。因此，在肯定程序化创意的同时，更要保持对人工创作的尊重与支持。

第二节 生成式人工智能与广告创意

一、生成式人工智能的概念

1. 什么是生成式人工智能

生成式人工智能（Generative Artificial Intelligence）是一种人工智能技术，它依赖大规模数据集训练的深度学习来创建新的内容。如今，人们可以用生成式人工智能来生成文本、图片、视频、音频、程序、数字人等不同形式的内容，这些内容就叫作AIGC（AI-Generated Content）。AIGC被认为是机器生成内容（Machine-Generated Content，MGC）之后的一项技术升级。MGC通常是指计算机程序通过算法、规则和模板等自动化生成的文字、图像和其他内容，它的本质是根据差异对数据进行分类的判别式AI模型。本章第一节程序化广告创意中的内容生产大多数仍是MGC。而AIGC不仅仅是根据已有数据进行分析或分类，它使用生成模型，学习输入数据的模式和结构，然后产生与训练数据相似但又具有一定创新性的新内容。

生成式人工智能的重要支撑技术包括深度学习（Deep Learning）、神经网络（Neural Networks，NNs）以及生成式对抗网络（Generative Adversarial Network，GAN）等。

2. 生成式人工智能的能力

（1）生成文本。生成式人工智能的文本生成能力可以大致划分为交互文本和非交互文本两类。交互文本包括聊天机器人、文字互动游戏等；非交互文本的生成主要用于新闻写作、报告写作、文学创作、故事剧本、创意文案等流畅连贯的自然语言生成，以及代码生成等。如 ChatGPT（如图 12–2–1）、Gemini（原名 Bard）、Jasper AI、AI Dungeon、Dramatron、文心一言（如图 12–2–2）等。

图 12–2–1　ChatGPT

图 12–2–2　文心一言

（2）生成图像。生成式人工智能在图像处理方面可以分为图像编辑工具和图像自动生成工具两类。图像编辑工具可以用于图像修复、替换背景、人物换脸、智能抠图、去水印、去除某些画面元素、扩图等。图像自动生成工具可以实现“文生图”和“图生图”，根据提供的文字或者图像生成极具真实感的照片图像、风格化的艺术图像，甚至 3D 模型等。如 Midjourney（如图 12–2–3）、Stable Diffusion、EditGAN、DALL· E、Imagen、GANverse3D、文心一格、天工巧绘等。

图 12-2-3 Midjourney

（3）生成视频。与图像生成相似，生成式人工智能在视频方面也可以分为视频编辑和视频生成两类。视频编辑可实现视频修复、增强画质、智能剪辑、智能特效设计、角色换脸、合成场景等。视频生成则可以根据给出的文字、图像或视频来生成风格化的视频内容，如 Sora（如图 12-2-4）、Imagen Video、Make-A-Video、Gen-1、GliaCloud、MagicEdit、MagicAnimate、MagicVideo-V2 等。

图 12-2-4 Sora

（4）生成音频。生成式人工智能可以根据文字、图片、视频等生成特定风格的音乐、声音效果等，也可以实现语音克隆、虚拟歌手、智能语音客服等，如 MuseNet（图 12-2-5）、WaveNet、OpenVoice 等。

图 12-2-5　MuseNet

（5）生成程序。生成式人工智能可以根据文字等指令生成能够完成特定任务的程序。如 GPTs 是一个基于 ChatGPT 的人工智能应用，它无须人工撰写代码，使用自然语言就能完成程序开发。

二、生成式人工智能如何参与广告创意

生成式人工智能正在对各行各业造成深远影响。对广告创意来说，生成式人工智能不仅能够极大地提高广告创意内容生产的效率与质量，也能够在营销策略、创意洞察等方面支持广告创意团队。具体来说，目前生成式人工智能在广告创意中的应用主要有 AI 辅助创意洞察、AI 广告内容生产以及 AI 互动程序等。

1. AI 辅助创意洞察

AI 辅助创意洞察即利用生成式人工智能的数据深度学习能力，针对广告创意营销传播的目标，自动分析市场态势、消费趋势、人群属性等，智能化生成新产品开发和营销策划方案，大幅提升广告创意效率。许多创意代理商正着力发展生成式人工智能策略工具，如电通中国开发的 AI 产品开发工具 MIXER 能够根据输入的营销请求快速探索数百种场景，基于对亚太多个地区的消费动态、社交情绪、电商数据等的深度学习与分析，将快消行业 18 到 36 个月的新品开发过程缩短到几个小时。蓝色光标的智能营销助手销博特可以根据输入的需求简报快速生成策划方案，大幅缩短了原本需要多人参与、多轮沟通才能完成的创意策划的时间。

如可口可乐推出与 AI 联合研发的神秘口味 Y3000（如图 12-2-6），包含有糖和无糖两个版本。这款“来自未来”的限量版可口可乐的口味研发与包装设计都是由人与人工智能联合，基于对全球消费者未来想象的理解与洞察完成的。可口可乐希望借助 AI 的力量为消费者创造来自未来世界的味道和体验。

图 12-2-6　可口可乐 Y3000 限量版（2023）

2. AI 广告内容生产

相比 AI 辅助创意洞察，当前广告创意应用生成式人工智能最多的还是在创意内容生产层面，即利用 AI 生成广告文案、平面广告、视频广告等。人工智能的参与一方面能够提高广告创意内容生产的效率，同时也能丰富想象空间，拓宽广告创意表现的边界。这方面的案例已经有很多，如 2023 年五一期间，飞猪利用 AI 生成了近千张平面广告（如图 12-2-7），展示 AI 想象中的旅游目的地奇景。广告在上海、杭州两地的地铁站投放，引起了社交媒体热议。同年，伊利推出了由 AI 设计的乳品包装（如图 12-2-8）。

图 12-2-7　飞猪地铁广告（2023）

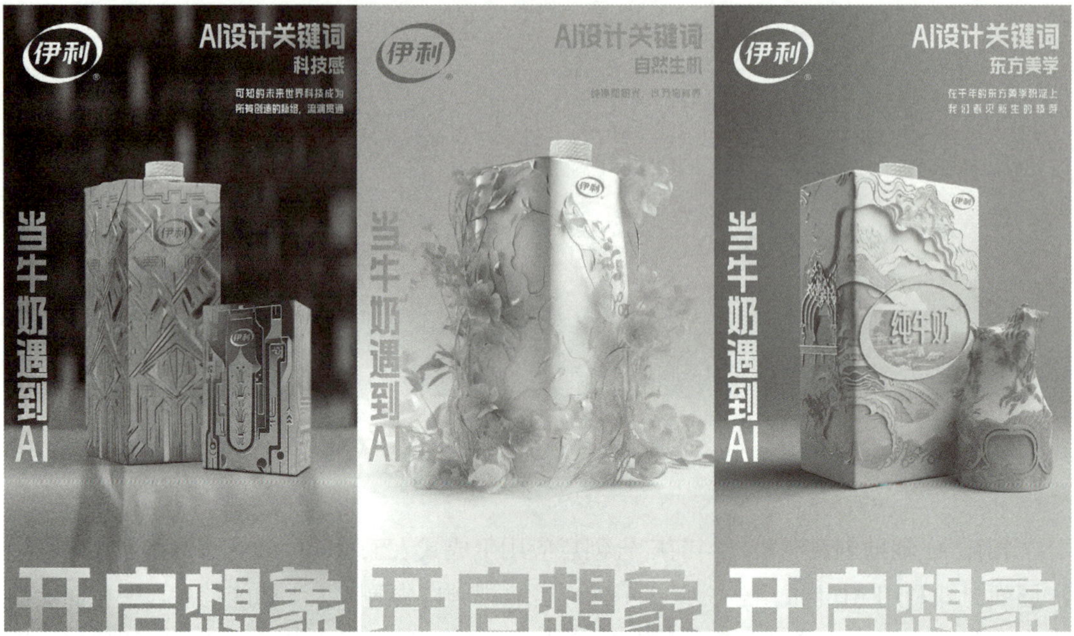

图 12-2-8　伊利 AI 设计乳品包装（2023）

3. AI 互动程序

目前生成式人工智能应用于广告创意的第三种方式是基于生成式人工智能技术开发智能互动程序，以用户参与智能化内容生成的方式使品牌与目标消费者之间达成互动沟通。元代名画《富春山居图》被"焚画殉葬"一分为二，"无用师卷"与"剩山图"分藏于中国台北故宫博物院和浙江省博物馆。百度基于 AI 文心大模型开发互动程序"AI 画笔连接爱"（如图 12-2-9），用户只要简单勾勒线条就可以生成与原画笔触风格一致的山水卷轴片段，智能补全画作被焚烧的部分，将分藏两岸的名画合二为一。互动程序不仅使每个人都可以切身感受百度的人工智能技术，更传达了深切的家国团圆情怀。

图 12-2-9　百度"AI 画笔连接爱"（2022）

总体而言，生成式人工智能在广告创意中的应用前景是十分广泛且深入的，它将促进广告行业创新，优化创意工作流程与结构，将创意人员从简单重复的劳动中解放出来，以人机协作的方式实现优势互补，创造更大的商业和社会价值。从个人的层面来说，广告创意人员应当拥抱人工智能，让人工智能成为自己的助手，利用人工智能提高创意工作的效率和水平。

三、生成式人工智能与广告伦理

生成式人工智能最底层的逻辑是向数据学习，在 AIGC 大规模涌现的同时，也必须要警惕可能随之而来的伦理问题。2023 年 3 月，著名安全机构生命未来研究所（Future of Life Institute，FLI）发布了一封名为《暂停大型人工智能试验》的公开信，呼吁暂停比 GPT-4 更强大的人工智能系统的训练，并号召 AI 研究更关注准确性、安全性、可解释性、透明度、可靠性、忠诚度等问题。2023 年 7 月，我国网信办等七部门联合发布了《生成式人工智能服务管理暂行办法》，对生成式人工智能可能出现的歧视、知识产权、肖像权、名誉权、隐私权、准确性等问题作出了规范。

目前，在运用生成式人工智能技术开展广告创意活动时，需要注意的广告伦理问题包括以下几点。

1. 数据和隐私侵犯

生成式人工智能并不是凭空生产出内容，它的内容生产是基于对已有数据的深度学习。因此，生成式人工智能从数据来源的角度可能会涉及侵犯他人的数据隐私以及著作权、肖像权等多项权益。2023 年，图片提供商华盖创意（Getty Images）起诉 Stability AI 未经许可窃取平台数百万张图片。《纽约时报》也起诉微软和 OpenAI 使用未授权的报纸内容训练其 AI。

用户在使用生成式人工智能的时候，也有可能会在无意间造成个人隐私、商业机密等信息泄漏。微软、亚马逊等公司都禁止员工与人工智能分享任何机密信息。

因此，在使用生成式人工智能辅助广告创意的时候，应当注意对相关隐私、机密信息的保护。同时，创意人员需要警惕生成式人工智能生产的广告内容是否对已有作品、数据等造成了抄袭和侵犯，并对这些 AIGC 做好人工审查。

2. 版权归属问题

对于生成式人工智能生产的内容是否构成作品及是否受到著作权法的保护，尚没有定论。我国著作权法规定的“作品”是指“文学、艺术和科学领域内具有独创性并能以一定形式表现的智力成果”，如文字作品，口述作品，音乐、戏剧、曲艺等艺术作品，美术、建筑作品等。著作权属于“作者”，“作者”是指“创作作品的自然人”，“法人或者非法人组织”也可以被视为“作者”。

我国已有的相关法律案例是通过对 AIGC 的生成过程进行具体判断来明确这些内容是否可被赋予权益。有一点可以明确的是，人类对生成式人工智能的简单指令和选择等还不足以构成著作权法意义上的独创性。其他绝大部分国家的版权法和判例也都不认可 AIGC 是具有独创性的“作品”。

因此，在广告创意中使用生成式人工智能可能需要面对一定的版权风险。

3. 偏见与歧视

由于训练数据本身可能存在的系统性偏差，AIGC 也可能不准确、不全面，甚至存在偏见与歧视问题，如种族主义、性别偏见、年龄歧视、保守主义等。如 Midjourney 生成的“记者”“特派通讯员”等白人居多，专业岗位的人物形象通常是男性而少有女性等。偏见与歧视对于广告传播活动有着重大影响，一旦对人们造成伤害，挽回负面形象的成本将是巨大的。现阶段的广告创意人员必须对参与到创意传播中的 AIGC 进行伦理检查，避免相关问题的出现。当然，随着技术伦理讨论的不断深入，相信生成式人工智能能够更加公平、公正、善意。

4. 情感淡漠

广告不仅是一种商业传播，也要注重社会效益，关注当下社会的发展态势、个体的生存处境以及精神世界，用创意传播实现社会总体“善”的充盈。现阶段，生成式人工智能更多地指向算法的概率，缺失了情感逻辑，还不能很好地理解和满足社会情感导向的需求。这就要求广告创意人员以人的身份和情感关怀去主导生成式人工智能的创意生产过程，让人工智能更人性化、更有人情味。

5. 创意局限

生成式人工智能基于已有的数据和模型来生成新内容，虽然它可以通过学习和分析大量数据来产生具有创新性的内容，但更多的是模仿人类已有的思维过程，是对一定套路的重复，暂时还不具备颠覆式创新的能力。因而，在创意过程中不可过分依赖人工智能，人类的创新创意头脑、独特的视角与洞察力仍是当下生成式人工智能所欠缺的。

总而言之，现阶段生成式人工智能可以为广告创意提供极大的助力，但仍需要人机协同生产来规避其存在的诸多伦理问题，在创意效率和质量增长的同时，兼顾广告的真诚沟通、人文关怀和社会效益。

第三节
虚拟现实、增强现实与广告创意

一、虚拟现实与广告创意

1. 虚拟现实的概念与特点

虚拟现实（Virtual Reality，VR）也被称为虚拟技术、虚拟环境等，最早被翻译为“灵境技术”。现代意义上的 VR 一词最早由美国计算机学家杰伦·拉尼尔在 1987 年提出，用以统一当时各种借助计算机技术和传感装置构建的模拟环境。虚拟现实可以理解为利用数字化技术模拟产生三维世界，并使用立体显示设备和三维交互装置等为用户提供视觉、力觉等多感官的模拟，让用户沉浸在其所营造的虚拟场景之中并与之互动的技术。用户在虚拟现实中看到的一切都是数字化技术创造的虚拟假象。虚拟现实的核心技术包括语音交互、体感交互、触觉交互、手势识别、三维建模、三维显示、系统集成等。

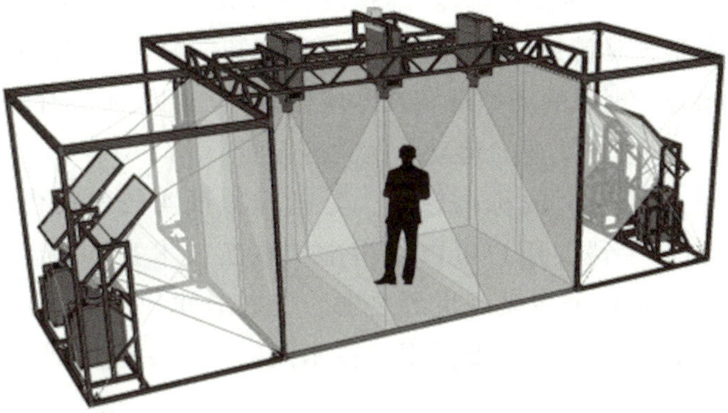

图 12-3-1　VisCube™ C4-T3X CAVE VR

典型的 VR 系统包括大型投影式 VR 系统以及头盔式沉浸系统等。大型沉浸式 VR 系统，即 CAVE（Cave Automatic Virtual Environment），能打造一个由 3 个面以上的投影墙创设的立体投影显示空间。参与者可以完全沉浸在这个虚拟仿真环境中（如图 12-3-1）。配合三维跟踪器，用户可以在这个空间之内漫游并与虚拟物体互动。支持多人参与的大型沉浸式 VR 系统造价不菲，目前多用于科研、工业设计、教育等领域，可以让研发设计人员进入微观世界或产品内部，扩展人类的感官和思维世界。头盔式沉浸系统即头盔显示器（Head-Mounted Display，HMD）是一种头戴式显示设备，能够全方位覆盖用户的视野，捕捉头部 6 个自由度的位置变化，营造出身临其境的沉浸效果。目前主要的头盔式 VR 厂商与产品包括 Meta 的 Oculus，索尼的 PlayStation VR，HTC 的 VIVE（图 12-3-2）等。

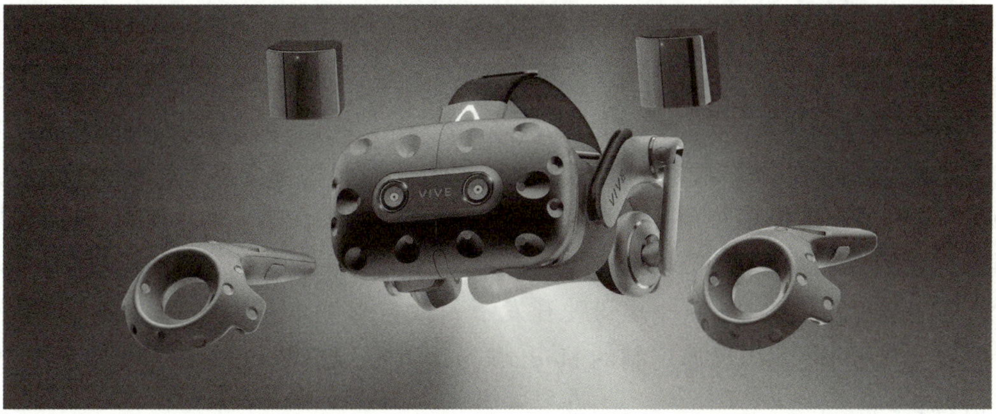

图 12-3-2　HTC VIVE Pro 2 专业版套装

虚拟现实的特点可概括为“3I”，即沉浸性（Immersion）、想象性（Imagination）和交互性（Interaction）。不同领域和应用场景的虚拟现实可能稍有不同，但都具备这三个基本特征。

（1）沉浸性。沉浸性也就是临场感，是指用户感觉到自己完全置身于虚拟环境之中，成为虚拟世界的一部分，由观察者变成世界的参与者，在生理和心理的层面上都难以分辨虚拟环境的真假。虚拟现实的沉浸性来源于其系统的多感知性（Multisensory），包括视觉感知、听觉感知、力觉感知、触觉感知、运动感知，甚至味觉感知、嗅觉感知等。理想的虚拟现实技术应该具有一切人所具有的感知功能，但目前它还仅限于视觉、听觉、力感、运动、触觉等方面。

（2）想象性。想象性，或称构想性，是指虚拟现实技术提供了一种感知和认识世界的全新接口和手段，用户可以经由虚拟现实技术去体验已经发生过或者尚未发生的事情，进入宇宙或者微观世界之中，突破时间和空间的限制去完成在现实世界中难以完成的任务。因此，虚拟现实技术能够为众多应用问题提供全新的解决方案。

（3）交互性。交互性是指用户可以对虚拟世界中的各种对象进行操作并得到反馈。传统的交互手段主要通过鼠标、键盘、触屏等方式。而在虚拟现实之中，通过头盔、数据手套、数据衣等智能设备，人们可以用语音、手势、体势等相对自然的方式与对象进行互动交流。如用手持握虚拟现实中的物体会有真实的握感，能够感受到物体的重量、软硬等，这种交互方式能够极大地提升虚拟现实的沉浸感。

2. 虚拟现实在广告创意中的应用

虚拟现实能够带来强烈的沉浸感和视觉冲击力，给予消费者相对真实的场景感知和品牌连接，让品牌能够与消费者进行深入对话。目前，VR 在广告创意中的应用形式主要有以下几种。

（1）VR 模拟生产过程。一般情况下，广告产品的生产过程消费者是不能直观看到的，品牌只能通过组织参观考察等方式邀请部分消费者实地体验。VR 技术为消费者与产品生产过程的近距离接触提供了相对简便且有效的方式。如奥利奥为推广纸杯蛋糕口味的限量款饼干发布了 VR 视频（如图 12-3-3），让消费者可以以沉浸式、艺术化的方式体验这款新品饼干的制作过程。

（2）VR 模拟实际性能。对于汽车、房屋、旅游目的地等产品或服务来说，通常的媒介展示手段很难完全让消费者体验到产品的实际性能。而 VR 能够打破时空界限，让消费者置身于虚拟场景之中，获得与现实世界极度相近的使用感受。如奥迪为了让消费者体验 Q5 的冲沙驾驶开发了一款名为《冲进沙盒》的 VR 应用（如图 12-3-4）。只要使用奥迪定制的 MediaMonks 驾驶模拟器和 Oculus 头显，用户就能在沙海驰骋。

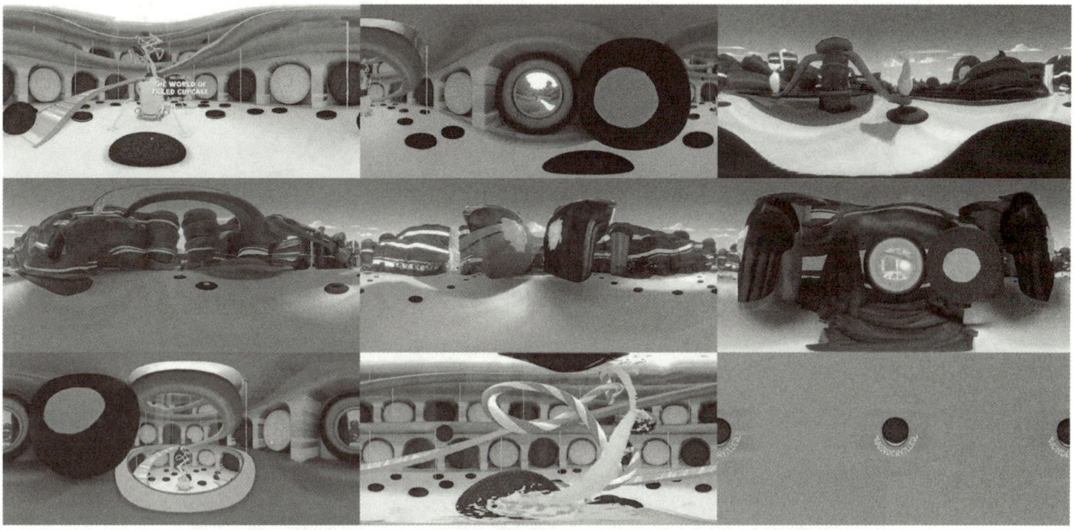

图 12-3-3　奥利奥《充满纸杯蛋糕的世界》(2016)

图 12-3-4　奥迪《冲进沙盒》(2017)

(3) VR 沉浸互动叙事。VR 技术为讲述品牌故事提供了一个极佳的沉浸式媒介，它突破了传统视频广告二维平面和单向传播的限制，真正打造了一个沉浸式的互动视听环境。如电影《星球大战 7：原力觉醒》上映前夕，迪士尼影业联合谷歌推出了限量版的纸板 VR。用户只需在手机上下载“星球大战”VR 应用，并装入纸板 VR 之中就可以获得一副简易的 VR 眼镜（如图 12-3-5）。之后，用户可以选择进入特定的电影片段，以片中人物的视角沉浸式参与电影叙事的发展。

(4) 提供奇观化体验。VR 技术能够创设一种日常生活中难以遇到的奇观场景，从远古到未来，从高空到深海，从微观世界到天体宇宙。借助虚拟现实技术，胆小的普通人也可以体验极限运动，尝试富有冲击力的感官挑战。如三星利用虚拟现实技术模拟透明电梯、摩天大楼空中走廊，以及工作面试、公开演讲等现实场景并邀请希望克服相关恐惧的人群参与，以此来帮助他们克服心理障碍（如图 12-3-6）。

图 12-3-5 简易 VR 眼镜

图 12-3-6 三星《无畏》

（5）VR 游戏。游戏是虚拟现实技术应用最为成熟的领域，VR 游戏的真实感是一般视频游戏所达不到的。品牌借助 VR 游戏能够让消费者的互动体验大幅升级，带来良好的沟通传播效果。如瑞典麦当劳推出的《快乐护目镜》（如图 12-3-7），消费者只要将开心乐园餐的餐盒按照标示线撕开再重新折叠并装上内附的镜片，就可以做成一个“开心眼镜”。放入手机后可以玩滑雪主题的虚拟现实游戏“坡道明星”，收获令人惊艳的虚拟现实体验。

图 12-3-7 麦当劳《快乐护目镜》（2016）

总体而言，虚拟现实技术能够打造沉浸化、互动化的数字世界，为广告传播提供了一个绝佳的创意媒介。但是，虚拟现实技术对硬件设备和内容本身都有一定要求，目前各方面的相关成本仍然较高。不过，随着技术的不断进步，相信虚拟现实技术将在各行各业有更广泛的应用，成为日常生活和广告创意传播离不开的媒介。

二、增强现实与广告创意

1. 增强现实的概念与特点

增强现实（Augmented Reality，AR）是一种通过在真实世界场景之上添加相关的数字信息来丰富用户对该环境的感知的体验技术。用户可以通过智能终端中的 AR 应用程序把数字信息叠加到真实的场景中。目前 AR 技术主要应用于辅助驾驶、辅助医疗、旅游展览、游戏等行业中。

常见的 AR 系统包括头戴式 AR 系统、移动平板式 AR 系统以及投影式 AR 系统等。头戴式 AR 系统可以基于头戴设备，直接在用户的自然视野上叠加虚拟信息，如 Nreal Air AR 眼镜（如图 12–3–8）等。移动平板式 AR 系统能够通过手机、平板的智能移动终端，在用户屏幕显示的真实世界影像上叠加虚拟信息。投影式 AR 系统能够直接把虚拟信息投影在真实场景中，用户用肉眼就可以看到虚实融合的世界。

图 12–3–8　Nreal Air AR 眼镜

相比要打造一个完全虚拟的沉浸世界的 VR，AR 更强调真实的物理世界与虚拟世界的融合。因此，AR 的特点也围绕着虚实相融展开，可以概括为虚实共融、实时交互、三维注册等。

（1）虚实共融。AR 技术将虚拟影像叠加到真实物理环境中，用户可以根据叠加到现实场景中的虚拟信息的指示对真实物理对象进行操作，也可以通过眼睛凝视、手势指点、语音指令等方式与虚拟元素进行交互。AR 技术的虚实结合让现实世界得到了增强，真实场景以更直观、交互性更强的方式与数字内容融合在一起。

（2）实时交互。AR 技术的实时交互是指用户与虚拟元素之间的交互是即时的。AR 通过对现实场景中的位置、姿态等信息的实时追踪即时更新虚拟元素，使其与用户的动作保持同步。同时，AR 系统需要能够实时渲染虚拟元素，并将其叠加到用户所见的场景中，观感自然、流畅，与现实环境相协调。实时交互能够提供更加沉浸、自然的 AR 体验，使用户感觉到虚实世界紧密相连。

（3）三维注册。三维注册是指 AR 技术能够根据用户在三维空间中的运动自动调整计算机产生的虚拟增强信息，实现待增强的真实对象与虚拟对象之间的精准匹配和精准融合。

2. 增强现实在广告创意中的应用

现阶段，在广告创意中增强现实的应用比虚拟现实要广泛得多，不过大多数增强现实都是移动平板式，用户只要使用自己的智能手机就能够获得增强现实的奇妙体验，总体上看，当下增强现实在广告创意中的应用主要有以下几种形式。

（1）AR+ 产品。这种形式是最简单的 AR 应用，用户只要使用手机扫一扫产品就能体验附加在产品上的虚拟内容，如文字信息、创意动画、音乐等，现实的产品画面与虚拟信息叠加在一起，在带来新鲜体验的同时，让产品本身成为一个互动传播的入口。如可口可乐与流媒体音乐平台 Spotify 合作，推出了“播放一支可乐”活动（如图 12-3-9）。用户只要使用应用程序扫描可口可乐瓶身就能够播放 189 种 Spotify 列表中的音乐，扭动瓶身还可以直接切歌。而百事可乐也推出过 AR“表情符号瓶”，用户只要使用 QQ 扫描瓶身，就可以看到 Emoji 的 AR 动画（如图 12-3-10）。

图 12-3-9　可口可乐 ×Spotify“播放一支可乐”（2016）

图 12-3-10　百事可乐 ×QQ“表情符号瓶”（2017）

（2）AR+ 环境。AR 与基于位置的服务（Location Based Services，LBS）相结合，能够利用定位技术，根据用户所在的位置来提供相应的服务和信息。在广告创意中，“AR+ 环境”目前主要的应用场景是将某些特定的虚拟元素叠加到各地的地标性建筑中，所在地的用户只要用智能终端拍摄，就能够看到真实的建筑与虚拟画面叠加在一起的效果。如腾讯 QQ 影像中心在 2021 年国庆假期推出的 AR 模板，用户只要用手机 QQ 的相机功能拍摄东方明珠、黄鹤楼、天坛、雷峰塔等地标建筑，就可以看到华丽的“赛博国风”特效（如图 12-3-11）。

图 12-3-11　QQ AR 地标（2021）

（3）AR 视频滤镜。AR 视频滤镜是运用增强现实在视频拍摄时捕捉真实世界画面并添加虚拟元素、效果的技术。随着社交媒体和短视频的不断发展，AR 视频滤镜已经十分常见，通过面部识别、表情识别、动态识别等智能识别技术，AR 视频滤镜能够创造出妙趣横生的视频效果，也是当前最成熟的 AR 广告形式，上文中 AR 与环境的结合实际上也可算作 AR 视频滤镜的基础版本。这类广告的例子如色拉布（Snapchat）在美国超级碗中推出的佳得乐视频滤镜（如图 12-3-12），因为迎合了比赛中向主教练泼佳得乐饮料以庆祝比赛胜利的传统，该滤镜大受欢迎，实现了平台与品牌的双赢。

（4）AR 试用。能够实现虚实相融的 AR 技术是产品提前试用的绝佳工具。服装、美妆、汽车、家居等行业都可以利用 AR 让用户提前感受产品，加速消费决策过程。如宜家推出的 AR 应用（如图 12-3-13），能够让用户在自己家中使用智能手机等移动终端查看和放置虚拟家居。用户可以将选择好的心仪的产品直接拖动到现实场景中，从而更好地评估适配效果。

图 12-3-12　色拉布 × 佳得乐 AR 视频滤镜（2016）

图 12-3-13　宜家 AR 放置应用（2017）

（5）AR 扩展平面媒介。AR 技术还可以扩展增强传统的平面印刷材料，将绚丽的虚拟元素叠加到平面广告材料上，将它们的内容承载力和互动性提升至一个新的水平。如滕王阁景区推出的 AR 明信片，用户只要使用手机应用程序扫描，就能看到滕王阁的三维模型，可以将这栋虚拟的“西江第一楼”安放在身边的任何真实场景中，实现古今虚实的交融。平面的印刷媒介在这里具备了更强的展示性和互动性。

图 12-3-14　滕王阁 AR 明信片（2022）

三、混合现实的概念

混合现实（Mixed Reality，MR）是物理世界和数字世界的融合，理想状况下的混合现实技术能使用户无法分清真实还是虚拟。它不仅像 AR 一样把虚拟元素叠加到现实世界中，还能使这些虚拟元素与真实的物体进行交互和反应。比如，用户通过混合现实设备看到的真实桌面上的虚拟杯子，会根据桌子的倾斜而倾斜，这种感觉会让人觉得这个虚拟的杯子是现实存在的。

混合现实除了可以在物理世界中放置一个数字对象，就如同它真实存在一样，还可以让人以虚拟数字形象出现，从而实现不同时空的同步协作。目前主要的 MR 设备包括 Microsoft HoloLens、Magic Leap、Apple Vision Pro（如图 12-3-15）等。

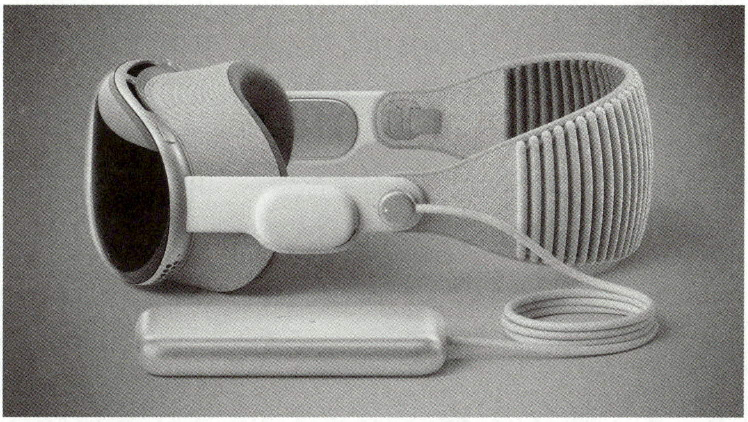

图 12-3-15 Apple Vision Pro

另外，扩展现实（Extended Reality，XR）的概念涵盖了用于增强人们感官的所有技术类型，包括前面提到的 VR、AR、MR 等。

第四节 元宇宙与广告创意

一、认识元宇宙

1. 元宇宙是什么

元宇宙（Metaverse）是由“Meta（超越）”和“Universe（宇宙）”组合而来的概念，可以大致理解为一个超越现实宇宙的宇宙。元宇宙的概念最早由科幻小说家尼尔·斯蒂芬森在 1992 年出版的赛博朋克小说《雪崩》中提出，他将其描述为一种 21 世纪初的虚拟世界，人们可以通过虚拟“化身”相互交流并来往于元宇宙和现实世界之间。

目前关于元宇宙还没有统一的概念界定，可以将其理解为一种整合了多种新兴技术而产生的下一代虚实相融的互联网应用和社会形态。它基于扩展现实技术提供沉浸式体验，基于数字孪生技术生成现实世界的镜像，基于区块链技术搭建经济体系，将虚拟世界和现实世界在经济系统、社交系统、身份系统上紧密相连，并且允许每个用户进行开放式内容生产和世界编辑。

今天的元宇宙与电子游戏的发展密不可分，它受益于角色扮演游戏（Role-play Game，RPG）、大型多人在线游戏（Massive Multiplayer Online Game，MMO）、模拟经营游戏、沙盒游戏等的开发经验，是多种游戏方式在新技术基础上的结合。2003 年美国旧金山林登实验室（Linden Research）发行的游戏《第二人生》创造了第一个现象级的虚拟世界（如图 12-4-1）。《第二人生》拥有丰富的世界编辑功能，其中的大部分场景都是玩家自行建造的。它也拥有发达的虚拟经济系统，其中的虚拟货币可以兑换现实世界的货币。开发团队称它不是一个游戏，因为它没有刻意制造的冲突，也没有人为设定的目标，玩家可以通过化身形象在其中进行社交、购物、建造、经商等。BBC、路透社等媒体曾将《第二人生》作为内容发布平台之一，IBM 曾在游戏中购买地产，建立销售中心，还有一些国家在其中建立了自己的大使馆。

图 12-4-1 《第二人生》官方网站首页（2023）

虽然元宇宙脱胎于电子游戏，今天在元宇宙赛道上的也主要都是电子游戏公司，但是元宇宙的概念超越了电子游戏。它不像电子游戏一样脱离现实世界而是强调虚拟世界与现实世界的融合与流通，它也不像游戏一样存在既定的内容与任务，而是完全开放的自由世界。

2. 元宇宙的关键概念

（1）化身。化身（Avatar）是用户在虚拟世界中的代表，是人们在元宇宙中存在的身份和形象，也是用户与元宇宙之间的桥梁。化身通常允许用户自定义外形、服装、配饰等，从而在虚拟世界表达个性（如图 12-4-2）。人们在元宇宙中的各种活动和体验大都要通过化身来完成。

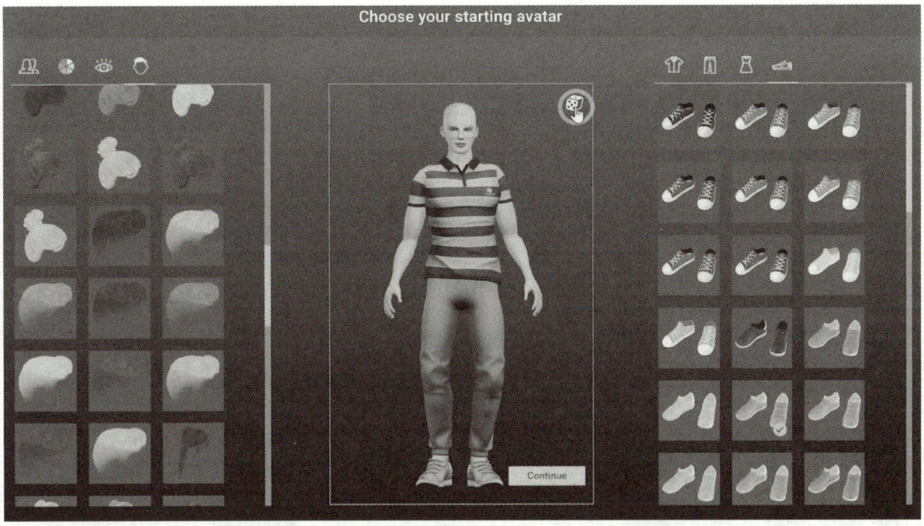

图 12-4-2 《第二人生》的化身设定（2023）

（2）数字孪生。数字孪生（Digital Twin）是指对现实世界或系统进行数字化建模和仿真，创造一个数字化的、虚拟的镜像。这个数字孪生体可以用于模拟、监控、分析和优化现实世界实体或者系统过程。数字孪生是构建现实世界与虚拟世界互动的重要依托，它为元宇宙提供了实时仿真、优化和决策现实世界的基础，元宇宙则将数字孪生的概念推向更广泛的虚拟体验和互动。

（3）区块链。区块链（Block Chain）是元宇宙的一种重要技术基础设施，为数字经济、数字身份、虚拟资产和交易安全等提供支持。区块链是一个共享的、去中心的、不可篡改的账本，几乎任何有价值的东西都可以在区块链网络上跟踪和交易，从而降低各方面的风险和成本。

所有网络参与者都可以访问分布式账本，当交易被记录到这样的共享账本之后，任何参与者都不可篡改相关信息，如果记录错误需要更改则必须添加新的交易。每个交易发生时都会被记录为一个数据区块，随着资产所有权的变更，这些数据区块就形成了数据链。每添加一个新的数据区块都会加强对前一个区块的验证，因此篡改信息很容易被发现。

（4）NFT。NFT（Non-Fungible Token）即非同质化代币，是一种基于区块链技术的数字资产，它为元宇宙提供了数字资产的标识和价值，推动了虚拟世界中的数字身份、数字经济和数字文化的发展。比特币（BTC）、以太币（ETH）都属于同质化代币，每一枚本质相同、价值一样，可以互相替代、交换，但非同质化代币则具有独一无二、不可分割、不可替代等特点，每个 NFT 都是唯一不可复制的，有着独特的标识符，它可以是数字艺术品、音乐、视频、游戏道具、虚拟地产等各种数字形式（如图 12-4-3）。

图 12-4-3　无聊猿（Bored Ape）

（5）P2E。P2E（Play to Earn）可以翻译为“边玩边赚”，是一种基于区块链技术的游戏设计模式，玩家可以通过玩游戏来赚取数字资产、虚拟货币等加密收入。这些资产和货币可以通过去中心化市场出售给其他人。P2E 游戏开发商通常通过向玩家出售物品或货币来获得收入。P2E 的核心理念是让玩家能够从游戏中获得实际经济收益，而不仅仅是获得游戏内的虚拟奖励。与 P2E 模式对应的是 F2P（Free to Play）模式，即玩家可以免费玩游戏，但是若想获得更好的游戏体验则需要付费，这是现实世界游戏行业普遍采用的模式。

3. 元宇宙的特征

（1）虚实融合。相比以往与现实世界平行和独立的虚拟世界概念，元宇宙强调与现实世界在身份、社交、经济、信息、意义、情感等多方面深度整合和互动，元宇宙是与现实世界紧密关联的虚拟世界。

（2）具身互动。元宇宙时代，用户的身体和感官能够完全沉浸在虚拟世界之中，与虚拟环境进行实时交互。相比传统媒介，元宇宙在感官的延伸上更为全面，依靠虚拟现实、混合现实等技术，元宇宙能够突破传统虚拟体验的限制，让人们在数字化世界中具身生存。

（3）去中心化。理想的元宇宙不以某个服务主体的主观意志为转移，而是一个由所有参与个体共同经营和维护的空间。在理想的元宇宙中，没有单一的控制点或中心机构，决策权和掌控权分散在网络的各个节点之中。

（4）自由创造。元宇宙提供创作工具，不设置过多限制，允许用户尽可能自由地创作内容，并以用户生成内容（UGC）为内容生态的核心。同时，元宇宙允许社交协作，用户能够跨越时空限制在元宇宙中将线性工作流程转变为实时协作。

（5）完整经济。理想的元宇宙拥有完整的经济系统，用户可以创造、使用、出售、投资各类物品，从事各种各样的经济工作，创造价值并且获得回报。元宇宙以区块链作为底层框架，实现一种去中心化的身份认证、资产确权和交易。

（6）永续性。理想的元宇宙形态还具有永续性和实时性等特征，它永远存在，没有暂停，在时间维度上与现实世界一样与所有人同步。

二、元宇宙的广告创意形式

目前元宇宙还不甚成熟，虚拟现实等硬件设备、3D 引擎等软件技术以及内容生态等都还有较大发展空间，元宇宙的场景入口也有待以游戏之外的形式向外拓展。元宇宙的理想愿景与现实发展之间还存在着相当漫长的“去泡沫化”过程。目前，元宇宙更多的是被视作一种概念追求，大量相关实践也还只是雏形。

相应地，元宇宙相关的广告创意实践也还处于初级尝试阶段，广告创意人员对于元宇宙的理解也可能有所差异。不过，相信随着技术的日臻成熟，元宇宙的虚实相生将成为人们数字化生存的常态，届时广告创意也将会有更为丰富的形式与创作空间。

1. 元宇宙的广告创意思路转变

（1）从叙述故事到共创故事。去中心化和自由创造的元宇宙逻辑要求品牌广告创意从当下围绕核心价值进行故事叙述，从引导用户认同、共情与忠诚的思路转变为由用户充当创作者，与品牌一起驱动故事的发展。在元宇宙中，品牌是故事的联合创造者，品牌可以购入虚拟地产搭建元宇宙社区，但社区里的故事却不是完全由品牌主导的，而是由用户互动创造的。

（2）从面向真人到面向化身。元宇宙中的人们以虚拟化身的方式生存，品牌不再是面向真人进行沟通，而是面向他们的数字化身。这不仅要求广告创意传播充分考虑到数字化身们的身份、装扮、社交、互动需求，也给品牌提供了真正拟人化的机会。

（3）从情理利益到数字资产。传统的广告创意传播活动将注意力集中在为用户提供能够解决实际问题的理性利益和能够满足精神需要的情感利益上。在元宇宙中，广告创意活动将在继续输送情理利益的同时为用户提供 NFT 等数字资产，不断提升品牌的附加价值。

（4）从视听传播到具身互动。元宇宙和相关技术的发展将为人们提供虚拟世界的具身体验，传统主要诉诸视觉、听觉的广告创意传播也将迎来充分具身化的机会，视觉、听觉、触觉、味觉、嗅觉等多感官的综合创意互动将在成熟的元宇宙广告中成为可能。

2. 当下元宇宙的广告创意形式

（1）元宇宙广告位。元宇宙空间中有大量建筑、商店、住宅等，这些数字资产也是元宇宙中可利用的户外广告位。虚拟世界中的户外广告也同样往往位于人流量较大的区域，比如能被成千上万的玩家看到的公共广场或者受欢迎的游玩地。这些广告不仅能提供更华丽的视听画面，也能创造更沉浸的交互体验。如户外广告媒体公司 Ocean Outdoor 就将业务拓展至元宇宙领域，于 2022 年 11 月为零售商 Argos 推出了全球首个跨平台的 Web 3.0 元宇宙数字户外广告（如图 12-4-4）。该元宇宙广告与位于伦敦的真实广告牌一起在 Somnium Space 中同步推出。

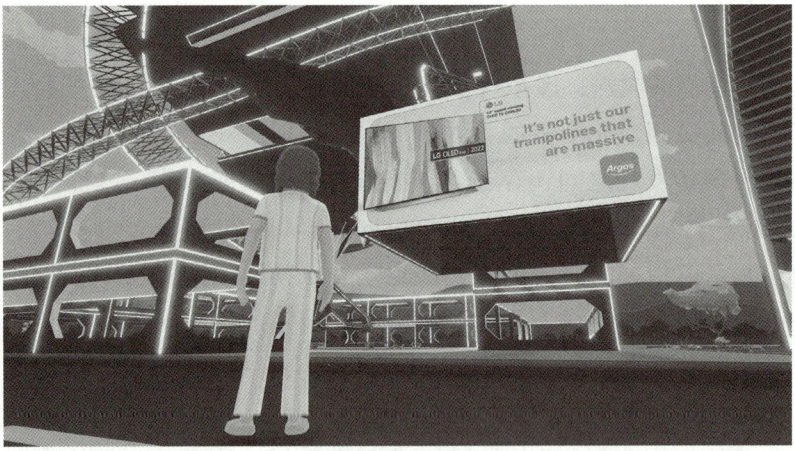

图 12-4-4　Argos 在 Somnium Space 中投放的户外广告（2022）

（2）游戏原生广告。游戏原生广告也就是将品牌的产品、服务、理念植入元宇宙游戏本身的情节、场景、道具和世界观，从而达到与消费者流畅沟通的目的。如《和平精英》中的特斯拉、玛莎拉蒂等游戏道具。美国汉堡品牌温迪汉堡（Wendy's）在大逃杀游戏《堡垒之夜》中创造了一个与温迪相近的数字化身，但是她不是为了与其他玩家战斗赢得游戏胜利，而是瞄准了游戏中无人居住的城市景观里的汉堡店，找到里面的冰柜并摧毁它们，以此来表达温迪汉堡从不使用冷冻牛肉的主张（如图 12-4-5）。这场破坏性的恶作剧引起了数百万人的直播观看，也在游戏中掀起了摧毁冰柜的风潮，最终游戏的开发者替换了所有的冰柜。

图 12-4-5　温迪汉堡《让堡垒新鲜》(2019)

（3）虚拟体验空间。品牌搭建元宇宙虚拟体验空间，以虚拟展厅或虚拟商店的形式推广品牌、展示新品，与消费者进行互动。品牌可以在既有的平台上建设虚拟体验空间，也可以自行搭建元宇宙世界。如安踏与天猫超品日打造的“安踏冰雪灵境”沉浸式互动数字空间（如图 12-4-6），用户只要通过手机天猫搜索或者扫码就可体验。该虚拟空间包括“超能炽热空间”“安踏数字博物馆”“灵境冰雪天宫”等多重体验空间，用户不仅能体验冰雪世界，感受冬奥健儿风采，也可以解锁多款限量数字藏品。又如纪梵希（Givenchy）在元宇宙游戏平台 Roblox 中推出了沉浸式美容体验空间（如图 12-4-7）。古驰（Gucci）也在 Roblox 中搭建了永久的虚拟空间古驰镇（如图 12-4-8），其中包含免费的古驰收藏品，玩家可以通过探索来获得。当然目前这些元宇宙虚拟体验空间仍需通过个人电脑或者智能手机等设备来完成视听体验和基本交互，距离真正意义上的元宇宙还有一定距离。

（4）虚拟活动。虚拟活动即在元宇宙空间中举办的虚拟音乐会、演唱会、赛事、艺术展、会议、论坛等活动，通过数字化身、数字展示、线上社交、数字互动等技术，实现人、空间、体验的虚拟化，为参与者打造身临其境的虚拟活动体验。品牌可以通过举办虚拟活动、冠名虚拟活动等方式来完成广告创意传播。如美国歌手特拉维斯·斯科特（Travis Scott）在《堡垒之夜》中举办的 9 分钟的演唱会带来了 2 000 万美元的收入。同样的，美国歌手爱莉安娜·格兰德（Ariana Grande）在《堡垒之夜》中举办的演唱会吸引了 7 800 万观众（如图 12-4-9）。

图 12-4-6　安踏 × 天猫《安踏冰雪灵境》(2022)

图 12-4-7　纪梵希美之屋(2022)

图 12-4-8　古驰镇(2022)

图 12-4-9 爱莉安娜·格兰德《堡垒之夜》演唱会（2021）

（5）虚拟代言人。虚拟代言人就是使用虚拟数字人为品牌代言，这些虚拟人是通过计算机图形学等技术打造出的类似真人的形象。他们为品牌代言，参与电商直播、演出、签名等各种活动。相比真人代言，虚拟代言人的成本、风险、长期资产性都更为可控。较为典型的虚拟人，如初音未来、洛天依、柳夜熙、南梦夏、翎_Ling（图 12-4-10）、阿喜、AYAYI 等。品牌也可以基于自身定位和文化创建专属的数字人，让他们在外形、个性和行为等各方面与品牌更为贴合，成为品牌的数字化身。目前，使用虚拟代言人也可能存在影响力不足、缺乏感染力、有违和感等问题。

图 12-4-10 翎_Ling× 统一《千里江山寻梅记》（2022）

（6）NFT 数字藏品。品牌也可以通过发行 NFT 数字藏品来实现与用户之间的连接。数字藏品是品牌价值、文化、风格的具象转化，不仅有利于品牌传播与沟通，而且能够将品牌资产数字化，与消费者建立新型联系，增进品牌认同和黏性，提升品牌影响力。数字藏品的形式可以是数字图片、视频、音乐、卡券、票根、数字纪念品等，其唯一性使之具有了一定的收藏价值。如百事可乐为庆祝其诞生百年，发布了“The Mic Drop”系列 NFT 数字藏品（图 12-4-11）。

图 12-4-11 百事可乐“The Mic Drop”数字藏品（2021）

目前国内的数字藏品平台包括鲸探、幻核、灵稀等。品牌在发行数字藏品、开展创意传播活动时必须遵守国家相关法律法规，防范金融和炒作等风险，避免不必要的损失。

第五节
户外装置、行为艺术及新趋势

除了前文已经提及的计算广告、虚拟现实、生成式人工智能、元宇宙等创新技术，新媒体技术的不断发展也为户外装置等其他广告创意形式提供了新的可能。虽然有些广告创意形式并没有直接使用当下的前沿科技，但新媒体的以人为本、开放融合、互动智能、分享协作等理念依旧对它们产生了一定影响。

一、户外装置

户外装置不同于一般的户外平面广告，它往往是立体的，并且具有一定的双向交互功能。户外装置能够把品牌、创意、艺术、科技、空间等融为一体，作为最直接的沟通触点出现在消费者的日常生活中。当下的户外装置广告可以大致划分为以下几种形式。

1. 与用户互动

与用户互动即户外装置更多地强调通过参与、游戏、体验等方式与消费者进行沟通和互动。换言之，广告创意装置主要存在的目的在于能够让消费者用起来、玩起来、参与进来，从而获得难忘的体验。

如宝马在北京环球度假区打造的 JOYCUBE（如图 12–5–1）。它的建筑外立面是由 LED 模组和发光灯箱组成的巨大发光盒子，这使其能够承载丰富的多媒体内容。通过“JOYCUBE 盲盒互动”程序，玩家可以将手机与 LED 模组连接，通过手机端操作 LED 模组中的盲盒游戏，实现在一个巨型抓娃娃机里面抓盲盒的效果，在享受令人惊奇的媒介互动体验的同时收获一份来自宝马的特殊礼物。

图 12–5–1　宝马“JOYCUBE 盲盒互动”（2022）

顾家家居（如图 12–5–2）则在公交站牌、地铁站、写字楼、公园等地布置了柔软、可靠、可坐的休息站，来表达柔软地接住身体与生活的理念和“有幸做你生活的小小支点”的沟通诉求。

图 12–5–2　顾家家居《支撑你的“软”广告》（2023）

类似的还有麦当劳的巨型“金拱门”秋千（如图 12–5–3）、京东的清凉站台（如图 12–5–4）等，都是品牌通过提供或好玩或实用的互动装置，与消费者们互动起来。

图 12–5–3　麦当劳的巨型“金拱门”秋千（2022）

图 12–5–4　京东的清凉站台（2023）

2. 与环境互动

另一类户外装置则更侧重于与所在环境的互动。它们与所处的时空环境巧妙结合，借助地形、建筑、日光、月光、投影、夕阳、植物、雨雪、潮汐等环境条件及其变化来实现观点和价值的创意化表达。消费者更多的是通过观看接收这些信息而不是参与进去与之形成互动关系。

如名创优品“夹缝中的笑脸”（如图 12–5–5）于世界微笑日这个节点在广州珠江新城 CBD 两个门柱之间挤进了一个直径 13 米的笑脸装置，与当下人们在生活压力之下保持乐观态度形成了共鸣，有效传达和强化了品牌专属的笑脸符号。装置一经发布就引来大量观众驻足拍摄和自发传播，成为社交媒体讨论的热点。

图 12-5-5 名创优品“夹缝中的笑脸”（2022）

天猫“好运提取处”（如图 12-5-6）创新性地使用了杭州萧山机场的行李传送带这一日常生活中极易被忽视的媒介，在上面写满了随机的好运文案，让人们在提取行李的同时收获一份好运气。还有天猫 6·18“惊喜落潮后见”（如图 12-5-7）为了表达全网低价的概念，在厦门和三亚的海边设置了特制的广告牌，随着潮水的退去，广告文案也逐渐显露出来，水位的低与价格的低形成了巧妙的环境互动。

图 12-5-6 天猫“好运提取处”（2023）

图 12-5-7　天猫“惊喜落潮后见”（2023）

保加利亚的购物中心 Mall Plovdiv 为了吸引人们从线上购物回到线下商场购物，将商场中的人体模特搬到户外（如图 12-5-8），让他们在街道、酒吧、咖啡厅、公园等城市的各个地点与人们碰面，把商场送到人们跟前。这些模特立刻引起了人们的极大兴趣，形成社交媒体讨论的热点话题，成功助增了商场的线下人气。

图 12-5-8　Mall Plovdiv《出游》（2022）

3. 虚拟户外广告

虚拟户外广告也就是在真实的物理空间里并没有投放户外广告或者布置户外装置，但是通过视频后期、AR 等技术，人们看到的传播内容里却有相关的创意元素，并且效果极其逼真，能够给人以真实存在的感觉。如在 3D 艺术家伊恩·帕德汉姆（Ian Padgham）为美宝莲创作的户外广告视频中，带有巨大睫毛的地铁和公交在行驶中被美宝莲的睫毛刷刷过，视效逼真，甚至让人想要到线下一睹真容（如图 12–5–9），而事实上这一视频是动画制作出的。荣耀将新品折叠屏手机架在上海杨浦大桥的桥面上，手机下方有车流通过，远处的岸上还有不少行人驻留拍照，画面效果极其逼真，引发了大量关注和讨论。

图 12–5–9　伊恩·帕德汉姆 × 美宝莲（2023）

图 12–5–10　荣耀虚拟户外广告（2024）

这些极度逼真且趣味性十足的虚拟户外广告视频通过短视频和其他社交媒体的传播能够迅速激起人们的兴趣、讨论和传播，广告所示的场景是否真的存在甚至已经没有那么重要了。

4. 新型展示媒介

随着技术的发展与进步，新的展示媒介不断涌现，为广告创意提供了更多新的可能。在万物皆媒的时代，户外装置创意应当多利用新科技和新形式展开，不断为消费者创造新的感官体验。当前可利用的其他新型展示媒介还有投影、裸眼 3D 大屏、无人机等。

（1）投影。投影广告即利用投影技术在建筑、墙壁、地面或其他特定的表面上显示图像内容的广告形式。投影广告相对来说成本较低，且具有较强的内容灵活性和可移动性，能够在一般的户外广告或装置无法触达的场景空间中完成广告创意传播的任务。如天猫“晚 8 点总有好事发生”（如图 12-5-11），为了将天猫双 11 预售时间点“晚 8 点”这一信息点尽可能大范围地传播出去，创新性地使用了投影这一媒介，在晚上 8 点的写字楼上、跑道上、停车位上、火锅店里、小区楼下等大量消费者的生活场景里打上有关“晚 8 点”的文案投影。借助投影在夜间传播的优势以及晚上人们相对向内收拢的精神状态，投影广告在告知信息点的同时达成了与受众的真诚沟通与共鸣。

图 12-5-11　天猫“晚 8 点总有好事发生”（2023）

除了传统的投影技术，大规模的投影灯光秀，结合动作跟踪技术的互动式投影，以及尚处于发展之中的各种全息投影技术等都可以作为户外广告创意传播的媒介。

（2）裸眼 3D 大屏。裸眼 3D 大屏使受众不需要佩戴 3D 眼镜就能够看到三维立体的视觉效果。这些屏幕通常不是平整四方的，而是带有一定弯曲弧度的异形或者直接将某些建筑包裹起来构成立体结构。前者如当下几乎成为各大商业中心标配的裸眼 3D 大屏，后者如拉斯维加斯用 120 万个超高分辨率 LED 光源将整个球形建筑包裹起来的 MSG Sphere（如图 12-5-12）。

图 12-5-12　MSG Sphere

裸眼 3D 屏幕立体视觉效果的实现大多是利用了人眼的视错觉。首先，播放的画面本身就是向屏幕外飞行、跳跃等具有立体动感的内容。其次，这些画面内容往往是有一定的边框的，画面主体通过突破边框向外运动的方式打破人眼的视觉惯性，产生一种从屏幕中飞出来的立体效果（如图 12-5-13）。

图 12-5-13　成都裸眼 3D 大屏

（3）无人机表演。无人机表演也是近来兴起的一种户外创意展示形式。通过预先编程的航迹或者使用实时通信和控制系统，表演能够协调多架无人机飞行，配合无人机灯光等，在空中勾画出平面或立体的视觉画面，视觉效果较为精密、有创意。

二、行为艺术

在广告创意活动中，行为艺术通常是指通过实施某种社会行为或互动来传达特定的价值观点，引起社会大众的注意，从而实现品牌传播的创意表达方式。这种行为通常具有较强的概念性、争议性，以一种表演化的方式对话传统价值，涉及对社会、文化、环境等相关议题的警醒与反思。

三、新趋势

1. 超个性化

超个性化（Hyper-Personalization）是个性化体验发展到更高层次的概念。在人工智能等技术的驱动下，超个性化可以研究更为复杂的用户行为和偏好，在产品、服务、沟通传播的内容与形式等方面实现更深层次、更全面的个性化定制。超个性化不仅关注基本的用户特征，还考虑到实时数据、时空语境、个体差异、跨平台一致性等，旨在提供更有针对性、更令人满意的实时体验，从而增强用户的满意度和品牌忠诚度。

2. 可穿戴技术

可穿戴技术（Wearable Technology，WT）是一类集成了计算机和先进传感器等技术的智能设备，可以直接穿在身上或者整合进衣服、配件中。可穿戴设备能够感知、收集、监测人体的相关数据，并与用户的其他设备进行交互。目前应用了智能可穿戴技术的设备包括智能手表、智能眼镜、智能服装、健康追踪设备等，这些技术为医疗、健康管理、娱乐与生活方式等带来了新的可能。可穿戴技术也使广告创意活动能更好地融入用户的生活，为其提供更具个性化、更沉浸、更恰当的服务与体验。

3. 语音搜索

随着移动设备、智能音箱、智能家居以及生成式人工智能等技术的不断发展，人们与机器交互的方式正在从打字拓展到语音对话。语音搜索将在信息检索、人机交互、用户体验等方面发挥越来越重要的作用。广告创意不仅要考虑优化语音搜索结果，也要注意在听觉文化回归的背景下，更多地尝试从声音的角度进行创意叙事与沟通互动。

本章思考题

1. 你认为生成式人工智能如何才能更好地助力广告创意？
2. 目前虚拟现实和增强现实在广告创意中的应用分别有哪些？
3. 请设想一下元宇宙技术高度成熟之后的广告形态。
4. 你如何看待虚拟户外广告，它能够替代实体户外广告吗？

拓展阅读

参考文献

专　　著

饶德江：《广告创意与表现》，中央广播电视大学出版社 2001 年版。

丁邦清、程宇宁：《广告创意——从抽象到具象的形象思维》，中南大学出版社 2003 年版。

饶德江：《广告策划与创意》，武汉大学出版社 2003 年版。

王健：《广告创意教程》，北京大学出版社 2004 年版。

樊丽丽：《趣味广告案例集锦》，中国经济出版社 2005 年版。

郭肖华：《广告创意训练教程》（第二版），高等教育出版社 2005 年版。

冯章：《广告创意与策划——方法 • 技巧 • 案例》，经济管理出版社 2009 年版。

舒咏平：《广告创意思维教程》，复旦大学出版社 2009 年版。

金定海、郑欢：《广告创意学》，高等教育出版社 2013 年版。

靳埭强：《字体设计 100+1》，北京大学出版社 2018 年版。

张帝庄、林喜儿：《消费森林 × 品牌再生：李永铨的设计七大法则》，三联书店（香港）有限公司 2018 年版。

乐剑峰：《文案功夫：成为金牌文案的 6 大核心能力》，中信出版社 2019 年版。

徐适：《品牌设计法则》，人民邮电出版社 2019 年版。

方迎丰、袁琳、陈悦：《视听广告创意与表现》，武汉理工大学出版社 2021 年版。

李彪、吕澜希：《短视频 策划 · 拍摄 · 制作与运营》，清华大学出版社 2021 年版。

林升梁：《计算广告学》，中国人民大学出版社 2021 年版。

张照雨、何章强：《平面广告设计与制作》（第三版），化学工业出版社 2021 年版。

何沛鸿、骆小亮：《广告创意与设计》，林钰源主编，岭南美术出版社 2022 年版。

胡明宇：《创意、视觉、营销、传播：理解广告》，苏州大学出版社 2022 年版。

华投：《好广告一句话就够了》，北京联合出版公司 2022 年版。

黄河等：《新媒体广告》（第 2 版），中国人民大学出版社 2022 年版。

刘春雷：《广告创意与设计：设计师必备广告策划手册》，化学工业出版社 2022 年版。

苏夏：《影视广告创意与制作》，上海人民美术出版社 2022 年版。

唐立君：《一本讲透短视频》，复旦大学出版社 2022 年版。

王菲：《品牌叙事》，中国人民大学出版社 2022 年版。

王丽梅、肖丽：《包装设计》，中国轻工业出版社 2022 年版。

王友江：《平面设计基础》，北京大学出版社 2022 年版。

尤可可、王儒西：《元宇宙：数字化生存新机遇》，电子工业出版社 2022 年版。

祝彬：《商业广告设计》，清华大学出版社 2022 年版。

鲍劲松、武殿梁：《虚拟现实与增强现实》，清华大学出版社 2023 年版。

丁磊：《生成式人工智能：AIGC 的逻辑与应用》，中信出版社 2023 年版。

李娟：《包装设计》，清华大学出版社 2023 年版。

刘笑微：《商业短片广告创作》，中国电影出版社 2023 年版，

厦九九：《爆款文案变现：写出高能文案的 28 节课》，江苏凤凰文艺出版社 2023 年版。

苏文：《新媒体广告：理论、实务与前沿》，厦门大学出版社 2023 年版。

岳广鹏：《沉浸式交互体验：虚拟现实技术的应用与前景研究》，新华出版社 2023 年版。

张可、薛伟明：《数字广告十讲》，苏州大学出版社 2023 年版。

王树良：《广告创意与设计》，高等教育出版社 2024 年版。

[美]蒂莫西 · 萨马拉：《设计元素——平面设计样式》，齐际、何清新译，广西美术出版社 2008 年版。

[美]大卫 · A· 劳尔、史蒂芬 · 潘塔克：《设计基础》，范雨萌、王柳润、黄聪译，湖南美术出版社 2015 年版。

[美] 金柏丽 · 伊兰姆:《文字排印设计系统》,吕奕欣译,脸谱出版社(台湾)2018 年版。

[日] 朝仓直巳:《艺术 · 设计的平面构成》,林征、林华译,江苏凤凰科学技术出版社 2018 年版。

[美] 罗宾 · 兰达:《跨媒介广告创意与设计》,王树良译,上海人民美术出版社 2019 年版。

[英] 迈克尔 · 约翰逊:《品牌设计全书》,王树良译,上海人民美术出版社 2020 年版。

[美] 詹姆斯 · 韦伯 · 扬:《创意的生成》,祝士伟译,浙江教育出版社 2021 年版。

期　刊

李克兴:《论广告翻译的策略》,《中国翻译》2004 年第 6 期。

吴汉东:《试论“实质性相似 + 接触”的侵权认定规则》,《法学》2015 年第 8 期。

陈刚、潘洪亮:《重新定义广告——数字传播时代的广告定义研究》,《新闻与写作》2016 年第 4 期。

王树良、张耀耀、张玉花:《数字媒体时代跨媒介视角下广告与设计的双向融合》,《装饰》2020 年第 7 期。

段淳林:《技术变革背景下中国计算广告的发展趋势》,《山西大学学报(哲学社会科学版)》2022 年第 5 期。

樊丽、林莘宜:《“耳朵经济”背景下播客内容新样态探索》,《中国出版》2021 年第 24 期。

黄春萍等:《跨界营销:源起、理论前沿与研究展望》,《商业经济研究》2021 年第 4 期。

雷莉:《从人类创意到 AIGC:关于未来广告的哲学思考》,《文化学刊》2023 年第 8 期。

王春美、伍婷:《移动音频平台的广告运营逻辑与实践启示》,《传媒》2023 年第 5 期。

杨晁采:《元宇宙在品牌传播中的应用价值、路径与难点研究》,《东南传播》2023 年第 1 期。

俞丽婷:《程序化创意对广告意义生产的冲击与挑战》,《国际品牌观察》2023 年第 17 期。

网　　络

国家职业教育广告艺术设计专业教学资源库

数英网

更多参考文献

后　记

随着媒介技术与传播生态的不断发展，广告行业的变化成为一种常态。如今的广告已经不再局限于传统意义上的一句文案、一幅平面或者一部影片，它的形态正在持续拓展，它的产制流程也因为新媒体对消费者的赋权以及机器的加入而处在变动和探索之中。一方面，广告的跨媒介属性不断增强，它与设计、技术、文化的勾连亦走向深入。另一方面，虽然广告业态不断变化，但广告作为一种沟通传播工具的本质没有变；广告人对创意的向往，对商业价值和社会公共利益的追求也没有变。

“广告创意与表现”是一门强调实践操作的课程，学生不仅需要少而精的理论知识，也需要可执行的具体创意方法，以及足够多、足够好、足够新的优秀作品来提高自身的判断力和感受力。本着这样的实际需求，本书一方面汇编了国内外广告营销、创意思维、新媒体技术、视觉传达设计等领域的经典理论成果和前沿发展动态；另一方面，为同学们总结了可参考的创意思路与模板。除此之外，书中的案例基本也都是选用国内外主流创意赛事的获奖项目以及全国大学生广告艺术大赛等近几年的优秀朋辈作品，在方便同学们结合竞赛实训项目深入研习的同时，能够帮助大家建立当下国内广告创意行业的基本认知图景。

我们期待通过这本书，使广告创意的教与学能够真正走向实践。同学们课前可以自行学习相关的基础理论知识，课上可以集中精力进行广告创作，在具体的实践过程中将书本中的创意理论和创作方法落地。教师则可以把更多的时间放在个性化的思路点拨、创作指导和对新技术、新形态、新案例、新创意的扩展上。

感谢中国国际广告节长城奖、全国大学生广告艺术大赛、中国大学生广告艺术节学院奖、时报金犊奖、戛纳狮子国际创意节等大型广告创意赛事的案例支持。感谢各位前辈在广告创意与表现领域的理论创建，也要感谢那些优秀广告创意人的杰出创造。巴亚岭、殷艺源、祝子媛、杨昆、李晓乐等参与了部分章节的编写、审校。书中部分广告作品图片的原始作者无法一一查清，未能列出姓名，在此深表歉意，也希望各位能与编者取得联系（邮箱：wangshuliang721@163.com），以便再版时补足相关信息。

广告创意与每个人的生活息息相关，不断进化的媒介传播技术为广告创意提供了无限可能。我们希望能够经由这本书告诉读者什么是好的创意，以及广告创意的基本思路和方法。但是广告创意毕竟不是数学运算，永远找不到最精确的那一个答案。我们努力做到最好，但始终都在路上，敬请各位读者批评指正。

编　者

2024 年 7 月